DUMONT

TOM CHESSHYRE

Slow TRAIN

Eine Liebeserklärung an Europa heute in 25 Stationen

Aus dem Englischen
von Astrid Gravert

In einigen Fällen sind Namen von Menschen,
denen der Autor auf den Zugreisen für dieses Buch
begegnet ist, geändert worden.

1. Auflage 2020
© Tom Chesshyre, 2019
© 2020 für die deutsche Ausgabe: DuMont Reiseverlag, Ostfildern
Alle Rechte vorbehalten

Die englische Originalausgabe ist 2019 unter dem Titel »Slow Trains to Venice«
bei Summersdale Publishers Ltd., London, erschienen.
The translation is published by arrangement with Summersdale Publishers Ltd.

Übersetzung: Astrid Gravert
Redaktion: Dr. Katharina Theml, Wiesbaden
Gestaltung: ZERO Werbeagentur, München
Satz: typopoint GbR, Ostfildern
Umschlagfoto: Mauritius Images / Alamy / Zacarias Pereira da Mata
Fotos (Innenteil und Autorenfoto): Tom Chesshyre
Umschlagkarte: Shutterstock.com / Pyty
Printed in Poland
ISBN 978-3-7701-6696-1

www.dumontreise.de

FSC
www.fsc.org

MIX
Papier aus verantwor-
tungsvollen Quellen
FSC® C018236

Für Kasia

INHALT

»Die einzige Möglichkeit sicher-
zugehen, dass man einen Zug erreicht,
ist, den davor zu verpassen.«

G. K. CHESTERTON

VORWORT

Am 19. September 1946 hielt Winston Churchill eine Rede an der Universität Zürich, in der er erklärte: »Wir müssen eine Art Vereinigte Staaten von Europa errichten.« Der britische Staatsmann, der sein Land durch den Zweiten Weltkrieg geführt hatte, fuhr fort: »Nur so werden Hunderte Millionen hart arbeitender Menschen wieder in der Lage sein, die einfachen Freuden und Hoffnungen zurückzugewinnen, die das Leben lebenswert machen.« Er wandte sich gegen »furchtbare nationalistische Auseinandersetzungen« und schloss mit der Aufforderung: »Lassen Sie Europa entstehen!«

Ich liebe Europa. Ich liebe Züge. Während sich die Brexit-Verhandlungen schwierig gestalteten, beschloss ich, diese beiden Leidenschaften zu verbinden. Ich würde alles eine Weile vergessen. Ich würde im Frühling von meinem Zuhause in London mit der Eisenbahn losfahren und langsam nach Venedig hinunterrollen, entlang welcher Gleise auch immer. Ich würde frei sein, auf dem Weg nach Süden zum berühmten Zwischenstopp der wohl bekanntesten Eisenbahn der Welt, dem Orient-Express.

Ich hatte drei gute Gründe. Ich wollte vom Zug aus den Kontinent sehen, den Churchill und unsere Vorfahren befreit hatten. Ich wollte weg von den Beratungen über »zollfreie Zonen« und den scheinbar endlosen politischen Auseinandersetzungen über Großbritanniens »Abschied« von meinem Reiseziel. Und ich wollte ganz einfach die Fahrt genießen. So viele langsame Züge wie möglich nehmen und die Tage faul dahinziehen lassen, einfach die vorbeiziehende Landschaft betrachten, neue Menschen treffen und dem Rattern der Räder auf den Schienen lauschen.

KAPITEL 1
VON MORTLAKE IN LONDON NACH CALAIS IN FRANKREICH

Der Kontinent ruft

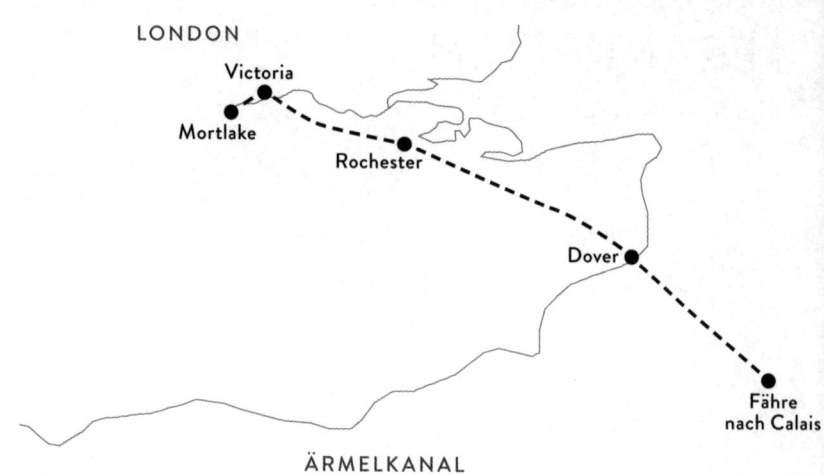

LONDON

Victoria

Mortlake

Rochester

Dover

Fähre
nach Calais

ÄRMELKANAL

Der 7.37-Uhr-Zug von Mortlake nach Clapham Junction hat zwei Minuten Verspätung. Zum Glück, denn genauso viel komme ich zu spät.

Im Zug Pendler, die auf ihre Handys tippen. Niemand liest eine Zeitung (nicht mal eine *Metro*). Es ist ein grauer, grässlicher Morgen, und der Wagen riecht nach nassem Hund. Vororte und vertraute Stationen gleiten vorbei: Barnes, Putney, Wandsworth Town. Wir erreichen Clapham Junction. Ich verlasse Zug Nummer eins der South Western Railway mit den kirschroten Wagen, blau-gelben Türen und orangeroten Streifen.

Auf Bahnsteig zwölf steige ich in den 7.58-Uhr-Zug nach Victoria, ein apfelgrüner Zug der Southern Railway mit noch mehr Fahrgästen mit unruhigen Fingern. Die Türme des Battersea-Kraftwerks ragen drohend an der Themse auf. Eine lästige Ansage fordert Fahrgäste auf, alles, was ihnen »nicht richtig« erscheint, der British Transport Police zu melden – »*See it. Say it. Sorted.*« (Wenn du etwas Verdächtiges siehst, melde es. Wir regeln das.) – und ich frage mich, wie viele terroristische Anschläge durch diese Nachrichten nach Big-Brother-Art verhindert wurden.

Ich überquere die lebhafte Bahnhofshalle von Victoria, weiche noch mehr Zombies mit Handy und einem Mann mit Kapuzenpullover aus, der um Kleingeld bittet. Auf Bahnsteig sechs steige ich in den 8.34-Uhr-Zug nach Dover Priory, ein violetter Southeastern-Zug, der wieder den Fluss überquert. Ich bin auf dem Weg nach Frankreich. Wenn alles gut geht, bin ich in drei Wochen in Venedig. Ich weiß nicht, was in der Zwischenzeit passieren wird … so wie ich es immer geplant habe.

Es ist befreiend, Großbritannien mit Regionalzügen zu verlassen. Die Wagen nach Dover Priory sind fast leer. Heutzutage nehmen die meisten Bahnreisenden nach Frankreich den Hochgeschwindigkeitszug Eurostar: zwei Stunden und 15 Minuten nach Paris oder nur 80 Minuten nach Lille (300 km/h). Von Victoria nach Dover dauert es zwei Stunden und drei Minuten, mit 17 Haltestellen an der Strecke. So will ich bis nach Venedig fahren. Kein Herumhetzen. Keine Eile. Kein Stress. Kein Grund dafür. Frühmorgens an einem Wochentag, wenn man in die entgegengesetzte Richtung fährt wie Londons Pendler, fühlt sich der 8.34-Uhr-Zug wie ein Geisterzug an.

Zumindest eine Zeit lang. Ein Mann mit gegelten Haaren hat sich in die Vierer-Sitzgruppe vor mir gefläzt. Da er mich anscheinend nicht bemerkt hat oder es ihm egal ist, dass er einen Sitzplatz in meiner Nähe gewählt hat, während der Rest des Wagens leer ist, beginnt er ein langes, lautes Telefongespräch.

»Sie legte sich splitternackt hin, um noch ein bisschen Sonne abzukriegen. Sie hat sich buchstäblich die Hose ausgezogen, alles. Ich schick dir den Link von der *Daily Mail*«, begann er und hielt dann für den Bruchteil einer Sekunde inne, bevor er seinem Gesprächspartner am anderen Ende der Leitung (und mir) erzählte, dass es bei ihm »im Moment gut« laufe, dass er am Abend ein Date mit einer Frau aus Bromley habe, sich später ein iPad kaufen wolle und eine Anzeige im *Auto Trader* aufgegeben habe, um seins zu verkaufen.

Ich setze mich woanders hin, während wir an Siedlungen mit Sozialwohnungen in Peckham vorbeizuckeln und in den Bahnhof St Mary Cray einfahren. Der Schaffner sagt: »Wir kommen fünf Minuten zu früh an. Wir werden eine Weile warten. Kein Grund zur Sorge, wir sind nur fünf Minuten zu früh.« Mein Bummelzug ist offensichtlich zu schnell gefahren.

Da ist bereits das unwiderstehliche Bedürfnis zu fliehen – unter den Radar des modernen Lebens zu schlüpfen. E-Mails: Ich werde sie nicht lesen. Telefonanrufe: Sie können Nachrichten hinterlassen. Während die Landschaft offener wird, bezaubernde zitronengelbe Rapsfelder auftauchen, lehne ich mich zurück und lasse den Südosten Englands sanft vorbeigleiten. Der große Bahnreisende Paul Theroux hat einmal gesagt, Touristen »wissen nicht, wo sie waren«, während Reisende »nicht wissen, wo sie hinfahren«. Na, ich habe ein Ziel, aber vor mir liegt reichlich *Nichtwissen*. Ein wunderbares Gefühl.

Der Schaffner kontrolliert meine Fahrkarte. Ich habe einen Interrail-Pass, der einen Monat gültig ist. Mit dieser goldenen Karte kann ich 30 europäische Länder bereisen, mit fast allen Bahnbetreibern (nur ein paar private haben sich nicht angeschlossen). Ich habe einen Interrail-Führer, in dem die Details erklärt sind, sowie eine Karte des Schienennetzwerks und bei welchen Bahngesellschaften Reservierungen erforderlich sind, für die man extra bezahlen muss. Bevor man in einen Zug steigt, muss man die Fahrt jedes Mal in einem Logbuch eintragen, das man zusammen mit dem Interrail-Pass bekommt. Man trägt Datum, Abfahrtszeit des Zuges, Abfahrtsort und Zielbahnhof ein. Bei meinem ersten Eintrag gebe ich Mortlake und Dover an; weitere Details sind nicht nötig.

Schnell stelle ich fest, dass dieser Pass bei Schaffnern einen geradezu heiligen Ruf hat. Der grauhaarige Schaffner der Southeastern sieht das weiche grüne Ding kaum an, so groß ist sein Vertrauen in die Gültigkeit. Die Fahrkarte beinhaltet eine Fahrt von Großbritannien ins Ausland und eine Fahrt zurück. Die restlichen Fahrten müssen im Ausland wahrgenommen werden, wobei die Anzahl bei meinem Pass unbegrenzt ist.

»Wohin fahren Sie?«, fragt er.

Als ich sage, Dover, antwortet er nur: »Ja, Sie sind im richtigen Zug«, und schlendert davon.

Ich schließe die Augen. Der Zug ruckelt und brummt. Wir halten am Bahnhof Sole Street, fahren an Böschungen mit Wiesenkerbel und Efeu vorbei, an wogender Landschaft und dem Royal Mail Depot in Rochester. Die Oberfläche des Medways hat einen rauchigweißen Schimmer, als die Türme von Rochester Castle aufragen. Wir sind jetzt ungefähr eine Stunde unterwegs. Es scheint fast unmöglich, dass Charles Dickens immer zu Fuß von London zu seinem Landhaus in Cad's Hill in Higham, nicht weit von hier in Kent, ging, manchmal durch die Nacht, das sind gut 45 Kilometer.

In Chatham schimmert die aalnasige Lokomotive eines Hochgeschwindigkeitszugs am benachbarten Bahnsteig. Reihenhäuser, die mich an *Coronation Street* erinnern, prägen den Stadtrand von Gillingham, wo wir ganz nah an den Tribünen und Flutlichtern des Priestfield Stadium des FC Gillingham vorbeifahren. In Rainham ein BRITAIN-RUNS-ON-RAIL-Schild und ein geschlossener Pub namens The Railway. Strommasten, lange Gewächshäuser mit Obstkulturen und Weinberge tauchen bei der Anfahrt von Canterbury East auf, wo Fahnen mit dem Georgskreuz und Union Jacks in den Gärten flattern (Kent hat beim Brexit-Referendum im Juni 2016 mit überwältigender Mehrheit für den Austritt aus der Europäischen Union gestimmt, 59 Prozent der 970.000 Wähler wollten raus.)

Und so erreichen wir Dover Priory pünktlich um 10.39 Uhr.

Bei der Beschreibung meines Bahnabenteuers will ich hin und wieder, wenn ich kann, einige Details zu den Zügen, mit denen ich gefahren bin, nennen. Denn mir ist bewusst, dass es viele Eisenbahnfans gibt (keine Trainspotter – ich kenne den Unterschied). Deshalb mache ich mir bei der ersten Fahrt die Mühe und gehe zum Büro des Bahnhofsleiters, um nach dem 8.43-Uhr-Zug von Victoria zu fragen. Einige Eisenbahnliebhaber würden es auf den ersten Blick sehen (kein Zweifel), ich kann es nicht sagen.

Ein großer Mitarbeiter, der gerade eine *Sausage roll* isst, sieht mich an, zuckt mit den Schultern und dreht sich zu einem kleineren Mann um, der hinter einem Tresen an einem Schreibtisch sitzt. Es ist Simon, der Bahnhofsleiter von Dover Priory. Er scheint sich zu freuen, dass er gefragt wird, und antwortet, dass es ein Electrostar 375 aus den 1990ern mit acht Wagen war. Jetzt wissen Sie es. Ich erzähle den beiden von der Reise, die ich vorhabe. Simon und Warren, der *Sausage roll* essende Kundendienstmitarbeiter, scheint das zu freuen. Warren fragt, ob ich den Weg zum Fährhafen kenne. Ich verneine, und er begleitet mich hinaus vor das schlichte weiße Art-déco-Bahn-hofsgebäude und erklärt mir ausführlich den Weg.

»Viel Glück«, strahlt er und tätschelt zweimal meine Hand, während wir uns verabschieden.

Nette Menschen am Bahnhof Dover Priory.

Bevor ich zum Hafen gehe, sehe ich mir das Stadtzentrum an. Es geht bei dieser Bahnreise nicht nur um Züge. Ich will auch eine Reihe von Momentaufnahmen von den Orten machen, die auf dem Weg liegen (sonst könnte ein Groundhog Day über Lokomotiven und Wagen daraus werden). Die Ziele sind auch wichtig.

Zum Stadtzentrum geht es einen Hügel hinunter. Es hat eine zur Fußgängerzone umfunktionierte Hauptstraße mit einem PRICEL£SS FURNITURE-Laden, einem Poundland und einem Pfundladen. An der Ecke neben einer HSBC-Bank hängt eine Gruppe Betrunkener mit Ciderdosen ab und wälzt Weltprobleme. Von Laternenpfählen hängen Mohnblumen, und ein Wandbild neben dem Kriegerdenkmal am Rathaus zeigt Soldaten, die zum Meer blicken. Über dem Horizont des Bildes stehen ein paar Zeilen des Gedichts *For the Fallen* von Laurence Binyon, das er 1914 schrieb.

> *Sie sind nicht mehr unter ihren lachenden Kameraden;*
> *Sie sitzen nicht mehr an den vertrauten Tischen zu Hause;*
> *Sie haben keinen Anteil mehr an unserer täglichen Arbeit;*
> *Sie schlafen fern von Englands Gischt.*

Dover hatte natürlich immer eine wichtige Verteidigungsstellung. Während Binyons Worte noch in mir nachklingen, steige ich hinauf zur mittelalterlichen Burg. In den Tunneln hier wurde die Evakuierung von Soldaten von Dünkirchen während der Operation Dynamo im Mai 1940 befehligt und überwacht. William der Eroberer kam hier im Oktober auf dem Weg nach Westminster vorbei. Während der Napoleonischen Kriege wurden die Befestigungsanlagen verstärkt, die Zahl der Garnisonen mit unterirdischen Unterkünften bei den Klippen erhöht. Aus gutem Grund wird Dover im Scherz der Schlüssel zu England genannt. Es scheint, als ob an diesem Ort über die Jahrhunderte viele wichtige Entscheidungen gefallen sind (das ist tatsächlich so). Geschichte liegt in der Luft.

Nachdem ich die alten Festungsmauern inspiziert habe, blicke ich über das silbrige Meer und den riesigen Fährhafen. Dann flitze ich den Hügel wieder hinunter und gehe an der Hauptstraße entlang, während Lastwagen vorbeidröhnen (deren Fahrer sich vorerst keine Sorgen um Zölle oder Verkehrsstaus machen müssen). Der Hafen ist auf Grund illegaler Einwanderung und »anderer Bedenken« ein »Sicherheitsbereich« geworden, sagt der Fahrkartenverkäufer von P&O Ferries, deshalb kann ich nicht einfach zur Fähre gehen. Stattdessen warte ich in einem Raum, in dem sich ein Kunstwerk aus Fliesen mit der Aufschrift »Port Dover: Gateway to Britain« befindet, auf den Bus, der im Hafen verkehrt. Unter der Schrift sind Stonehenge, die St.-Pauls-Kathedrale und ein ländliches Kricketspiel abgebildet (alle Spieler haben weiße Gesichter).

Der Bus bringt die acht Fußgänger im Handumdrehen durch den Sicherheitsbereich. Wir gehen an Bord der Spirit of Britain. Ich setze mich mit einem Bier (warum nicht?) aufs Achterdeck und betrachte die nicht so weißen Klippen von Dover (sie sind eigentlich ziemlich grau). Große Möwen mit kalten gelben Augen sitzen auf den Relings. Der Motor brummt leise. Wir entfernen uns in einer Spur englischer Gischt Richtung Calais. »Auf Wiedersehen, England«, sagt ein Kind neben seiner Mutter.

Um in Eisenbahnstimmung zu bleiben, lese ich *Mord im Orient-Express* von Agatha Christie. In der ersten Szene steht Hercule Poirot, in Schals gewickelt und mit Hut, auf einem eiskalten Bahnsteig des Bahnhofs von Aleppo in Syrien. Er ist mit dem Taurus Express auf dem Weg nach Istanbul und von ihm war »nichts (...) zu sehen außer einer roten Nasenspitze und den beiden Enden eines nach oben gezwirbelten Schnauzbarts«.

Der weltberühmte Detektiv musste nicht lange herumschnüffeln, um die enge Beziehung zweier anderer Fahrgäste, eines Colonels und einer »jungen englischen Dame«, zu bemerken. »Der Zug, er ist so gefährlich wie eine Seereise!«, sinniert er. »Eine recht sonderbare kleine Komödie, die ich hier beobachte.«

Die Spirit of Britain wurde nicht in Großbritannien gebaut, sondern in Rauma in Finnland und 2011 fertiggestellt. Sie ist 213 Meter lang. Die Bruttotonnage beträgt 48.000, die Höchstgeschwindigkeit 22 Knoten. Es gibt zwölf Decks. Sie kann 180 Lastwagen, 195 Pkws und 2000 Passagiere transportieren. Das alles erfahre ich von einem Modell des Schiffes in der Nähe des Duty-free-Shops Shop Ahoi!.

Auf Bildschirmen, die in die Wände eingelassen sind und von der Decke hängen, läuft Werbung für Alkoholtests, billigen Wein, den man sich direkt ins Auto bringen lassen kann, und Rabatte auf Johnny Depp Eau de Toilette. Ich starre durch eines der salzbedeckten Fenster der Bug-Lounge auf die dunkelgraue See. Kleine schwarze Wellen kräuseln sich über dem ansonsten ruhigen Wasser, und bald tauchen Klippen und lange, haferbreifarbene Strände auf. Ein Kirchturm schießt empor. Vodafone schickt mir eine SMS »Willkommen in Frankreich«, und eine Durchsage informiert darüber, dass die Spielautomaten in Kürze abgeschaltet werden: »Stecken Sie keine Münzen mehr hinein!« Wir fahren in den Hafen von Calais. Fußgänger versammeln sich, und bald gehe ich durch Nieselregen, vorbei an hohen Mauern mit Stacheldrahtrollen und Graffiti auf der Straße, das (recht optimistisch) fordert: »ÖFFNET DIE GRENZE!«

Ich bin auf dem Boden der Europäischen Union, mit ihren lustigen Regeln, geschrieben von lustigen Bürokraten mit lustigen Akzenten.

Jetzt geht's durch den Kontinent – Züge gibt es reichlich.

KAPITEL 2
VON CALAIS NACH BRÜGGE

»Ler is no train today«

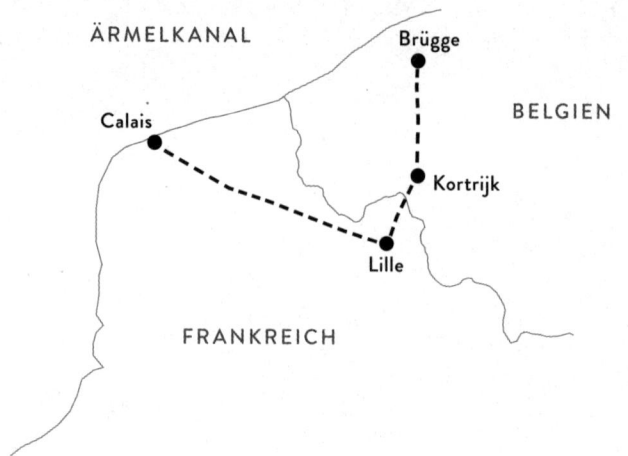

ÄRMELKANAL

Calais

Brügge

BELGIEN

Kortrijk

Lille

FRANKREICH

Calais ist 33 Kilometer von Großbritannien entfernt, und es ist ein seltsamer Ort mit einer faszinierenden Geschichte. Traurige Bekanntheit erlangte Calais wegen einer Dschungel genannten Zeltstadt (nicht weit vom Fährhafen) mit Asylsuchenden, die hofften, nach Großbritannien zu kommen. Nach Beschwerden des Vereinigten Königreichs, dass Frankreich nicht genug dagegen unternehme, dass sich Menschen in Autos und Lastwagen auf den Zügen durch den Eurotunnel verstecken, wurde das Camp im Oktober 2016 geräumt. Präsident Macron hat allen potentiellen Flüchtlingen und Migranten erklärt, dass Nordfrankreich eine »Sackgasse« sei und dass der Versuch, den Kanal zu überqueren, zwecklos wäre. Trotzdem wurden im Jahr vor meiner Reise über 115.000 solcher Versuche unternommen – und das ist nur die Zahl derer, die festgenommen wurden.

Calais gehörte über zweihundert Jahre zu Großbritannien; in der Vergangenheit hätten Asylsuchende ihr Ziel also einfach erreicht, indem sie hier angekommen wären. Von 1347, als Edward III. von England Calais nach der Schlacht bei Crécy annektierte, bis 1558, als die Franzosen unter Henry II. es zurückgewannen, war Calais ein wichtiger englischer Hafen. Auf dem Höhepunkt stammten angeblich ein Drittel der Einnahmen der englischen Regierung aus Zöllen des Hafens, wobei der Handel mit Wolle die bedeutendste Einkommensquelle war. Zu der Zeit war Calais als »hellster Juwel in der englischen Krone« bekannt. Es war auch ein offizieller Parlamentsbezirk. Der allen Kindern in England bekannte Dick Whittington war eine Zeit lang Bürgermeister von Calais (1407, als er ebenfalls Bürgermeister von London war). Zum Verlust des Hafens gibt es die berühmten Worte Mary Tudors: »Wenn ich tot bin und geöffnet werde, wird man Calais in meinem Herzen finden.«

Eine wichtige Rolle spielte der Hafen im Zweiten Weltkrieg. Während der Belagerung von Calais im Mai 1940 hielten mehr als 3000 britische Soldaten neben 800 französischen sechs Tage deutschem Sperrfeuer stand. Dieser tapfere Widerstand lenkte die Nazi-

Divisionen von Dünkirchen ab und trug zum Gelingen der Evakuierung bei.

Julius Caesar segelte von Calais aus nach Britannien. Napoleon erwog, von Calais aus in England einzufallen. In Calais war viel los.

Première Classe im Wolkenbruch
ANKUNFT IN CALAIS

Vom Fährhafen zum Stadtzentrum von Calais sind es fünf Kilometer zu laufen, entlang einer langen unbenannten Straße, gesäumt von Lagerhäusern und weiteren hohen Zäunen mit Stacheldraht. Ich bin der einzige Passagier, der diesen Weg in die Stadt gewählt hat. Die anderen Fußgänger haben anscheinend Taxen oder Busse genommen. Vielleicht weil es schüttet. Ich habe meinen Pac-a-Mac-Regenmantel angezogen – sehe aus wie ein wahrer Eisenbahnfan – und patsche durch Pfützen einer Straße folgend, die zum zentralen Kirchturm führt, wie ich annehme, der, den ich vom Wasser aus gesehen hatte.

In diesem tropfnassen Zustand steuere ich das Hotel Première Classe Calais Centre-Gare an, direkt gegenüber dem Bahnhof der Stadt. Ich werde während der Reise immer so nah wie möglich an Bahnhöfen übernachten, um die Weiterfahrt am nächsten Tag so bequem wie möglich zu machen. Ich habe auch beschlossen, billig zu übernachten, wenn auch nicht spottbillig. Mein Budget beträgt 40 bis 50 Euro pro Nacht. Das Première Classe Calais Centre-Gare erfüllt alle Kriterien.

Nach einer Kurve führt die lange Straße schließlich auf die »Kirche« zu. Nach einem Sexshop, der »Gadgets und Filme« anbietet, gelange ich zu dem Gebäude und stelle fest, dass es kein Gotteshaus ist. Es ist das prunkvolle Hôtel de Ville, gebaut in überladenem flämischem Renaissancestil mit einem raketenförmigen Glockenturm, der 75 Meter hoch ist. Das steht auf einer kleinen Informationstafel. Das Gebäude stammt aus dem Jahr 1925 und wurde im Zweiten Weltkrieg beschädigt, hat aber erstaunlicherweise die schlimmsten Bombardierungen überstanden. Fast das ganze Stadtzentrum wurde zerstört.

Hotel Première Classe ist nur um die Ecke, neben Le Klub und Les Pirates Bar.

Die ersten Eindrücke sind nicht die besten. Mit der grauen Betonfassade und einem Vordereingang, der aussieht, als wäre er dauerhaft zubetoniert, sieht es aus wie ein kleines Gefängnis. Man kommt durch einen Seiteneingang neben einem Parkplatz hinein. Bald bin ich in einem winzigen rot-weißen Zimmer mit einem Bett mit einer beigen Decke und einem Fernsehgerät von der Größe einer Müslischachtel auf einem hoch angebrachten Regal. Letztlich gar nicht so schlecht und hinreichend bequem. Ich blicke durch ein schmutziges Fenster. Eine Gruppe von Personen geht verstohlen vorbei; sicher Asylsuchende, die überlegen, wie sie über den Kanal kommen, aber vielleicht ziehe ich voreilige Schlüsse. Mein Zimmer liegt erfreulicherweise direkt gegenüber dem Bahnhof und dem Buffet de la Gare.

Es hat aufgehört zu regnen. Ich mache einen kleinen Stadtbummel und finde mich bald im Parc Richelieu wieder, wo ich mir eine Statue von General de Gaulle und Winston Churchill ansehe, die 2017 errichtet wurden. Churchill raucht eine Zigarre und stützt sich auf einen Stock. De Gaulle, der ungefähr 30 Zentimeter größer ist, trägt einen langen durchgeknöpften Mackintosh und hat einen entschlossenen Gesichtsausdruck. Ein Stück weiter in dem kleinen Park komme ich zu einer Gedenktafel, die an Emma, Lady Hamilton, erinnert. Die Geliebte Lord Nelsons starb mit nur 49 Jahren verschuldet und in Armut in Calais.

Calais hat viele Kneipen für die, die auf Sauftour sind, obwohl ich nicht viele Briten sehe. L'Hovercraft Bar, Le Buzz und Le London Bridge Pub am Hauptplatz scheinen die beliebtesten zu sein.

Dort gibt es eine weitere Statue von de Gaulle, diesmal mit seiner Frau, die aus Calais stammte.

Ich überquere den Platz und gehe am Hafen entlang zum Fort Risban, ursprünglich von den Engländern gebaut, nachdem sie Calais im 14. Jahrhundert eingenommen hatten. Regen beginnt wieder niederzuprasseln, und ich flüchte in die Brasserie de la Mer, wo ich eine köstliche heiße Bouillabaisse esse und den Hits von Stevie Wonder aus einer Stereoanlage lausche, bevor ich in mein Zimmer zurückkehre, um *Mord im Orient-Express* zu lesen. Poirot will gerade »einen Schlafwagenplatz im Zug Istanbul–Calais« beziehen. Ich befinde mich also am Reiseziel des Detektivs mit dem »nach oben gezwirbelten Schnauzbart«.

Wieder im Hotel, habe ich – obwohl gesättigt durch die exzellente Bouillabaisse – Mühe einzuschlafen.

Durch die dünnen Wände meines Zimmers höre ich, wie sich ein beunruhigendes häusliches Drama entwickelt.

»Warum hast du so einen **** geredet?«, sagt der Mann in Cockney-Englisch.

Die Antwort der Frau, auch in Cockney-Englisch: »Nein, nein, nein.«

Mann: »Wir sollten den ganzen **** rausbringen und einfach wegschmeißen.«

Frau: »Nein, nein, nein.«

Mann: »Was hab ich denn falsch gemacht?«

Unverständliche Antwort.

Mann: »So wie du redest, hab ich das Gefühl, dass alles den Bach runtergeht.«

Frau: »Nein, nein, nein.«

Nichts gegen Mord im Orient-Express, aber eine Weile mache ich mir Sorgen über einen Mord im Hotel Première Classe Calais Centre-Gare. Schließlich schlafe ich ein, frage mich aber noch: Warum fahren Menschen in Urlaub, wenn sie sich nur streiten? Warum jetzt? Und ich muss etwas herzlos zugeben: Können sie es nicht woanders machen?

»This polis cracked my tooth«
(»Der Polizist hat mir den Zahn eingeschlagen.«)
EIN MORGEN IN CALAIS

Am nächsten Morgen treffe ich die Eritreer, aber vorher gehe ich zum Bahnhof. Ich will heute nach Dünkirchen fahren, denn ich war noch nie dort und würde gerne die berühmten Strände sehen, wo Großbritannien – und Europa – vor den Nazis gerettet wurde. Aber es gibt ein Problem.

»*Zer is no train today*« (»heute fährt kein Zug«), antwortet der fast kahle Bahnhofsmitarbeiter. Er hat flaumige Haarbüschel, haselnussbraune Augen, eine Brille und eine undurchschaubare Art.

»Was meinen Sie?«, frage ich.

»*Zer is a strike*« (»es wird gestreikt«), antwortet er. »Sie können den Bus um halb eins nach Dünkirchen nehmen.«

»Aber ich will nicht Bus fahren.«

»*Zer is no train today*«, wiederholt er.

Verdammt. Ich hätte das prüfen sollen, bevor ich losgefahren bin. Die Leute bei der französischen Bahn scheinen zu streiken. Natürlich! Toller Start. Ich gehe nach draußen und überlege, was ich als Nächstes tun soll. Der Bahnmitarbeiter hat gesagt, dass auch morgen noch gestreikt wird. Ich sitze auf absehbare Zeit ohne Zug in Calais fest.

Zumindest scheint es so.

Ich gehe wieder in den Bahnhof und sehe mir die Abfahrtszeiten der Busse an. Da fällt mir auf, dass der um 15.39 Uhr nach Lille ein kleines Zugsymbol statt eines Bussymbols hat. Ich frage den Bahnmitarbeiter danach.

»*Oui*, es gibt einen Zug nach Lille«, räumt er ein.

Es ist der einzige Zug an dem Tag. Ein französischer Zugführer streikt anscheinend nicht. *Très bien*! Oder sogar *magnifique*!

Ich werde also nach Lille fahren.

Aber vorher gehe ich in die Gegend von Calais, die mal der Dschungel war. Mein Ziel ist die L'Auberge des Migrants. Obwohl der Dschungel offiziell geräumt wurde, befinden sich immer noch viele, die die Hoffnung haben, den Kanal überqueren zu können, in den Straßen von Calais.

Der Weg führt durch einen Vorort mit einem Fußballplatz und der Zentrale der Kommunistischen Partei. Davor Plakate der Confédération générale du travail, der zweitgrößten Gewerkschaft in Frankreich, die verkünden: »*La régression sociale ne se négocie pas, elle se combat!*« (Über sozialen Rückschritt wird nicht verhandelt, er wird bekämpft.) Es ist die größte Gewerkschaft innerhalb der Société Nationale des Chemins de Fer Français (SNCF), des staatseigenen französischen Eisenbahnkonzerns, und seine Mitglieder stecken hinter der gegenwärtigen Störung des Bahnbetriebs. Präsident Macron will die Löhne, Renten und Leistungen für Bahnmitarbeiter kürzen, im Gegenzug dafür, dass dem SNCF aus den Schulden geholfen wird, die sich gegenwärtig auf schwindelerregende 50 Milliarden Euro belaufen. Die Gewerkschaft ist damit naturgemäß nicht einverstanden, und es gibt Ängste, dass das nur der erste Schritt zur Privatisierung ist.

Es ist ein spannendes Szenario, und manche nennen es Macrons »Thatcher-Moment«. Wird er sich tatsächlich gegen die Gewerkschaften durchsetzen? Die französischen Bahnarbeiter, bekannt als *cheminots* und 150.000 an der Zahl, haben es ziemlich gut. Das Renteneintrittsalter für Schaffner und Zugführer ist 52 und für Mitarbeiter in Verwaltungspositionen 57. Im Vergleich dazu ist das durchschnittliche Renteneintrittsalter im privaten Sektor in Frankreich 62. Obendrein bemisst sich die Höhe der Rente nach dem Gehalt der letzten sechs Monate und nicht nach dem durchschnittlichen Gehalt des Mitarbeiters während der letzten 25 Jahre (wie sonst in Frankreich). Hinzu kommt die sogenannte *licenciement économique* (betriebsbedingte Kündigung), eine Entlassungsregelung, die manche als »Job fürs Leben« betrachten, solange Mitarbeiter nicht in Rente gehen, kündigen oder wegen schlechten Benehmens rausfliegen; es gilt eine 35-Stunden-Woche, 28 Tage Jahresurlaub (drei Tage mehr als andere französische Angestellte) und für Zugführer die Möglichkeit, an 22 Tagen die Arbeitszeit zu reduzieren (RTT, *réduction de temps de travail*), was letztendlich für die, die über 35 Stunden die Woche arbeiten, zusätzlicher Urlaub ist. Dann ist zu bedenken, dass Partner und Kinder unter 16 Jahren bis zu 16 Fahrten im Jahr für 10 Prozent des normalen Ticketpreises erhalten (eine Vergünstigung, die die SNCF rund 25 Millionen Euro im Jahr kostet).

Ja, die *cheminots* haben es extrem gut, deshalb streiken sie: Sie wollen es weiter *extrem gut* haben. Aber um die verfahrene Situation zu verstehen, muss der Außenstehende auch anerkennen, dass die französische Bahn, die seit den 1930ern verstaatlicht ist, ein vielgeliebter Teil des nationalen Wohlfahrtsstaats ist. Die Franzosen sind stolz auf ihre Eisenbahn, insbesondere auf ihre *grands projets* wie die Ligne à Grande Vitesse Sud-Est zwischen Paris und Lyon, die 1983 eröffnet wurde, Europas erste ausgereifte Hochgeschwindigkeitsstrecke. Man sollte die Macht der Zugführer und Schaffner in Frankreich nicht unterschätzen. Es ist ein Land, in dem Streiks noch funktionieren – wenn das nicht ein Widerspruch in sich ist –, obwohl SNCF über eine radikale Option nachdenkt, um aus dieser Pattsituation herauszukommen: führerlose Züge. Wenn es keine Zugführer mehr gibt, kann es keine Zugführerstreiks mehr geben. Das ist jedenfalls der Gedanke. *Téléconducteurs* an Kontrollzentren könnten die Drohnenzüge überwachen. Willkommen in der Zukunft! Wollen wir hoffen, dass die Computer nicht abstürzen und mit den Zügen dasselbe passiert.

Während ich darüber nachdenke, trotte ich weiter in Richtung Dschungel, vorbei an einem Einzelhandelsgeschäft und einem japanischen Wok-Restaurant.

Es zieht mich dorthin, weil ich diesen wichtigen Ort in Großbritanniens jüngster Geschichte mit eigenen Augen sehen will. Die Bedrohung einer »Flut« von Migranten und Flüchtlingen ins Vereinigte Königreich war letztlich einer der Hauptgründe, warum Großbritannien im Juni 2016 für den Austritt aus Europa gestimmt hat. Die, die für *leave* stimmten, wollten »Kontrolle zurückgewinnen«, und der Dschungel war, wenn man so will, das Symbol für deren schlimmste Befürchtungen.

Ich gehe den Boulevard de l'Égalité hinunter und biege schließlich bei einem Lidl-Supermarkt links in die Rue Clément Ader.

Dort treffe ich die Eritreer. Fikru und Girma bummeln ziellos die Rue Clément Ader entlang, und ich frage sie, ob sie einen Moment Zeit haben. Haben sie. Sie haben wahrscheinlich viele freie Momente, während sie heimat- und staatenlos in Calais herumwarten.

Fikru trägt eine Lederjacke, zerrissene Jeans und ein grünes Kopftuch. Er hat ein breites Lachen, bei dem ein abgebrochener Schneidezahn sichtbar wird. Girma trägt ebenfalls Jeans, eine grüne Jacke und einen Kapuzenpullover. Sie sagen, sie seien 18 Jahre alt, Brüder und dass sie Eritrea vor drei Jahren verlassen haben, über den Sudan, Libyen und ein Schiff, das vier Tage übers Mittelmeer gebraucht hat.

Ich spreche mit Menschen, die alles riskiert haben, um nach Calais zu kommen.

Fikru ist mutlos. »Wir haben kein Leben«, sagt er. »Problem mit *Polis*.«

Er zögert.

»Wir haben keine Arbeit. Drei Jahre, keine Arbeit. Drei Jahre nicht Eritrea angerufen.«

Girma fällt ihm ins Wort: »Es ist Problem. Wir haben niemand.«

Fikru erzählt mir: »Diese *Polis* mein Zahn ausgeschlagen.«

Er grinst, um den ganzen Schaden an seinem ruinierten Lächeln zu zeigen.

Dann fasst er sich ans Bein.

»Vor sieben Tagen, Stock an Bein.«

Die Polizei habe ihn angegriffen, sagt er.

Wir unterhalten uns noch eine Weile. Ich spüre, dass sie Angst haben, Aufmerksamkeit auf sich zu ziehen (zu viel Öffentlichkeit könnte unangenehm sein). Ich wünsche ihnen Glück, biete Fikru zehn Euro an – die er erfreut annimmt – und frage, ob ich sie fotografieren dürfe.

Beide schütteln schnell den Kopf.

Dann schlurfen und humpeln sie die Rue Clément Ader entlang. Nicht weit vom Lidl setzen sie sich auf eine alte Plastikkiste unter eine mit Müll übersäte Hecke.

Zurzeit scheint das ihr Zuhause zu sein.

L'Auberge des Migrants ist gegenüber. Es ist nicht – wie der Name suggeriert – ein Gasthaus. Es ist ein Lager, das ungefähr 400 Asylsuchenden (wahrscheinlich mehr, 400 ist die offizielle Zahl), die noch in Calais sind, obwohl der Dschungel abgebaut wurde, Hilfe bietet. Die Einrichtung wird von dreißig Freiwilligen betrieben. Essen, Kleidung, die Möglichkeit, das Handy zu laden, und Informationen über Asylgesetze werden aus Vans angeboten, die auf dem Gelände herumfahren.

Ich spreche zuerst mit Luke, einem Briten mit buschigem Bart, der zögernd zu mir sagt: »Überall in Europa herrscht Feindseligkeit gegenüber Flüchtlingen. Frankreich ist keine Ausnahme. Wir versuchen, den Flüchtlingen Menschlichkeit zu zeigen.«

Luke sitzt in einer Hütte neben einer Tafel, auf die Zahlen gekritzelt sind, die besagen, wie viele Schlafsäcke, Bettdecken und Notfalldecken im letzten Monat verteilt wurden. Auf einer anderen Tafel steht, dass am Vortag 1200 Mahlzeiten ausgegeben wurden. Auf einem Schild steht: »*A coeurs vaillants, rien d'impossible*« (mit mutigen Herzen ist nichts unmöglich).

Gegenüber der Hütte steht ein Van mit einem kleinen Tisch hinten drin.

Drinnen finde ich noch einen Briten: Rowan Farrell, Mitgründer des Refugee-Info-Bus. Diese im Vereinigten Königreich registrierte Wohltätigkeitsorganisation hilft Immigranten, die Asyl suchen, die Asylgesetze zu verstehen. Der Van hat einen Generator und WLAN-Antennen, die 80 Menschen freien Internetzugang verschaffen. Flugblätter sind in sieben Sprachen verfasst, einschließlich Paschto (wird in Afghanistan gesprochen). Die Mehrheit der Flüchtlinge in Calais stammt aus Afghanistan, Eritrea, Äthiopien, Syrien, Iran und Irak.

»Wenn jemand in Calais ist, versucht er, ins Vereinigte Königreich zu kommen«, sagt Rowan. »Sie müssen beweisen, dass ihnen in ihrem Land eine Anklage droht. Es ist individuell verschieden. Essen und ein Dach über dem Kopf sind wichtig, aber genauso die weitere Perspektive. Oft wissen Flüchtlinge nichts über ihre Rechte.«

Dem Refugee-Info-Bus geht es darum, diese Lücke zu füllen. Rowan gründete die Organisation, nachdem er hergekommen war, um den Flüchtlingen zu helfen, und festgestellt hatte, dass das fehlende Wissen über die Gesetze ein Hauptproblem war. Vorher hatte er als Fotograf gearbeitet.

Er fragt mich nach meiner Reise und ich erzähle, was ich vorhabe.

Es stellt sich heraus, dass Rowan ebenfalls Züge liebt, und bald erzählt er mir, dass er einmal mit dem Nachtzug im Schlafwagen von Lwiw in der Ukraine nach Odessa gefahren sei. Lwiw sei eine wunderschöne Stadt, erzählt er, die sich als Teil von Europa versteht, ohne in der Europäischen Union zu sein (ich nehme das als Anregung für meine Route). Er war für ein Fotoprojekt dort gewesen, kurz nachdem Russland 2014 unter Missachtung internationalen Rechts in die Ukraine eingefallen war und die Krim »zurückerobert« hatte. Im Moment scheint »Zurückerobern« gerade gang und gäbe zu sein.

Mir fällt ein Haufen Kricketschläger in der Ecke des Hofes auf.

»Afghanen lieben Kricket«, erklärte Rowan sachlich.

Nach einem Aufruf hat ein Team in Großbritannien freundlicherweise seine Ersatzschläger gespendet, damit afghanische Asylsuchende ihr Lieblingsspiel spielen können, während sie auf ihre Papiere warten (sofern sie tatsächlich kommen).

Wir verabschieden uns, und ich gehe den Boulevard de l'Égalité zurück.

Ich mache noch zwei Zwischenstopps, bevor ich in den Zug nach Lille steige.

Der erste ist den Boulevard hinunter auf dem Ville de Calais Cimetière Sud, wo ich den Briten, die die Stadt im Mai 1940 gegen die Deutschen verteidigt haben, meine Ehrerbietung erweise. Reihe um Reihe Commonwealth-Kriegsgräber, ordentlich eingefasst von Buchsbaumhecken. Jede Inschrift auf den Grabsteinen erinnert an die große Schuld, in der wir gegenüber den Soldaten des Zweiten Weltkriegs stehen.

»P. W. Amos. The King's Royal Rifle Corps. 26/5/40. Aged 24«, steht auf einem Stein, »H. J. Dungay. The Rifle Brigade. 24/5/40. Aged 29«, steht auf einem anderen. »A soldier of the 1939–1945 war. The King's Royal Rifle Corps. Known Unto God«, auf einem weiteren. Nicht alle Leichen wurden identifiziert. Über dreihundert britische Soldaten wurden bei der heldenhaften, blutigen Belagerung getötet.

Danach gehe ich ins Musée Mémoire 39–45 im Parc Saint Pierre direkt neben dem Bahnhof. Das Museum befindet sich in einem unheimlichen ehemaligen Nazi-Bunker, der fast zweihundert Meter lang ist. Drinnen dokumentiert eine Ausstellung die schrecklichen Ereignisse vom Mai 1940 sowie den Ausgang des Krieges, als kanadische Einheiten den Hafen 1944 befreiten. Ein Originalposter vom 13. Juli 1940 fällt mir auf: »*Every English People* [sic] *who lives in Calais as well as every English person who is staying here for some time and who is more than eighteen years old, is obliged to come immediately to the ORTSKOMMANDANTUR in the Town Hall of Calais. Every English People, who will not come immediately, will be considered as a spy and judged accordingly.*« (Jede englische Person, die in Calais lebt, ebenso wie jede englische Person, die sich hier eine Zeit lang aufhält und älter als 18 Jahre ist, ist verpflichtet, sofort zur Ortskommandantur im Rathaus von

Calais zu kommen. Jede englische Person, die nicht sofort kommt, wird als Spion betrachtet und entsprechend verurteilt.)

Schaurige Worte, nur 33 Kilometer von Dover entfernt.

Churchills »entsetzliche nationalistische Streitigkeiten«, wie er sie in seiner Rede »The Tragedy of Europa« im September 1946 in der Universität in Zürich formulierte, waren unmittelbar vor unserer Küste.

»Nicht jeder, der umherschweift, hat sich verlaufen«
VON CALAIS NACH LILLE

Bevor ich in den 15.39-Uhr-Zug nach Lille steige, probiere ich das kleine Buffet de la Gare. Wie könnte man als Eisenbahnliebhaber nicht die Nase in das gemütliche kleine Bahnhofsrestaurant in Calais stecken?

Drinnen Kunstledernischen, ein kupferner Tresen, Flipperautomat und ein Trinker, dessen Kopf auf den Tisch gefallen ist, während er sein Handy umklammert hält (vielleicht ist er schon den ganzen Tag hier und wartet auf den einzigen Zug, der heute von Calais fährt). Auf einem hübschen alten Eisenbahnplakat ist ein Bild des Rathauses von Calais und der Text: *CHEMIN DE FER DU NORD. CALAIS: SON PORT, SA PLAGE, SES DENTELLES* (EISENBAHN NORD. CALAIS: SEIN HAFEN, SEIN STRAND, SEINE SPITZE).

Calais war lange berühmt für seine Spitze. Im 19. Jahrhundert zogen viele englische Manufakturen wegen der billigeren Arbeitsbedingungen von Nottingham nach Calais um. Anscheinend trugen keine Geringeren als die Herzogin von Cambridge und Amal Clooney bei ihrer Hochzeit Kleider mit Spitze aus Calais.

Sie muss also ziemlich gut sein.

Ich nehme mir eine Ausgabe der *Nord Littoral,* einer Lokalzeitung mit der Überschrift: »*4 MOIS DE PRISON POUR AVOIR*

FRAPPÉ UN POLICIER« (VIER MONATE GEFÄNGNIS FÜR ANGRIFF AUF EINEN POLIZISTEN). Ein Mann namens Jamal Khurchach aus Marokko, der seit 2007 im Land ist, wurde schuldig befunden, einen Grenzpolizisten angegriffen zu haben, nachdem er »Allahu akbar« gerufen hatte. Das Gerichtsurteil lautet: »*Il a l'obligation de quitter le territoire français.*« (Er muss Frankreich verlassen.)

Tschüss und auf Nimmerwiedersehen.

Der einzige Zug, der von Calais fährt, ist ein schlanker Doppeldecker, der in Audruicq, Watten-Éperlecques, Saint-Omer, Hazebrouck, Strazeele, Bailleul und Armentières halten soll. Er soll um 16.59 in Lille ankommen. Das ist zufälligerweise genau dieselbe Fahrzeit, wie der Eurostar von St. Pancras in London nach Lille braucht.

Eine Gruppe Flüchtlinge kauert neben dem Bahnsteig. Sie müssen gedacht haben, dass es ein ruhiger Platz ist, um sich eine Weile im Stadtzentrum auszuruhen. Als sie die Fahrgäste des einzigen Zuges an diesem Tag in großer Zahl auf sich zukommen sehen, springen sie ängstlich auf und hasten zum Ausgang.

Calais ist ein ungewöhnlicher Durchgangsort. Inmitten der Kreuzfahrer auf Sauftour und Lastwagen bewegen sich die Flüchtlinge wie Geister. Wenn man sich eine Weile irgendwo im Hafen still auf eine Bank setzt, sieht man sie kommen und gehen, jeder mit der Geschichte einer langen Reise hinter sich und einer unbestimmten Zukunft vor sich. Die Stadt erscheint wie ein Grenzgebiet, wo Leben auf dem Spiel stehen und Handel getrieben wird, wie seit Jahrhunderten. Geister der Vergangenheit vermischen sich mit den Geistern der Gegenwart. Es ist der perfekte Ort, um eine Zugreise durch den Kontinent zu beginnen. Von dieser berühmten Grenze breiten sich die Schienen vor mir aus, und es werden noch viele folgen.

Im Zug mache ich es mir in einem blau-grauen Sitz auf dem Oberdeck bequem. Der Zug fährt pünktlich um 15.39 Uhr ab, und wir fahren an einer Reihe roter Backsteinhäuser und Rangiergleisen mit Lokomotiven und Waggons vorbei, die wegen des Streiks stillstehen, kein Zweifel. Straßenkunst und Graffiti, wie man sie in den Ghettos amerikanischer Städte findet, bedecken die Wände entlang der Gleise, bevor der Zug über einen Kanal rattert und die Landschaft sich öffnet. Das Signalhorn ertönt. Ein Fasan flattert erschrocken übers Feld. Hellbraune Kühe heben die Köpfe bei der ungewohnten Unterbrechung: ein Zug in Frankreich, der tatsächlich fährt.

Die Toiletten sind abgeschlossen, wie ich feststelle; Teil des Streiks. Kleine Städte und Dörfer kommen und gehen. In Audruicq überqueren wir einen schlammigen braunen Fluss. In Watten-Éperlecques betritt ein Schaffner mit flacher Mütze den Wagen, kontrolliert aber nicht die Fahrkarten (ein weiterer Akt des Protests?). In Hazebrouck halten wir bei einem Skoda-Händler und einer Kirche mit einem hohen Turm. In Saint-Omer tauchen ein Campingplatz für Wohnwagen und eine Reihe riesiger Gewächshäuser auf. In Bailleul gibt es einen Lidl und einen Laden mit Musikinstrumenten, in Armentières eine bemerkenswert große Zahl rostiger, unbenutzter Schienen mit kaputten Oberleitungen. Vielleicht war in Armentière einmal mehr los als heute. Irgendwas scheint in Armentière schiefgelaufen zu sein.

Wir fahren unter einem pilzfarbenen Himmel weiter. Die Landschaft zwischen den Bahnhöfen ist moosgrün mit dünnen Pappeln, die die Straßen zu entlegenen Dörfern in den Talmulden des sanft hügeligen Landes säumen. Das traumhafte Gefühl, allem zu entfliehen, das ich in Kent hatte, kehrt zurück. Züge befreien dich schnell von der alltäglichen Lebenswirklichkeit ... wenn du es zulässt. Lehn dich einfach zurück und folge den Schienen.

Die Wagenlichter flackern im dämmrigen Licht des bewölkten Tages, als wollten sie auch streiken. Wir verlassen das Land und kommen in einen Vorort mit Reihenhäusern. Glänzende Apartmenthäuser stehen neben Kränen auf Baustellen mit den Rohbauten künftiger glänzender Apartmenthäuser. Der Zug fährt an Bahnsteig 15 in den Bahnhof von Lille in Flandern ein. Wir sind auf die Minute pünktlich.

Ich greife nach meinem Rucksack. Er ist klein, aber schwer, denn es sind viele Bücher drin: *Mord im Orient-Express* (natürlich), *Eine Dame verschwindet* (ein Krimi von Ethel Lina White, 1936 veröffentlicht und später von Hitchcock verfilmt), *Das Vermächtnis der Spione* von John Le Carré, *Liebesgrüße aus Moskau* von Ian Fleming (es enthält Zugszenen), den *European Rail Timetable: ein europäisches Kursbuch,* herausgegeben von den ehemaligen Redakteuren von *Cook's Continental Time Tables* und *Europe by Rail: The Definite Guide* von Nicky Gardner und Susanne Kries.

Letzteres ist Pflichtlektüre. Die Autoren haben ein tiefes Verständnis für die Freiheit, die es bedeutet, ohne genauen Plan mit dem Zug zu reisen. »Serendipität« (etwas zu finden, ohne danach zu suchen) ist der Schlüssel, und Bahnreisende wie ich sollten sich »von Lust und Laune leiten lassen«, schreiben sie. J. R. R. Tolkien ist ihr Held. »Nicht alle, die umherschweifen, haben sich verlaufen«, schreibt er in *Der Herr der Ringe*.

Das im Auge behaltend – heute Morgen hatte ich keine Ahnung, dass ich nach Lille fahren würde –, betrete ich Bahnsteig 15.

Der Bahnhof Lille-Flandres ist ein auffallendes Gebäude aus dem späten 19. Jahrhundert mit Fenstern wie riesige Krocket-Tore und einer prächtigen Fassade mit Glockenturm. An diesem Streiktag herrscht dort eine eigenartige Atmosphäre. Fast niemand ist da, und der Bahnhof erscheint wie ein Ort friedlicher Kontemplation. Es gibt Palmen in Pflanzkübeln, lange Reihen leerer Bänke. Die Schienen sind leer: keine Züge, außer unserem. Eine Frau mit einem Baby im Kinderwagen strampelt auf einem Trimmfahrrad, das Energie produziert und ihr Handy auflädt. Ein schwaches Surren geht von diesem ungewöhnlichen öffentlichen Handyladegerät aus. Nachrichten vom

Streik (*grève*) laufen über Bildschirme. Der Bahnhof Lille-Flandres ist wirklich ruhig, als wären wir in einer Kirche angekommen.

Von hier ist es nur ein kurzer Weg, ungefähr eine Minute, zum Hotel Première Classe Lille Centre. Ich hoffe, es ist ein glücklicher Zufall und geschah nicht nur aus einer Laune heraus, dass ich trotz des *Nein, nein, nein* letzte Nacht hier ein Zimmer gebucht habe.

Dieses Première Classe, das überrascht mich nicht, ist weit entfernt vom Ritz. Das Hotel befindet sich in einer kleinen Straße mit einer Reihe von Kebab-Läden, Deep-Fried-Chicken-Filialen und einem Night Shop, in dem billiger Alkohol verkauft wird und vor dem eine Gruppe von Männern lebhaft gestikuliert, als ich komme. Mein Zimmer ist im vierten Stock, und man erreicht es über einen Flur mit fadenscheinigem Teppich. Es befinden sich drei schmale Einzelbetten darin; ich bin mir nicht ganz sicher, warum man mir so viele gegeben hat. Ein starker Geruch nach Zitrone erfüllt den Raum, wahrscheinlich von einem Reinigungsmittel. Wenn Gäste im Stockwerk über mir die Toilettenspülung benutzen oder duschen, rauscht eine Wasserflut durch ein Rohr in der Ecke hinunter. Die Farbgebung ist grellorange und rot. Das Badezimmer hat die Größe einer Telefonzelle und ist rosa und apricot. Hotel Première Classe Lille Centre ist nichts für Menschen mit einem empfindlichen Magen.

Aber es wird seinen Zweck erfüllen (das muss es).

Ich gehe nach draußen, vorbei an der Fassade des Bahnhofs Lille-Flandres, um mir den Bahnhof Lille Europe anzusehen, wo der Eurostar ankommt, seit die Züge 1994 von London durch den Kanaltunnel fahren. Lille ist der erste wichtige Halt in Frankreich auf dem Weg von Großbritannien nach Paris oder Brüssel, von London schneller zu erreichen als Birmingham.

Großbritannien ist Europa näher denn je, ob es den bösen Jungs, die den Brexit wollen, gefällt oder nicht.

Der Bahnhof Lille Europe ist höllisch. Er ist tief vergraben in einem großen Einkaufszentrum voller internationaler Marken – H&M, Primark, Uniqlo, Zara, Starbucks und vieles mehr. Albern grinsende Türsteher in auffallenden roten Westen lauern am Eingang. Nervende Muzak spielt. Shopper drängeln und schieben vorbei, den Blick aufs Handy geheftet.

Man könnte in einem Einkaufszentrum überall auf der Welt sein: Abu Dhabi, Texas, Milton Keynes, Hongkong. Ich halte mich nicht lange auf, sondern folge einer Gruppe von jungen Leuten zum Ausgang. Als wir draußen sind, bespuckt eine der Frauen eine Freundin mit ihrem Kaugummi und lacht anschließend laut.

Mon dieu! wie Hercule Poirot vielleicht sagen würde.

Dann gehe ich in ein bezauberndes kleines Restaurant mit Blick auf den Bahnhof Lille Flandres und esse eine köstliche lokale Spezialität namens *l'assiette de potjevleesch,* Hühnchen in Sülze mit kalten Kartoffeln, Bohnen, Gurken und Oliven. Dann kehre ich in mein orange-rotes Zimmer mit dem rosa-aprikosenfarbenen Badezimmer zurück. Im Stockwerk über mir duscht jemand. Schließlich schlafe ich in einem meiner drei Première-Classe-Betten ein.

»Wie kann man ein Land regieren,
in dem es 246 verschiedene Käsesorten gibt?«
VON LILLE ÜBER KORTRIJK NACH BRÜGGE

Der Streik der französischen Bahn scheint weiterzugehen, deshalb gibt es nur eine Lösung: so schnell wie möglich aus Frankreich rauszukommen.

Da ich so nahe an Belgien bin, erweist es sich als ziemlich einfach. Um 15.08 Uhr fährt ein Zug der belgischen Bahn nach Cortrai in Belgien. Von Kortrijk (so wird es auf Belgisch geschrieben, Cortrai ist die französische Version) habe ich um 15.58 Uhr eine Verbindung nach Brügge, Ankunft 16.55 Uhr.

Mit einem Interrail-Pass für einen Monat habe ich tatsächlich die Freiheit auf Schienen. Warum nicht in das »Venedig des Nordens« fahren, wie manche Brügge nennen, bevor ich in ein paar Wochen das richtige Venedig erreiche? Ich muss nur Datum, Zeit und Zielort ins »Reisetagebuch« der Fahrkarte eintragen, wie ich es bei den vorherigen Fahrten auch gemacht habe.

Nachdem ich das getan habe, buche ich online ein Zimmer im Charlie Rockets Youth Hostel im Zentrum von Brügge mit billigen Einzelzimmern, nicht weit vom Bahnhof. Die Badezimmer sind auf dem Flur, aber es sieht ganz nett aus. Es gibt Bilder von der Bar, die offenbar unter dem Motto »Amerika« steht, einschließlich eines Modells der Freiheitsstatue, eingehüllt in *Stars and Stripes*, verschiedener alter US-Nummernschilder und Poster von Elvis Presley, Marilyn Monroe und John Travolta. Es ist viel netter als Première Class, auch wenn ich anfange, die Eigenarten dieser Kette zu mögen.

Ganz im Geist von Gardner, Kries und Tolkien lasse ich mich vom Zufall durch die Straßen von Lille leiten.

Meine erste Station ist die Kirche Saint-Maurice nur eben um die Ecke vom Première Classe, aus deren Innerem Musik zu hören ist. Es ist eine großartige gotische Kirche, die teilweise aus dem 14. Jahrhundert stammt. Es ist gerade Morgenmesse. Ich setze mich auf eine der Bänke neben einer riesigen Steinsäule und lausche den Gesängen, die durch den Raum hallen. Es ist sehr angenehm, obwohl ich wenig von dem verstehe, was vor sich geht. Am Ende der Messe reicht mir eine ältere Frau neben mir die Hand. Auch der Rest der Gemeinde gibt dem Nachbarn die Hand.

Bevor ich weiß, wie es gekommen ist, bin ich im Gespräch mit Pater Xavier Behaegel, dem Priester, der den Gottesdienst geleitet hat. Man ist sehr kontaktfreudig in der Kirche Saint-Maurice.

Er ist groß und schlank, Anfang 40, mit freundlichen Augen und gelber Tunika. Ein bisschen dumm frage ich, ob er der oberste Priester sei.

»Oh, nein, das ist der Papst«, antwortet er und versucht ernst zu bleiben.

Noch alberner frage ich, ob er in der Kirche Saint-Maurice das Sagen habe. Sein Blick geht nach oben.

»Das hat der gütige Gott im Himmel«, sagt er.

Pater Behaegel hat einen trockenen Humor.

Anschließend sprechen wir eine Weile über Europa, nachdem er mich gefragt hat, woher ich komme.

»Es ist schade, dass ihr uns verlassen wollt«, sagt er in Bezug auf den Brexit. »Es ist sehr wichtig, dass wir in Europa miteinander leben. Seit dem Zweiten Weltkrieg ist das wichtig. Es sind gerade gefährliche Zeiten, was den Frieden angeht.«

Er hält inne und sagt dann leise: »Frieden ist zerbrechlich. Wir müssen an den Frieden glauben.«

Lille war in beiden Weltkriegen von den Deutschen besetzt, deshalb wissen die *Lillois*, so die Bezeichnung für die Einheimischen, Frieden vielleicht mehr zu schätzen als andere. Der Name der Stadt kommt von *l'île* (die Insel) und leitet sich von ihrer ursprünglichen Lage auf einer Sumpfinsel im Fluss Deûle ab. Sie war immer eine bedeutende Stadt, von den Cloth Fairs im 12. Jahrhundert, während der Zeit unter dem Herzog von Burgund bis zu ihrer Zugehörigkeit zu den spanischen Niederlanden, bevor sie 1668 von Ludwig XIV. von Frankreich zurückerobert wurde, und ihrem unerbittlichen Widerstand gegen Österreich 1792. Die erste Bahnlinie der Stadt, eine Verbindung mit Paris, wurde 1846 eröffnet. Lille ist berühmt, weil hier in den frühen 1920ern die BCG-(Bacillus Calmette-Guérin-)Impfung gegen Tuberkulose von Albert Calmette und Camille Guérin entwickelt wurde. Bevor die Deutschen im Zweiten Weltkrieg zurückkamen, verließen viele *Lillois* die Stadt. Die Erinnerungen an Fehlverhalten während der deutschen Besetzung im vorigen Krieg waren bei den Einheimischen noch frisch.

Nachdem Pater Behaegel erfahren hat, dass ich gerade aus Calais komme, wenden wir uns dem Thema Migration zu. Flüchtlinge, sagt er, sind nicht nur im Hafen ein Problem. Er hat zwei 17-jährige Flüchtlinge aus Mali bei sich aufgenommen und ihnen in den letzten zehn Monaten Unterkunft gewährt und sie mit Essen versorgt.

»Wir müssen etwas tun, um Flüchtlinge willkommen zu heißen. Wir können uns nicht einfach abwenden«, sagt er leise.

Eine ältere Frau wendet sich an Pater Behaegel, und ich verlasse die Kirche, um meine zweite religiöse Handlung an diesem Tag zu begehen. Also eine Art.

Ich betrete L'Abbaye, eine Bar am Rand des Grand Place.

Warum nicht? Ich bin im *Urlaub*. Meine »Argumente« von der Fähre sind hier genauso zutreffend wie da. Andere Menschen sind hier in der »Abtei«, um Bier zu trinken. Es ist Sonntagmittag und das tun *Lillois* offenbar um diese Zeit. Ein großes Glas (ein halber Liter) wird mir gebracht. Das Bier ist köstlich, und ich komme mir ein bisschen dekadent vor, als ein leichter Rausch einsetzt. Ich weiß, dass mein Zug mich erwartet. Ich kann hier sitzen und eine Weile einfach *nichts tun*. Hinterher kann ich mich ein oder zwei Stunden durch Lille treiben lassen, ein *Flaneur* in dem Land, in dem das Wort erfunden wurde.

Was könnte schöner sein? Ich trinke mein Bier. Lille scheint ein wunderbarer Ort. Touristen mit einem Führer schieben vorbei und stoßen Begeisterungsrufe aus, als sie zum ersten Mal den Grand Place sehen. Kirchenglocken läuten. Ein einzelner Mann zu meiner Linken bestellt sich noch ein Bier, nachdem er einen Teller mit Würstchen verputzt hat. Ein Paar sitzt aneinandergedrängt in einer Ecke und raspelt Süßholz.

Ich habe es nicht eilig. Darum geht es bei dieser Reise. An einen neuen Ort kommen, sich umsehen und weiterfahren. Warum sich um irgendetwas Sorgen machen? Es gibt keinen Grund zur Sorge. Genieße Europa. Es wartet da draußen am Ende der Eisenbahnschienen.

Ich trinke mein Bier aus und überquere den Grand Place, vorbei am Denkmal der Belagerung von 1792. Diese Steinsäule feiert die Verteidigung der Stadt gegen die Österreicher, die über 20.000 Mann zählten und bei ihrem Angriff Lilles Hauptkirche zerstörten. Oben auf der Statue steht die Bronzefigur einer Gottheit, die mit dem Finger der linken Hand zum Boden zeigt, als würde sie sagen: »Wir haben diesen Boden verteidigt.« Die Bürger von Lille nennen sie die Säule der Göttin, und es ist ein bekannter Treffpunkt, ähnlich wie der Eros auf dem Piccadilly Circus in London.

Rund herum sind hohe, reich verzierte Gebäude, einige mit unverwechselbaren Dächern mit Stufen, die mich an Aztekentempel erinnern. Lille liegt in Französisch-Flandern, und die Architektur ist deutlich anders als in Orten weiter südlich im Land. An der gegenüberliegenden Seite des Platzes steht das auffallendste Gebäude von allen: La Vieille Bourse de Lille, die Alte Börse. Vergoldete Spitzen schmücken das Dach, und Steinfiguren zieren die burgunderrot gestreifte Fassade. Im Zentrum, durch Torbögen zu erreichen, befindet sich ein Innenhof mit Ständen mit gebrauchten Büchern, sehr verführerisch, aber keine gute Idee, wenn man mit einem Rucksack durch Europa reist und schon einige Bücher dabeihat. Die Börse wurde 1652 fertiggestellt, und dieser historische Hof erscheint wie das symbolische Zentrum der Stadt.

Ich lasse mich weitertreiben, meine Flaneur-Füße tragen mich am Opernhaus vorbei zum Geburtshaus von Charles de Gaulle. Der Mann, der den Widerstand gegen die Nazis im Zweiten Weltkrieg angeführt hat, wurde hier am 22. November 1890 geboren, und das Haus wurde so erhalten, wie es in seiner Kindheit war. Abgesehen davon, dass er der Führer der Exilregierung während des Zweiten Weltkriegs war, war er von 1958 bis 59 Premierminister von Frankreich und von 1959 an ein Jahrzehnt Staatspräsident. Während der Zeit als Staatspräsident hat er das Atomprogramm des Landes initiiert (sodass Frankreich die viertgrößte Atommacht der Welt wurde) und das Bündnis mit Deutschland gesucht, um dem wachsenden amerikanischen Einfluss auf der Welt entgegenzuwirken. De Gaulle war ein entschiedener Kritiker des Vietnamkrieges. Er legte zweimal sein Veto gegen den Beitritt Großbritanniens zur Europäischen Wirtschaftsgemeinschaft ein, dem Vorläufer der Europäischen Union, weil er Großbritannien für zu eng mit Amerika verbunden hielt. Großbritannien trat schließlich 1973 unter Premierminister Edward Heath der Europäischen Union bei. De Gaulle gilt als der bedeutendste Politiker im Nachkriegsfrankreich, und es ist faszinierend, sich Churchills Kontrahenten spielend in dieser ruhigen Gegend, nicht weit vom Grand Place, vorzustellen.

De Gaulle war für seine Aussprüche bekannt. »Patriotismus ist, wenn die Liebe zu deinen eigenen Leuten zuerst kommt, Nationalismus, wenn der Hass auf andere Menschen, die nicht zu deinen Leuten gehören, zuerst kommt«, hat er einmal gesagt. Später erklärte er: »Ich bin zu dem Schluss gekommen, dass Politik eine zu ernste Angelegenheit ist, als dass man sie den Politikern überlassen sollte.« Was heutzutage ziemlich zutreffend klingt. Er soll auch einmal gemurmelt haben: »Je mehr ich die Menschen kenne, desto mehr liebe ich Hunde.« Ebenso wie: »Wie soll man ein Land regieren, in dem es 246 verschiedene Käsesorten gibt?« Das ist vielleicht mein Lieblingszitat.

Wie schon erwähnt haben die Franzosen eine Schwäche für die Bahn, und sie sind besonders stolz auf ihre ausgezeichneten Hochgeschwindigkeitszüge TGV (*Trains à Grande Vitesse*). Die Franzosen hatten bereits in den 1840ern »Express«-Züge, die nicht an jedem Bahnhof halten. Tatsächlich stammt der Begriff »Express« von ihnen. Sie haben in jener Anfangszeit auch Pionierarbeit auf dem Gebiet des Zugdesigns geleistet, und ein Franzose, Marc Seguin, riet sogar dem großen Eisenbahnpionier George Stephenson, einen Röhrenkessel in seiner berühmten Dampflokomotive Rocket zu verbauen. Das war durchaus eine wichtige Komponente für die Lokomotive (sie erreichte eine Höchstgeschwindigkeit von 55 Kilometern pro Stunde) auf der Liverpool and Manchester Railway, die am 15. September 1830 als erste richtige Eisenbahnstrecke der Welt eröffnet wurde. Danach wurde 1845 die äußerst erfolgreiche Eisenbahngesellschaft Chemins de Fer du Nord gegründet, finanziert von der Familie Rothschild (*chemin de fer* bedeutet »Weg aus Eisen«). Ihre große Profitabilität beruhte darauf, dass sie wichtige Strecken zwischen Paris und französischen Häfen wie Calais, Boulogne und Dünkirchen betrieb.

Das Land erlag schnell dem Eisenbahnfieber – wie Großbritannien zuvor –, und es wurden viele Strecken im ganzen Land gebaut. Mit den Jahren stellten Politiker finanzielle Mittel für kleinere Verbindungen in ländlichen Regionen bereit, die von privaten Gesellschaften betrieben wurden, um die Gunst der Wähler zu gewinnen, denn Züge waren beliebt. Aber da ihre Unterhaltung teuer war, konnten sie nicht gehalten werden. Schließlich wurden 1938 alle Strecken und Betriebe unter der SNCF – der Société nationale des chemins de fer français – verstaatlicht. Seitdem werden sie von dieser Gesellschaft betrieben und sind, wie ich schon sagte, der Stolz der Nation. Züge haben in Frankreich eine große Bedeutung.

Ich bin ein bisschen traurig, nicht länger in diesem eisenbahnvernarrten Land zu bleiben (obwohl ich nicht in einen TGV gestiegen wäre). Aber ich sage mir, alles hat seinen Grund. Ich kehre zurück zum Bahnhof Lille-Flandres, wo ich in den 15.08-Uhr-Zug nach Belgien steige.

Mit einem Hupen des Signalhorns und einem zischenden Geräusch fahren wir ab. Durch Fenster in den hohen Metallbögen des Bahnhofsdachs fallen Strahlen gesprenkelten Lichts auf die Bahnsteige. Ein anscheinend obdachloser Mann boxt Schatten neben einer der Kübelpalmen. Ein anderer sitzt zusammengesackt auf einer Bank und starrt ausdruckslos in die Ferne. Eine Patrouille von vier

Soldaten in Tarnanzügen stolziert vorbei. Sie umklammern Maschinenpistolen und tragen Schaftstiefel und kugelsichere Westen. Soldaten und Nordfrankreich scheinen zusammenzugehören.

Die Namen der Stationen vor Kortrijk erscheinen auf einem Bildschirm: Roubaix, Tourcoing, Mouscron. Der Schaffner betritt den Wagen. Er sieht komisch aus. Er hat seine Schirmmütze mit dem orangenen Band schräg auf, seine orangene Krawatte ist halb offen, seine langen grauen Koteletten reichen fast bis zum Kinn, seine Buddy-Holly-Brille sitzt schief, und seine graue Jacke hängt ihm locker von den Schultern (mindestens zwei Nummern zu groß). Er erzählt mir, dass wir uns in einem elektrischen Zug vom Typ MR96 befinden; nicht, dass mir das irgendetwas sagt. Dann fragt er, wohin ich unterwegs bin, und ich sage Venedig und erzähle, dass ich vielleicht über die Ukraine fahre, weil ich gehört habe, dass es dort interessant sei, und dass ich mich dann vielleicht durch den Balkan zurück nach Italien treiben lassen würde.

»Das ist ein langer Weg«, sagt er.

Das ist zweifellos wahr.

Dann geht er.

Wir erreichen nach kurzer Zeit unsere erste Station, Roubaix, wo auf einem Schild steht: *Il est interdit de traverser les voiles* (es ist verboten, die Gleise zu überqueren). Wir fahren in den Bahnhof von Tourcoing ein, wo sich ein Bahnhofsmanager in hellroter Jacke benimmt, als würde er ihm gehören. Dann halten wir in Mouscron, auf dem Bildschirm in der Ecke meines Wagens erscheint: *We komen aan in Moeskroen* (wir erreichen Moeskroen).

Der Schaffner geht vorbei, und ich frage ihn, wann wir in Belgien sind.

»Jetzt«, sagt er.

Da bemerke ich, dass auf den Schildern im Bahnhof »Mouscron-Moeskroen« steht.

Ich bin dem streikgeschüttelten Frankreich entkommen! Ein Tourist weniger, der die Kassen des Élysée-Palasts füllt, fortgejagt, weil die Züge nicht fahren! Ein weiterer Tourist, der sich auf den Weg zum Touristenanziehungspunkt Westflanderns macht. Wieder habe ich das erregende Gefühl des Vagabundierens, das mir das Bahnreisen vermittelt. Ich kann überallhin fahren. Ich werde überallhin fahren. Überallhin, wohin die Schienen führen.

Der Zug fährt weiter durch feuchtes landwirtschaftlich genutztes Land mit Ochsen, die aussehen, als gehörten sie in den amerikanischen Westen. Der Himmel ist bleischwer. Bauchige Wolken hängen tief, während der Regen über den Flickenteppich aus Feldern fegt. Belgien hat sich in ein magisches, geheimnisvolles verschwommenes Bild verwandelt, ein Bild aus Grautönen.

Es ist gut, sich im warmen 15.08-Uhr-Zug von Lille zu verschanzen. Aber in Kortrijk muss ich aussteigen und auf den Zug um 15.58 Uhr nach Brügge und Ostende warten. Er kommt pünktlich: ein schlanker Doppeldecker (von Siemens). Bald rattern wir weiter, halten in Izegem, Roeselare, Lichtervelde und Torhout – Orte, von denen ich noch nie gehört habe und die sich alle im trüben Licht verstecken.

Hinter Torhout mampfen noch mehr riesige Rinder Gras auf einer Wiese, und neben einem weißen Lattenzaun stehen einzelne graue Pferde und gucken, als würden sie unser »Stahlross« gedankenvoll betrachten. In Zedelgem steigt niemand ein oder aus. Wir rattern weiter durch flache, leicht neblige Landschaft und erreichen kurz darauf Brügge.

Ganz nach Fahrplan, es ist 16.55 Uhr. Da ich nicht genau weiß, wo ich langgehen soll, folge ich den Scharen über eine breite Straße in der richtigen oder falschen Annahme, dass die meisten ins Zentrum der Hauptstadt von Westflandern wollen. Eine Frau vor mir gibt eine ungewöhnliche Erscheinung ab. Sie trägt einen schwarzen Lederminirock und kniehohe Wildlederstiefel. In einer Hand hält sie eine Zigarette, in der anderen eine halb leer getrunkene Weinflasche. Sie stolpert eine schmale kopfsteingepflasterte Straße entlang, die zu einer hohen Kirche führt. Vielleicht geht sie zur Beichte und muss vorher ihre Nerven beruhigen.

Brügge ist in der Tat eine überfüllte Stadt. Die Frau im Lederminirock verschwindet in einer Gasse. Eine große Touristengruppe aus dem fernen Osten macht Selfies vor einer schimmernden Wasserstraße. Die Straße wird schmaler, macht eine Kurve und wird noch voller, unmöglich, bei so vielen Menschen in normalem Tempo zu gehen. Ein großer, ansteigender Marktplatz mit einem Glockenturm an der Südseite taucht auf. Hohe Backsteingebäude mit A-förmigen Dächern und Paaren von Bogenfenstern säumen die Nordseite des Platzes, ihre Umrisse bilden eine Reihe ordentlicher Dreiecke. Ich gehe in Richtung Osten durch einen Gang, der zur Charlie Rockets Jeugdherberg führt, ein weiteres Backsteingebäude mit einem Giebeldach. Ich checke neben der Freiheitsstatue ein, wo mir der Mann an der Anmeldung auf meine Frage, woher die Begeisterung für die Vereinigten Staaten komme, erzählt, dass »die Besitzer einfach Amerika mögen«. Ich stelle meinen Rucksack in meinem Zimmer ab, das so groß ist wie ein Schuhkarton und ein Etagenbett hat, und gehe wieder nach unten, um neben einem Woody-Allen-Plakat etwas zu trinken.

Es spielt Bluesmusik. Spanier drehen an den Griffen eines Tischfußballspiels und rufen: »Oi, oi, oi! Eh, eh, eh!«, und von Zeit zu Zeit »Goaaaaal!«

Ich lese die neueste Ausgabe von *Le Monde*, die ich mir vorher gekauft habe. Eine Titelgeschichte handelt von der *Génération Identitaire*, eine *groupuscule de l'extrême droit* (eine rechtsextreme Gruppe), die auf dem Cole de l'Échelle, einem verschneiten Pass in 1762 Metern Höhe an der Grenze zu Italien, über den viele afrikanische Migranten in den letzten Monaten nach Frankreich gekommen sind, Zäune als symbolischen Protest gegen Einwanderung errichtet hat. Die Gruppe hat auch ein Transparent mit folgender Aufschrift entrollt: »Grenze geschlossen. Ihr könnt nicht in Europa bleiben. Auf keinen Fall. Geht zurück in euer Heimatland.«

Reizend. Der Hintergrund der Geschichte ist die Wiedereinsetzung von französischen Grenzkontrollen an der Grenze zu Italien nach den terroristischen Anschlägen 2015. Da es schwierig geworden ist, von Süden aus nach Frankreich zu kommen, haben viele Migranten und Flüchtlinge versucht, über die Berge reinzukommen, wobei sie riskieren, sich zu unterkühlen, weil sie für die Kälte in den Bergen nicht ausreichend gekleidet sind. Doch sie haben sowohl den Cole de l'Échelle als auch das nahe Skigebiet Montgenèvre, einen anderen Pass, überquert.

Am selben Tag wie der Protest der *Génération Identitaire* hat eine Gruppe, die sich für den Schutz von Asylsuchenden in den gefährlichen Bergen einsetzt, 30 Menschen geholfen, bei Montgenèvre ins Land zu kommen. Grenzpolizisten haben die Pro-Migranten-Gruppe abgefangen, aber niemanden festgenommen.

Es scheint, als wäre es schon schwer genug, überhaupt nach Frankreich zu kommen, geschweige denn nach Calais.

Trotzdem betrug die Zahl der Asylanträge in Frankreich 2017 über 100.000, ein Rekordhoch – und als Reaktion auf die Handgreiflichkeiten in den Bergen hat der französische Innenminister Gérard Collomb angekündigt, zusätzliche Polizisten einzusetzen, um sicherzustellen, dass die Grenze unter Kontrolle ist. Marine Le Pen, Anführerin der rechtsextremen Partei Rassemblement National, begrüßte den Schritt und forderte sogar noch schärfere Grenzkontrollen.

Unterdessen berichtet *Le Monde* über die Bahnstreiks. Sie gehen weiter, und es ist ungewiss, wann sie aufhören.

Da ich zu müde bin, um Brügge vor dem nächsten Morgen zu erkunden, esse ich Pommes Frites und flämisches Stew im Pitta Snack Restaurant auf der anderen Straßenseite gegenüber vom Hostel (sehr empfehlenswert, aber möglicherweise nicht so gut für die Cholesterinwerte). Dann kehre ich in meinen Schuhkarton zurück und schlafe beim süßen Klang von Soulmusik, der durch die Dielen dringt, ein.

Drei Städte in drei Tagen.

Und die Reise hat gerade erst begonnen.

KAPITEL 3

VON BRÜGGE ÜBER MAASTRICHT NACH BONN

»Wir müssen Ihnen eine Krawatte schicken!«

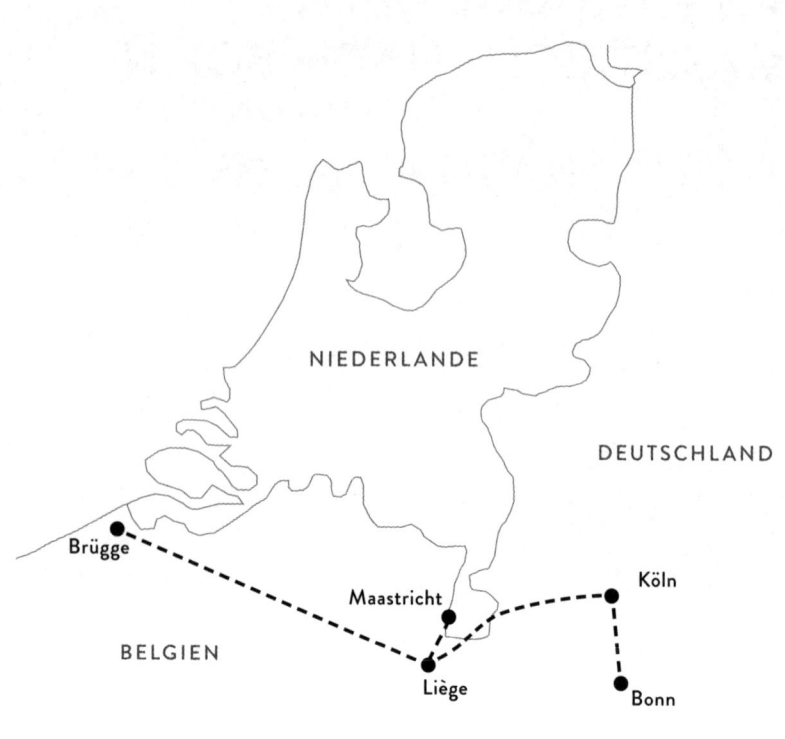

D as Wort »overtourism« wurde kürzlich in den *Collins English Dictionary* aufgenommen. Es wird folgendermaßen definiert: »Das Phänomen, wenn ein beliebter Zielort oder eine Sehenswürdigkeit auf unerträgliche Weise von Touristen überrannt wird.«

Mein endgültiges Reiseziel rangiert sicher ganz weit oben unter den Orten, die von diesem modernen Fluch betroffen sind. Die Gelassenheit der Serenissima wird von den Kreuzfahrtschiffen erschüttert. Ein Beleg dafür sind regelmäßige Anti-Tourismus-Proteste in Venedig. Beim letzten Marsch waren über 2000 Menschen auf den Straßen und forderten, dass etwas unternommen wird. Seitdem hat der Bürgermeister der Stadt eine Reihe von Maßnahmen angekündigt, um die Belastung zu reduzieren, einschließlich der Beschränkung des Zugangs zu Straßen, die zur Rialtobrücke und zum Markusplatz führen.

Ähnliche Proteste hat es in Barcelona gegeben, das 2017 32 Millionen Besucher angezogen hat, ein Vielfaches der Einwohnerzahl von 1,6 Millionen. Dabei hat eine Anti-Tourismus-Gruppe sogar die Reifen von Mietfahrrädern und einem Touristenbus aufgeschlitzt.

Groll und Unzufriedenheit über das Ausmaß des Tourismus haben auch in Städten zugenommen, in die es jetzt spottbillige Flüge gibt, darunter Prag, das besonders unter dem Besuch von Männergruppen leidet, sowie Dubrovnik, wo der Bürgermeister erwägt, die Touristenzahl auf 4000 am Tag zu begrenzen. Und natürlich Amsterdam, wo Touristenmanager sich den Kopf zerbrechen, wie sie die Flut von Touristen bei den Hauptsehenswürdigkeiten zu bestimmten Tageszeiten reduzieren können.

Brügge ist ein weiteres Opfer seines Erfolges.

Mehr als sechs Millionen Touristen besuchen die Stadt jedes Jahr, und eine kürzliche Untersuchung von Vincent Nijs, dem Leiter einer Forschungsgruppe von VisitFlanders, dem örtlichen Touristenverband, hat gezeigt, dass im Durchschnitt am Tag 126 Besucher auf 100 Einwohner kommen. Die Bevölkerungszahl im Stadtzentrum beträgt nur 19.500. An Spitzentagen sind es dreimal so viele Besucher wie Bewohner.

Die wunderschöne Stadt mit ihren malerischen jahrhundertealten Gebäuden und hübschen Kanälen (deshalb das Venedig des Nordens genannt) ist sich des Problems schon lange bewusst. Seit 1995 ist der Bau von Hotels beschränkt und eine Strategie angewendet worden, um den Tourismus auf den Süden der Stadt zu konzentrieren. Beide Maßnahmen haben funktioniert, die Beschränkung von Hotels hat dazu geführt, dass von den sechs Millionen Besuchern nur zwei Millionen über Nacht bleiben. Der Rest sind Tagesbesucher.

Aber Brügge ist immer noch überfüllt, wie ich festgestellt habe, als ich vom Bahnhof gekommen bin. Die Ironie daran ist, dass die ersten Touristen, die in die Stadt kamen, Ruhe und Beschaulichkeit suchten. Brügge hatte einen Niedergang erlebt, seitdem das Zwin, das die Stadt mit der Nordsee verband, im frühen 17. Jahrhundert versandete und Schiffe es nicht mehr erreichten. Der Handel mit flämischen Stoffen, Getreide und Gewürzen schlief ein, der Hafen von Antwerpen übernahm das Geschäft. Die Stadt mit der wohl ältesten Börse der Welt (1309) war in einem schrecklichen Zustand, seine mittelalterliche Blütezeit eine ferne Erinnerung. Wie Lille war es einmal ein wichtiges Zentrum des Herzogtums Burgund gewesen, und es war auch berühmt, weil William Caxton hier das erste Buch auf Englisch gedruckt hat, *Recuyell of the Historyes of Troye* (1473).

Am Ende der 1800er war die Bevölkerung von 200.000 im Mittelalter auf weniger als 50.000 gesunken. Brügge war ein Ort, in dem man den Massen entfliehen konnte, und die Touristen im 19. Jahrhundert liebten seine verblasste Größe. Über seinen Besuch 1820 bemerkte William Wordsworth, dass die Stadt »einen tieferen Frieden ausstrahle, als in der Wüste zu finden« sei.

Jetzt sind hier jedenfalls so viele Touristen, dass einige örtliche *frieten*-Läden (Pommes Frites) Einheimischen Preisnachlässe anbieten, da die Massen von Touristen die Preise in die Höhe getrieben haben. Unterdessen sind nicht weniger als zweitausend Touristenführer im Stadtgebiet tätig, und es herrscht große Feindseligkeit zwischen den offiziellen Führern mit Gidsenbond-Qualifikation (Stadtführerverband) und ungelernten Rivalen, die »freie« Touren für ein Trinkgeld anbieten.

Es wird sogar behauptet, dass es zwischen einigen zu Handgreiflichkeiten gekommen sei, aber Renaat Landuyt, der Bürgermeister, bestreitet das: »Ich weiß, es gibt Spannungen zwischen den Führern. Aber die Polizisten sagen mir, dass es keine bedeutenden Zwischenfälle gegeben hätte. Außer, dass sie sich böse angeguckt haben.«

Was kein Verbrechen ist ... und vielleicht ganz lustig zu beobachten.

Ich beschließe, auf wütende Fremdenführer in Brügge zu achten. Seit Wordsworths Zeiten haben sich die Dinge jedenfalls geändert.

Zum Glockenturm, zum Bahnhof
EIN VORMITTAG IN BRÜGGE

Ich stehe früh auf, um den Massen zu entgehen. Im Frühstücksraum des Charlie Rockets Hostel spricht mich der glatzköpfige Servicemitarbeiter darauf an, ob ich für das Frühstück bezahlt habe, obwohl ich auf seiner Liste stehe. Ich setze mich wieder neben das Plakat von Woody Allen und esse ein zu lange hartgekochtes Ei mit zwei Scheiben weißem Toast und einem dünnen Kaffee. Aus der Stereoanlage tönt »Heartbreak Hotel«. Das passt.

Ich gehe zur Tür, um zu sehen, wie das Wetter ist. Es ist kalt und regnet stark. In der Tür lauert ein Mann in den Zwanzigern mit Bart. Er hat eine Bierflasche in der Hand und raucht. Er scheint die ganze Nacht aufgeblieben zu sein.

»Guten Morgen«, sagt er.

»Bier?«, frage ich und blicke auf die Flasche.

»Ja, Bier«, erwidert er und hält mir die Flasche hin, damit ich einen Schluck nehmen kann.

Ich lehne ab, und er sieht ein bisschen verletzt aus. Dann zuckt er die Schultern, bläst eine Rauchwolke aus und hält weiter Morgenwache an der Hoogstraat.

Ich gehe zurück durch den Frühstücksraum, wo mich die glatzköpfige Bedienung wieder verstohlen mustert (er hat seinen Laden eindeutig im Griff), und gehe nach oben, um meinen Rucksack zu holen, bleibe bei einem Schild im Flur stehen, das ich vorher noch nicht bemerkt hatte: »Bitte beachte, dass zwischen 12 und (leere Stelle) Uhr nachts Ruhezeit ist.« Jemand hatte offenbar die letzte Zeit entfernt. »Keine Partys in den Zimmern.« Und: »Sperrstunde 4 Uhr.« Vielleicht hat der glatzköpfige Mann das Schild angebracht. Vielleicht hat der Mann mit dem Bart die Sperrstunde verpasst.

Ich begebe mich also in die Straßen – ein Übertourist, der sich dem Übertourismus hingibt, nur einer von sechs Millionen jedes Jahr.

Die Hoogstraat ist fast leer. Der Biertrinker ist verschwunden. Ich mache mich unter einem Schirm durch den Regen auf den Weg zum Marktplatz. Ein Akkordeonspieler hockt in einem Gang und spielt eine melancholische Melodie. Eine Pferdekutsche für Touristen rattert vorbei. Ein Bettler zittert neben dem Eingang vom Pitta Snack Restaurant.

Auf dem Marktplatz macht eine Frau in pinker Hose aus Fernost Selfies vor dem beeindruckenden mittelalterlichen Glockenturm. Sie hat ihr Handy auf ein Stativ geklemmt und arrangiert sorgfältig ihr Haar für den Selbstauslöser. Ich schaue eine Weile zu, wie sie den Vorgang wiederholt, und überlege, ob ich ihr meine Hilfe anbieten soll. Aber sie scheint so vertieft, dass ich sie in Ruhe lasse.

Der Glockenturm ist geschlossen. Er öffnet um 9.30 Uhr. Ich will hinaufsteigen und die Stadt von oben sehen. Der Tower ist von 1240, gebaut von den Einnahmen in Brügges ursprünglicher Boom-Zeit. Wenn ich mich mit dem Zug durch Europa schlängele, will ich einige der kultigen Sehenswürdigkeiten besichtigen, und dies ist sicherlich eine davon. Der amerikanische Dichter Henry Wadsworth Longfellow (1807–1882) besuchte Brügge auf dem Höhepunkt des Kults, als die ersten Touristen kamen, um in seiner eigenartigen Unwirklichkeit zu schwelgen. In seinem Gedicht »The Belfry of Bruges« beschreibt er, wie er vom Turm die Sonne aufgehen sieht:

In the market-place of Bruges stands
The belfry old and brown;
Thrice consumed and thrice rebuilded,
still it watches o'er the town.
As the summer morn was breaking,
on that lofty tower I stood,
And the world threw off the darkness,
like the weeds of widowhood.
Thick with towns and hamlets studded,
and with Streams and vapors gray,
Like a shield embossed with silver,
round and vast the landscape lay.
At my feet the city slumbered.
From its chimneys, here and there,
Wreaths of snow-white smoke ascending,
vanished, ghostlike into the air.

(Auf dem Marktplatz von Brügge steht
Der Belfried, alt und braun;
dreimal abgebrannt und dreimal wieder aufgebaut,
wacht er immer noch über die Stadt.
Als der Sommermorgen anbrach,
stand ich auf dem hohen Turm,
die Welt warf ab die Dunkelheit,
wie die Trauerkleidung der Witwenschaft.

Dicht mit Städten und Weilern übersät,
und mit Flüssen und grauem Dunst,
wie ein Schild geprägt mit Silber
lag die Landschaft rund herum weit.
Zu meinen Füßen schlief die Stadt.
Aus den Schornsteinen stiegen hier und da,
Kränze schneeweißen Rauchs,
verschwanden geistgleich in der Luft.)

Anschließend stellt Longfellow sich die »*shadowy phantoms*« (schattenhaften Gespenster) der Vergangenheit vor, als noch Feste und Prozessionen auf dem Platz stattfanden und Kaufleute sich dort tummelten. Er erwähnt, dass der Belfried dreimal durch Feuer zerstört wurde, »*thrice consumed*«. Das Gedicht schließt damit, dass Longfellow sagt, dass während seiner Träumerei »*hours had passed away like minutes*« (Stunden wie Minuten vergangen seien), als er über den nun »*sun-illumined square*« (sonnenbeschienenen Platz) blickt.

Ich liebe es. Kurze Blicke in die Vergangenheit scheinen durch die Verse, in einem ist die Rede von »proud Maximilian, kneeling humbly on the ground« (der stolze Maximilian kniet demütig auf dem Boden). Das bezieht sich auf Erzbischof Maximilian, den Habsburger Herrscher, der 1488 dort inhaftiert war, wo jetzt das Café Craenenburg ist, an der Westseite des Platzes. Um die Zeit totzuschlagen, bis der Belfried öffnet, trinke ich einen Kaffee im Café, beobachte, wie sich die Pferdekutschen versammeln, während Regen von der Markise aufs Kopfsteinpflaster fließt.

Maximilian wurde hier drei Monate von den Zunftgenossen von Brügge gefangen gehalten, die aufgebracht waren, dass er die Privilegien der Stadt einschränken wollte. Er versprach den Bürgern alles Mögliche und wurde schließlich durch das Eingreifen seines Vaters freigelassen, der sich umgehend an den Beteiligten rächte. Als Maximilian 1493 Kaiser wurde, tat er alles, um Antwerpen in Handelsangelegenheiten gegenüber Brügge zu begünstigen. Um diese Zeit herum wendete sich das Schicksal der Stadt dramatisch zum Schlechteren.

Das ist nur eine Geschichte in Verbindung mit dem Café Craenenburg. Eine kurze »Geschichte«, die auf dem Tischset abgedruckt ist, erzählt auch, dass Margaret von York 1468 von hier den Ritterspielen zugesehen hat, die auf dem Platz anlässlich ihrer Vermählung mit Karl dem Kühnen stattfanden. Wahrscheinlich genau von dem Platz, auf dem ich jetzt sitze.

So viele Geister. Noch mehr lauern bei der nassen Statue in der Mitte des Platzes zu Ehren von Pieter Coninck von der Zunft der Weber und Jan Breydel, dem Dekan der Zunft der Schlachter. Diese Männer führten eine Gruppe flämischer Rebellen an, die sich am 18. Mai 1302 nach Brügge hineinschmuggelten und eine französische Garnison niedermetzelten. Sie töteten jeden, der nicht die flämische Losung *schild and vriend* (Schild und Freund) korrekt aussprechen konnte. Der Tag ist als Brügger Frühmette bekannt. Später im selben Jahr besiegten die Aufständischen die Franzosen in der Schlacht der goldenen Sporen nahe Kortrijk, mein Zwischenstopp auf dem Weg nach Brügge. Der Tag ist jetzt ein Feiertag in der Flämischen Gemeinschaft in Belgien. Longfellow erwähnt die Sieger, die von der blutigen Schlacht zum Marktplatz zurückkehren (»*marching homeward from the bloody battle*«).

Ich gehe zum Belfried, steige zusammen mit anderen Touristen die 366 Stufen der Wendeltreppe hinauf bis ganz nach oben, 83 Meter hoch. Ganz schön anstrengend mit Rucksack. Um 9.30 hatte sich bereits eine Schlange gebildet, und es war ziemlich eng auf den Stufen.

Von oben ergeben die verwinkelten Straßen und kurvigen Wasserstraßen von Brügge plötzlich Sinn; von unten, von den Straßen, ist die Stadt ein Labyrinth. Regen fegt über die mittelalterlichen Gebäude des Marktplatzes, wo sich Touristen mit pinken Schirmen versammelt haben. Sie sehen aus wie Konfetti. Nebel hängt über der Landschaft jenseits der Stadtgrenze (Longfellows »grauer Dunst«

hebt sich noch). Kirchtürme ragen aus dem Grau, so alt und braun wie der Belfried. Kanäle zwischen den Stadthäusern schimmern silbern. Es ist ein verschwommener, sanfter Anblick.

Ich sauge die Atmosphäre dieser Aussicht noch eine Weile ein, bevor ich durch das Glockengeläut unsanft geweckt werde. Wow, wie sie läuten. Der Klang geht durch und durch. Eine Hinweistafel informiert, dass es 47 Glocken sind, die 27,5 Tonnen wiegen. Ich glaube es gerne.

Ich begebe mich wieder nach unten.

Auf dem Weg zum Bahnhof kaufe ich in einem Buchladen – schon breche ich meinen Vorsatz – *Das tote Brügge* von Georges Rodenbach. Dieser eigenartige Roman wurde 1892 in der Zeit der viktorianischen Touristen veröffentlicht. Es ist die faszinierende Geschichte eines Mannes, der den Tod seiner Frau verarbeitet, während er durch die Stadt streift, »*in the muted atmosphere of the waterways and the deserted streets*« (in der stillen Atmosphäre der Wasserwege und verlassenen Straßen). Das Buch fängt auf einmalige Weise die »*melancholy joy*«, die Wonne der Melancholie, jener seltsam gespenstischen Zeit.

Damals wurde Brügge wiederentdeckt.

Jetzt ist es selbst an einem regnerischen Morgen vollgepfropft mit Regenmänteln, Schirmen und Fremdenführern (obwohl mir niemals ein grantiger begegnet).

Ich betrete den Bahnhof von Brügge, um den 10.58-Uhr-Zug nach Liège-Guillemins zu erreichen.

Begegnung mit Schaffnern
VON BRÜGGE ÜBER LIÈGE NACH MAASTRICHT

Der Bahnhof von Brügge ist schlicht und von außen hässlich. In seiner gegenwärtigen Form stammt er aus dem Jahr 1938, im Art-déco-

Stil mit einem *B* für Belgische Bahn über dem Haupteingang. Aber innen ist er kunstvoll in Gold, Rot und Grau gefliest, vor dem Hintergrund flämischer Charaktere, darunter Weber, Kaufleute, Ritter und Mägde, sind die Städte des Landes dargestellt. Über den Städten schweben hohe Schiffe, die in ferne Länder segeln. Der Fußboden hat ein auffälliges Zickzack-Muster, und die ursprünglichen Fahrkartenschalter haben kleine dreieckige Holztische, damit man seine Papiere sortieren kann. Alles sehr angenehm.

Auf der Anzeige über dem Bahnsteig sind für den 10.58-Uhr-Zug Brüssel und Eupen als Ziele angegeben, was mich zunächst verwirrt. Durch zusätzliche Informationen auf einer digitalen Anzeige wird jedoch klar, dass Liège-Guillemins eine der Haltestellen ist. Der Zug soll dort um 13.02 Uhr ankommen. Dann muss ich den Zug um 13.40 Uhr von Liège-Guillemins nach Maastricht erreichen, der um 14.13 Uhr ankommt. Maastricht fasziniert mich schon lange, weil dort 1992 der Vertrag über die Europäische Union unterzeichnet wurde. Warum nicht an den Ort fahren, wo all das Drama, das zum Brexit geführt hat, begann? Es ist nur ein paar Zugfahrten entfernt.

Ein rot-weißer Zug fährt ein. Den nehme ich. Ich nenne die Eisenbahngesellschaft von Belgien Belgische Bahn, und die Website heißt tatsächlich belgianrail.be. Aber die Dinge liegen nicht ganz so einfach. Die Gesellschaft hat zwei Namen, einen niederländischen (Nationale Maatschappij der Belgische Spoorwegen) und einen französischen (La Société Nationale des Chemins de Fer Belges). Um sowohl die Niederländisch sprechende flämische Bevölkerung, die 59 Prozent ausmacht, als auch die Französisch sprechenden Wallonen, 40 Prozent der Bevölkerung, zufriedenzustellen, wird die belgische Eisenbahngesellschaft offiziell NMBS/SNCB genannt. Die meisten Fremden nennen sie SNCB.

Verstanden? Ich bin mir nicht sicher, ob ich es verstanden habe.

Eisenbahnen spielen in Belgien eine große Rolle, deshalb die Pedanterie beim Namen. Belgien wurde 1830 gegründet, als sich die Flamen und Wallonen, die hauptsächlich römisch-katholisch sind, von den Niederlanden im Norden, wo die niederländisch reformierte Kirche herrschte, unabhängig machten. Nach dieser Revolution folgte 1831 die Ernennung von Leopold I. zum ersten König des Landes.

Da Leopold den Erfolg der Eisenbahnen in Großbritannien mitbekommen hatte, beauftragte er George Stevenson, die Lokomotiven für die erste belgische Eisenbahn, die 1835 eröffnet wurde, zu entwerfen. Leopold und Stephenson waren bei der ersten Fahrt einer Dampflokomotive auf dem Kontinent zwischen Brüssel und Mecheln dabei. Es war der Beginn einer forcierten Bautätigkeit unter Aufsicht des Staates und schon bald waren Antwerpen, Ostende, Liège und Namur durch Bahnlinien verbunden.

Leopold erschien die Eisenbahn wichtig, damit nach der Revolution ein Gefühl nationaler Einheit entstand. Die Bahnlinien verbanden Flamen und Wallonen buchstäblich. Sie ermöglichten auch den Handel mit Deutschland, besonders da die Flüsse im Norden durch die Niederlande versperrt waren.

Sein Plan ging auf, und bis zum heutigen Tag sind die Belgier stolz auf ihre Eisenbahn (wie immer man sie nennt).

Bald fahren wir durch flaches Land mit gescheckten Kühen Richtung Bahnhof Gent-Sint-Pieters. Der Wagen ist bequem, mit blauen Plüschsitzen und nur einer Handvoll Fahrgäste. Ein großer Schaffner in grauer Uniform mit orangefarbenen Revers und einer Schirmmütze mit orangefarbenem Streifen tritt ein. Die Krawatte, leicht schief, ist mit orangefarbenen und grauen »B«-Symbolen bedeckt. Belgische Schaffner haben etwas Komisches an sich – ein bisschen von Benny Hill.

Mit großartiger Geste nimmt er meine Fahrkarte und betrachtet sie einige Momente gründlich.

»Vergessen Sie nicht, das Zugkästchen auszufüllen«, sagt er.

Es gibt eine Spalte – die mir ziemlich sinnlos erscheint –, in der man ankreuzen muss, ob man mit Zug, Bus oder Schiff fährt. Natürlich fahre ich mit dem Zug! Man kann, das gebe ich zu, mit einem Schienenersatzbus fahren, und es sind viele Fähren eingeschlossen, darunter Stena Line von Großbritannien, Irish Ferries, Viking Line in Skandinavien und Blue Star Ferries in Griechenland.

Der große Schaffner sieht mich streng an, aber er ist nicht wirklich verärgert. Er spielt sich nur auf. Er geht weiter, und wir gleiten in den Bahnhof Gent-Sint-Pieters, wobei wir einen breiten grünen Fluss überqueren. Es scheint eine sehr große Anzahl Bahngleise beim Bahnhof Gent-Sint-Pieters zu geben, als wäre es ein besonders wichtiger Bahnhof in Belgien. Das ist er tatsächlich: Mit 17 Millionen Fahrgästen pro Jahr steht er an dritter Stelle im Land. Die Belgier lieben das Zugfahren genauso wie die Franzosen, das liegt vielleicht an der Bedeutung, die die Eisenbahn in der Zeit hatte, als Belgien eine junge Nation war. Wenn Zeit wäre, um rauszuspringen und sich umzusehen, könnte ich den etwas ungewöhnlichen Bahnhof mit seinen bunten Wandbildern und verzierten Bögen erkunden und dem prächtigen Turm aus dem Jahr 1912 einen Besuch abstatten, der fertiggestellt wurde, bevor die Weltausstellung 1913 in der Stadt stattfand (ich war schon mal in Gent gewesen).

Während wir am Bahnsteig warten, betritt eine kleine Frau mit Schultertuch und leidender Miene den Wagen, schlurft den Gang entlang und lässt bei jedem Fahrgast einen kleinen Zettel mit folgendem Text fallen: »*SONT PAUVRES AVEC TROIS ENFANTES QUE JE TRAVAILLE. AIDEZ MOI VOUS PLAIT ACHETER DE LA NOURITTOURE AUX ENFANTS ET A PAYER LES GAZ, L'EELECTRITIE, D'EAU. DIEU BENISSE ENCORE, ADIEU.*« (Wir sind arm, haben drei Kinder, für die ich arbeiten muss. Bitte helfen Sie mir, Essen für die Kinder zu kaufen und Gas, Strom und Wasser zu bezahlen. Gott segne Sie. Leben Sie wohl.) Sie kommt nicht zurück, um die Zettel wieder einzusammeln. Vielleicht hat der große Schaffner sie abgefangen.

Ich erhasche einen flüchtigen Blick auf dem Bahnhofsturm, als wir losfahren, und werde dann Zeuge einer kleinen Szene. Die erste Klasse ist direkt hinter einer Abtrennung, und ich bekomme mit, wie der große Schaffner wieder in Aktion ist. Er hat ein Problem am Hals.

»Was bedeutet das?«, fragt er den Fahrgast und zeigt auf ein Schild.

»Eins«, erwidert der Reisende.

»Und was steht hier?«, fragt er und zeigt auf die Fahrkarte.

»Zwei«, erwidert der Fahrgast.

»Sie sind Zwei, aber sie befinden sich in Eins«, sagt der Schaffner.

»Ah, das wussten wir nicht!«, sagt der Fahrgast.

Dann erklärt der große Schaffner dem Reisenden und seiner Partnerin, dass sie ihre Fahrkarte nicht korrekt ausgefüllt haben.

»Ah, das wussten wir nicht!«

Der große Schaffner sieht sehr gereizt aus.

Die Fahrgäste, Touristen, kommen zu mir in die zweite Klasse.

Wir fahren unter einem rauchgrauen Himmel weiter, während ich *Das tote Brügge* lese. Der Protagonist erkundet das »Gewirr« der Straßen der Stadt, ist deprimiert und erkennt, dass die heruntergekommenen Gebäude irgendwie seine Gefühle widerspiegeln. Er wird bald eine Entdeckung machen: Eine Frau, die in Brügge lebt, sieht genauso aus wie seine frühere Frau. Schnell verliebt er sich. Hier beginnt die eigentliche Handlung. Das Buch ist kein einziger schwermütiger Streifzug durch die Stadt, wenn es auch in weiten Teilen so scheint. *Das tote Brügge* ist ein düsterer Roman, der aus ebendiesem Grund zum Kultroman wurde. Ich bin bereits süchtig.

Vor uns erhebt sich eine andere große Stadt: Vororte, Türme und höhlenartige Bahnhöfe tauchen im Nebel auf. Alle Namen werden in Brüssel, wo wir gerade am Schild vom Bahnhof Brussel-Zuid halten (Niederländisch für Brüssel-Süd), auf Niederländisch und Französisch genannt. Ich bin versucht auszusteigen und die belgische Hauptstadt zu erkunden, aber ich habe schon ein Zimmer in Maastricht gebucht – und mir im Übrigen für heute Nachmittag etwas vorgenommen und will so ankommen, dass ich noch ein paar Stunden Zeit habe.

Ein Eurostar summt am gegenüberliegenden Bahnsteig, bereit, in Richtung Amsterdam loszuschießen. Unser Zug setzt sich mühsam in Bewegung. Ich frage die Schaffner, die sich in meiner Nähe hingesetzt haben, in was für einem Zug wir sind. Der große Schaffner wird jetzt von einem anderen Schaffner begleitet, kleiner, mit grauen Haaren, einem Schmerbauch und einer lächerlichen Reihe von Stiften, die aus seiner Tasche ragen.

»Ein Intercity mit Wagen von 1998 und einer E-Lok von 2005«, sagt der große Schaffner.

Unsere gegenwärtige Geschwindigkeit beträgt 200 km/h, was – das muss ich zugeben – nicht langsam ist. Aber das Tempo wird schon bald, eine Stunde vor Liège, auf 140 km/h gedrosselt. Nicht wirklich *langsam*, aber *langsamer*.

Der große Schaffner heißt Lucas und der kleinere Louis. Louis gibt mir seine Visitenkarte mit seiner E-Mail-Adresse, Facebook-Details und Flickr-Account. Sein Hobby ist Fotografieren. Beide sprechen gut Englisch.

»Kommt es häufig vor, dass Leute schwarzfahren?«, frage ich.

»Oh ja, ständig«, sagt Louis. »Sie versuchen, uns aus dem Weg zu gehen. Das Spiel gibt es auf jeder Fahrt. Manchmal gewinnt man, manchmal verliert man.«

Wenn man ohne Fahrkarte erwischt wird, beträgt die Strafe 75 Euro.

»Wenn jemand seinen Personalausweis nicht dabeihat, rufen wir die Polizei, damit sie zum nächsten Bahnhof kommt«, sagt Lucas, der sich mit den Regeln und Vorschriften gut auszukennen scheint. Für alle Belgier über zwölf wird ein Personalausweis ausgestellt, erklären sie, und alle über 15 müssen ihn bei sich haben, wenn sie weiter als zweihundert Kilometer von ihrem Zuhause entfernt sind. Fremde müssen im Besitz eines Passes oder Personalausweises ihres Landes sein.

Lucas arbeitet seit 20 Jahren bei der Belgischen Bahn und Louis seit neun Jahren. Sie erzählen, wie wichtig die Eisenbahn in der Geschichte Belgiens war. »Von Anfang an!«, ruft Lucas aus.

Sie erkundigen sich nach meinen Reiseplänen, und ich erzähle, wohin ich als Nächstes fahren will.

»Wenn wir das früher gewusst hätten, hätten wir Sie zum Zugführer bringen können«, sagt Lucas.

Das sind wirklich sehr nette belgische Schaffner.

»Wir müssen Ihnen eine Krawatte schicken!«, sagt Lucas.

»Wir müssen Ihnen auch einen Gürtel schicken!«, sagt Louis. Die Gürtel haben das unverwechselbare »B« auf der Schnalle.

»Keine Sorge, wir haben genug davon!«, sagt Louis.

Sie schreiben sich meine Adresse auf.

Wir erreichen Liège-Guillemins. Ich gebe ihnen die Hand und steige aus. Was für ein großartiger Service im 10.58-Uhr-Zug von Brügge.

Der Bahnhof Liège-Guillemins sieht aus wie ein Ufo. Das ist mit Abstand der modernste Bahnhof bisher, entworfen von dem spanischen Stararchitekten Santiago Calatrava und 2009 eröffnet. Obendrüber schwebt ein weißes, geschwungenes Dach, das einen hellen, luftigen Raum schafft, und die Bahnsteige aus Glasbausteinen lassen Licht in eine darunterliegende Einkaufszeile dringen. An dem einen Ende der Halle ist das Grand Café de la Gare, ein feines Restaurant, in dem zwischen Kakteen und Designerlampen Kalbssteaks und Cocktails serviert werden. Vorne befindet sich ein Innenhof mit dem riesigen Schriftzug »LIÈGE TOGETHER«. Von hier gehe ich über die Straße und überlege, einen Drink in der Bar Le Tube zu nehmen, aber mit nur einem Gast auf einem Barhocker und sonst niemandem wirkt es ein bisschen wie *Das tote Brügge*. Im Übrigen sollte ich nicht in schlechte Gewohnheiten verfallen. Zu verführerisch, mittags auf einen Sprung in eine Bar zu gehen, wenn man eine Zugreise durch Europa macht (obwohl es hin und wieder nichts schaden wird).

Zurück im Bahnhof warte ich auf den 13.40-Uhr-Zug nach Maastricht.

Bald darauf kommt er.

Der Zug wirkt nicht besonders vertrauenerweckend mit zwei ramponierten alten Wagen, die mit Graffiti und Schmutz bedeckt sind. An den Fensterrahmen und entlang des Blechs am Dach wächst Schimmel. Es scheint fast eine Beleidigung für den schönen, glänzenden Bahnhof, dass dieses Wrack die Dreistigkeit hat einzufahren. Drinnen finde ich mich in einem orangefarbenen Abteil wieder, mit Bildern von Löwen und Antilopen an den Wänden und Sitzen in Karamell- und Brauntönen. Trotz des heruntergekommenen Äußeren hat der 13.40-Uhr Zug nach Maastricht etwas erfreulich retro-, fast hipstermäßiges an sich.

Um mit den Zugschaffnern von Belgien im Gespräch zu bleiben, frage ich den Schaffner mit dem buschigen Bart – ein weiterer Comedy-Charakter – nach dem Zug. Seine Schirmmütze sitzt schief, und man sieht das Gummiband seiner Krawatte unter dem gekräuselten Kragen des Hemds der Belgischen Bahn (eine Krawatte, wie ich sie bald besitzen werde, wenn Lucas und Louis Wort halten). Aus seiner Jackentasche ragt etwas, was aussieht wie ein Sandwich.

»Elektrolokomotive. 1980er«, sagt er mürrisch, aber noch höflich, bevor er schwach lächelt und davonhuscht.

Drei Polizisten mit kugelsicheren Westen kommen in den Wagen. Sie kauen Kaugummi und suggerieren: »Sprechen Sie uns bloß nicht an.« Ich beschließe, *ihnen* keine Fragen zu stellen. Stattdessen schaue ich zu, wie der Zug einen breiten, braunen Fluss überquert und in Visé einfährt, wo die Polizisten wortlos aussteigen, wahrscheinlich, weil es der letzte Halt vor den Niederlanden ist. Hinter Eijsden, jetzt in den Niederlanden, kommen wir in einen smaragdgrünen Wald, der im goldenen Sonnenlicht des frühen Nachmittags zu leuchten scheint. Ich genieße die Ruhe, die der smaragdgrüne Tunnel ausstrahlt, während wir eine Weile hindurchfahren.

Kurz darauf erreichen unsere klapprigen Wagen Maastricht.

Eine weitere Stadt, ein weiterer interessanter Bahnhof. Dieser stammt von 1913 und ist fantastisch. Staubige Lichtstrahlen fallen durch hohe Buntglasfenster, die mittelalterliche Ritter und Frauen darstellen, in die Schalterhalle. Purpurrote Backsteinwände ragen zu einer hohen Balkendecke hinauf. Wenn man die Augen zusammenkneift, kann man sich großartige Feste vorstellen, mit Wildschweinbraten, Gänsen und Weinkrügen. Eine Art gotischer Traum.

An einer Ecke ist ein Blumenladen. Ein Neonschild, das bayrisches Bier bewirbt, flackert über einem gewölbten Durchgang in einen weiteren. Da es so nahe zu Belgien ist, hatte der Bahnhof früher eine Grenzkontrolle (wo jetzt der Blumenladen ist). Das Schengen-Abkommen, das 1985 in Schengen in Luxemburg unterschrieben wurde und das Reisen ohne Grenzkontrollen innerhalb der Europäischen Union ermöglicht, hat dem ein Ende gemacht. Wie die Dinge liegen, sind gegenwärtig 22 der 28 Mitgliedstaaten der EU Mitglied des Schengen-Raums, Rumänien, Bulgarien, Kroatien und Zypern wollen es werden, und das Vereinigte Königreich und Irland haben verzichtet. Wie lange die Vereinbarung hält, ist ein anderes Thema. Europa scheint langsam auseinanderzufallen.

Der Bahnhof ist ziemlich weit weg vom alten Stadtzentrum, wo ich eine Nacht im Botel gebucht habe.

Es ist ein Hotel, das auf dem Fluss Maas (Niederländisch) schwimmt, französisch Meuse und Mouze in Wallonisch. Ich gehe in Richtung Fluss, biege links ab, überquere eine Brücke, biege wieder links ab, gehe durch einen kleinen Park, überquere eine Straße, und da ist es, schaukelt ganz leicht auf dem Fluss hinter einer Gangway mit künstlichem Gras. Drinnen spielen drei ältere Frauen an einem der Holztische in der lila-blauen Bar Karten. Dieser Raum fungiert auch als Rezeption. Hin und wieder unterbrechen die Frauen ihr Spiel und gehen nach draußen, um zu rauchen. Vom Schiffsdeck ist Gelächter zu hören. Nach der Pause, wenn Karten gespielt wird, kehrt wieder Schweigen ein. Das wiederholt sich in regelmäßigen Abständen. Sie scheinen eine herrliche Zeit zu haben.

Unter der Decke sind Spiegel schräg angebracht, sodass ältere Fahrgäste einen möglichst guten Ausblick haben (vielleicht auch gut zum Mogeln beim Kartenspielen). Der Mann am Check-in-Tresen hat krause Haare und trägt einen grauen Pullover, neben sich ein Fernglas und eine Taschenlampe. Er erinnert mich an den Schauspieler Kenneth Williams, wenn auch vielleicht nicht ganz im *Carry-On*-Modus.

»Mein Lieblingszug ist der nach Darjeeling«, erzählt er, als er von meiner Reise erfährt. »Darjeeling! Darjeeling! Die Gebirgseisenbahnen. Oh, ich liebe Zugreisen!«

Er informiert mich, dass die Bar um Mitternacht schließt, und erzählt, dass es das Botel seit 20 Jahren gibt. Vorher war es ein Passagierschiff auf dem Rhein. Die Gäste des Botels kommen aus »China, Spanien, den Niederlanden, Deutschland und von überall«.

Ich frage ihn, wo in der Stadt das Maastricht-Abkommen unterschrieben wurde. Es wäre interessant, den Ort zu besuchen. Er dreht sich um und zeigt durchs Fenster.

»Wo es unterzeichnet wurde? Da drüben«, sagt er. Er deutet auf ein großes gezacktes Gebäude auf der anderen Seite des Flusses.

»Es ist das Provinzregierungsgebäude, ungefähr dreieinhalb Kilometer entfernt. Vielleicht lassen sie Sie rein.«

»Hier wurde er unterzeichnet.«

MAASTRICHT

Vielleicht. Ich stelle meinen Rucksack in einer winzigen Kabine mit Schiebetür ab. Sie befindet sich direkt über der Bar und hat eine kleine Dusche und ein Waschbecken mit Wasserhähnen, aus denen glühend heißes Wasser kommt. Das Bett steht an der Wand, es ist hart. Durch das Kabinenfenster auf der einen Seite sehe ich das gezackte Gebäude auf der anderen Seite der Maas (Meuse/Mouze) mit ihrer bewegten Oberfläche. Auf der anderen Seite sind die Kartenspielerinnen auf Deck, um zu rauchen und zu lachen.

Über eine Brücke komme ich zum ersten Hinweis auf die Bedeutung Maastrichts: Plein 1992 (Platz 1992), benannt nach dem Jahr der Unterzeichnung des Vertrages, der zur Europäischen Union und zum Euro geführt hat. Es ist ein großer, offener gepflasterter Platz mit Bronzekacheln zwischen den Betonplatten, abwechselnd mit »1992« und dem Eurozeichen versehen. Auf einer Seite sind ein Café, ein Spirituosenladen, ein Laden mit Wohnaccessoires, ein verrammelter Laden und eine lange Reihe Fahrradständer. Auf der anderen Seite sind eine Bibliothek und ein Theater. Das Botel ist direkt gegenüber von Plein 1992 auf der anderen Seite des Flusses.

Von hier sind es ungefähr 20 Minuten zum Regierungsgebäude der niederländischen Provinz Limburg. Es ist windig und sonnig, als ich bei dem gezackten Gebäude ankomme und einen Mann mit geblümtem Hemd und Goldkette frage, ob hier tatsächlich das Maastricht-Abkommen unterzeichnet wurde.

»Ja, gehen Sie rein und tragen Sie sich ein«, sagt er.

Er ist ein Vertreter der Provinz Limburg, die einen lässigen Dresscode zu haben scheint, denn er trägt Jeans und sieht aus, als käme er gerade von einem Barbecue.

Ich frage ihn, was die Menschen in Maastricht vom Maastricht-Vertrag halten.

»Wir sind sehr stolz«, sagt er.

Ich frage ihn, was die Menschen in Maastricht davon halten, dass Großbritannien die Europäische Union verlässt.

»Wir finden es schade«, sagt er.

Dann sagt er, ich solle mich beeilen, denn das Gebäude werde bald geschlossen und ich käme vielleicht nicht mehr hinein. Ich gehe also zum Empfang, und ein Sicherheitsbeamter sagt, ich könne den Raum und den Tisch nicht sehen, wo der Vertrag von Maastricht unterschrieben wurde, da ich nicht angemeldet sei. Ich frage, ob ich jemanden fragen könne, ob ich es trotzdem könne. Er überlegt und ruft jemanden an. Nach einer Weile legt er auf.

»Sie müssen über den Parkplatz und über die Brücke«, sagt er.

Ich folge und gelange auf eine Insel mit einer langen Reihe leerer Fahnenstangen, nur an einer weht die Flagge mit dem roten Löwen von Limburg.

Ich habe noch nie zuvor mit einem »Clustermanager« zu tun gehabt (damit scheint so etwas wie ein Pressesprecher gemeint zu sein). Er ist formaler gekleidet als sein Kollege, trägt einen Anzug. Er bekommt eine Glatze, hat einen grauen Bart und ein breites Lächeln. Peter – Herr Schrijen wirkt zu seriös; dazu ist er viel zu locker – erzählt mir ebenfalls, dass er stolz auf den Vertrag von Maastricht sei und dass die Stadt gerade das Europäische Kulturerbe-Siegel bekommen habe. Damit wird Maastricht neben 37 andere wichtige Orte in der europäischen Geschichte gestellt, darunter die Akropolis in Athen, die Stadt Straßburg und die Danziger Solidarnosc-Werft.

Obwohl ich nicht angemeldet bin, führt Peter mich gerne herum. Die Niederländer sind bekanntlich locker, und Peter ist keine Ausnahme.

Wir kommen bald in einen kreisförmigen Raum mit weißem Marmorfußboden, weiß gekalkten Wänden und einer kunstvollen Decke mit einem Spinnennetz weißer Balken.

»Hier haben die Verhandlungen stattgefunden. Es war sehr wichtig, dass es ein runder Raum war, da es wichtig war, dass niemand am Kopf des Tisches saß«, sagt Peter.

Wir gehen nach oben zu einem entsprechenden kreisförmigen Raum mit senffarbenem Teppich, einem großen Kristallkronleuchter und einem Blick auf den Fluss durch hohe Fenster.

»Hier wurde der Vertrag unterzeichnet«, sagt Peter.

Er führt mich genau an die Stelle, wo der Tisch mit dem Dokument damals stand. Durch eine Tür und einen Gang kommen wir zu dem hellbraunen Tisch. In einer Vitrine neben dem Tisch sind eine Kopie des Vertrages und eine Fotomontage der Unterzeichner ausgestellt. Das Original ist jetzt in Rom, sagt Peter.

Douglas Hurd, Großbritanniens damaliger Außenminister, ist mit dem Füller in der Hand abgebildet, eine Augenbraue bis knapp unter seinen krausen weißen Haarschopf hochgezogen. Es ist der 7. Februar 1992. Später sagte Hurd: »Wenn Margaret Thatcher damals Premierministerin gewesen wäre, hätte es keinen Vertrag von Maastricht gegeben.« Thatcher war keine zwei Jahre zuvor, im November 1990, zurückgetreten. Hurd selbst war hundertprozentig proeuropäisch.

John Major, der damalige Premierminister, war natürlich ebenfalls proeuropäisch. Major hatte im Dezember 1991 die Details des Vertrages hier in Maastricht verhandelt und ein großes Zugeständnis für das Vereinigte Königreich herausgeschlagen: die Ausnahme von der einheitlichen Währung. Trotzdem gab es erbitterten Widerstand unter den Hinterbänklern des Parlaments, was ihn dazu veranlasste, sie »Bastarde« zu nennen. Das Thema Europa verfolgte ihn seine ganze Amtszeit.

Mit Maastricht hat vieles angefangen – und der Brexit war die letzte Wendung.

Ich frage Peter nach dem Brexit.

»Unglaublich«, sagt er. »Einfach unglaublich. Ich verstehe nicht, warum Großbritannien den Brexit will.«

Er zögert. »Das sind alles Gefühle. Man sollte sich in der Politik nicht von Gefühlen leiten lassen.«

Für einen Moment ist Peter selbst ziemlich emotional.

Dann ist er wieder so entspannt wie vorher und erzählt, dass die Regierung von Limburg plant, das Archiv zum Maastrichter Vertrag für Besucher zu öffnen und Computer mit Touchscreens zur Information bereitzustellen. »Es ist sehr wichtig, dass die Menschen verstehen, was Maastricht bedeutet«, sagt er.

Wir trinken Kaffee in seinem Büro, und Peter gibt mir einen Satz Briefmarken anlässlich des 25. Jahrestages des Maastrichter Vertrags. Wir unterhalten uns ziemlich lange über dies und das: Peters Patenschaft an einer Grabstätte auf dem niederländischen Friedhof für amerikanische Soldaten des Zweiten Weltkriegs und seinen kürzlichen Besuch in Versailles, wo ihn rücksichtslose Touristen mit ihren Selfies zur Weißglut getrieben haben. Ich kann kaum glauben, dass Peter sich über irgendetwas ärgern kann.

Erst nach Büroschluss verlasse ich die kleine Regierungsinsel mit den Trauerweiden und leeren Fahnenstangen, an denen einst die Flaggen der zwölf Unterzeichnerländer wehten. Die Seile klappern im Nachmittagswind, eins scheint besonders laut und schlägt wie wild gegen den Mast.

Vielleicht hing daran der Union Jack.

Zum Abendessen gibt es Sauerfleisch vom Pferd, eine lokale Spezialität, die vielleicht etwas gewöhnungsbedürftig ist. Das dicke Stew hat einen süßsauren Essiggeschmack, wird mit Ofenkartoffeln, Mayonnaise und einem Topf Apfelsoße serviert. Ich probiere das Gericht in der hübschen Altstadt in der Nähe der uralten Liebfrauenbasilika. Der Laden ist überfüllt mit anderen Gästen, die ebenfalls Sauerfleisch essen. Man kommt durch schwere rote Vorhänge in einen kleinen, von Kerzen erleuchteten Raum und muss gegebenenfalls auf einen freien Tisch warten oder einen Platz an der Bar wie ich. Es herrscht eine gedämpfte Atmosphäre, man hat fast das Gefühl, einem

Geheimbund anzugehören, als ob der Verzehr von Sauerfleisch verboten wäre. Schließlich wird ein Platz an der Bar frei, man bekommt ein Tischset, ein sehr freundlicher Barmann nimmt die Bestellung auf und nickt anerkennend, wenn man das Wort Sauerfleisch ausspuckt. Das Essen kommt schnell, kochend heiß in einem orangenen Topf direkt aus dem Ofen. Der Barmann bietet gemahlenen Pfeffer aus einer riesigen Pfeffermühle an. Die Süße des Apfels gleicht den Essig aus, merkwürdiges Stew – am besten nicht zu viel über Pferde nachdenken, wenn man die Geschöpfe mag.

Maastricht war mehrmals eine Zeit lang ein Teil von Frankreich, zuletzt 1794 bis 1814, daher vielleicht die Vorliebe für Pferdefleisch. Nach der französischen Herrschaft wäre Maastricht 1830 beinahe Teil des neu gegründeten Belgien geworden, aber die Garnison der Stadt hielt zu Wilhelm I., dem niederländischen König, obwohl die Bürger auf Seiten der belgischen Revolutionäre waren. Während der Londoner Konferenz wurde die Stadt offiziell als Teil der Niederlande behandelt.

Diese kleine Stadt von 120.000 Einwohnern hat eine lange politische Geschichte.

Gut gesättigt kehre ich über mehrere kopfsteingepflasterte Plätze, wo sich Studenten versammelt haben, zum Botel zurück. Maastricht ist Sitz einer bedeutenden niederländischen Universität. Die Frauen spielen immer noch Karten in der Bar. Lange Frachtschiffe gleiten über das tiefschwarze Wasser, einige mindestens hundert Meter lang. Ich lese *Das tote Brügge*, das offen gesagt kein bisschen heiterer wird, und überlege, wohin auf der Eisenbahnnetzkarte ich als Nächstes fahre.

Ein sehr großes Land liegt nicht weit im Osten.

Am nächsten Morgen taucht das fünfte Land am Horizont auf, ganz in der Nähe, ein Stück die Schienen entlang.

»Es fahren keine Züge dahin, wo Sie hinwollen.«
VON MAASTRICHT NACH BONN

Mein Plan ist, den 10.20-Uhr-Zug von Maastricht nach Heerlen zu nehmen, Ankunft 10.42, dann den 10.56-Uhr-Zug von Heerlen nach Herzogenrath, Ankunft 11.10, dann den 11.29-Uhr-Zug von Herzogenrath nach Aachen, Ankunft 11.45, dann den 11.51-Uhr-Zug von Aachen nach Köln, Ankunft 12.44, und den 12.56-Uhr-Zug von Köln nach Bonn, Ankunft 13.25. Was kann da schon schiefgehen?

Ich will nach Bonn. Ein Freund hat mir einmal erzählt, dass Bonn, Deutschlands Hauptstadt von 1949 bis zur Wiedervereinigung von Ost und West 1990, ganz schön ist.

Also mache ich mich auf den Weg zum Bahnhof, vorbei an den Zinnen der alten Festung und einer Gegend mit einem sogenannten Headshop, in dem Wasserpfeifen und »Vision Seeds« (Cannabis-Samen) verkauft werden. Er befindet sich nur ein Stück die Straße hinunter vom Easy Going Coffee Shop entfernt. Ich frage mich, ob Leute wie Douglas Hurd, John Major und Jacques Delors 1992 auf einen Sprung reingeschaut haben. Irgendwie bezweifle ich es, aber alles ist möglich.

Am Bahnhof erfahre ich, dass die Mitarbeiter der Arriva-Eisenbahngesellschaft, die den ersten Teil meiner komplizierten Route abdeckt, streiken.

Ich erfahre es am Informationsstand, wo eine Mitarbeiterin der Nederlandse Spoorwegen (niederländische Eisenbahngesellschaft) mit rotem Schal, schickem blauem Blazer und Schmetterlingsbrosche sagt: »Es fahren keine Züge dahin, wo Sie hinwollen.«

Sie sagt das sehr freundlich.

Ich erwähne Bonn.

»Oh, es gibt eine Möglichkeit, dorthin zu kommen«, sagt sie. Dann erklärt sie, dass ich mit der belgischen Bahn zurück nach Liège-Guillemins muss, von dort einen Zug nach Köln und von dort einen nach Bonn nehmen muss.

Ich mache ihr ein Kompliment wegen ihres Englisch.

»Oh, ich habe in England gelebt«, sagt sie.

Da niemand sonst da ist und es noch eine Weile dauert, bis mein Zug fährt, frage ich sie, wo in England.

»Cambridge und dann London, wo ich gearbeitet und einen Iren kennengelernt habe, mit dem ich nach Ballycastle in Nordirland gezogen bin«, antwortet sie ausführlich.

»Was für einen Job hatten Sie in London?«, frage ich.

»Oh, ich war Verkäuferin bei D. H. Evans in der Oxford Street«, erwidert sie. »Am Anfang in der Weihnachtsabteilung, dann Schreibwaren«, erklärt sie – um sicherzugehen, dass ich weiß, was genau sie bei D. H. Evans gemacht hat.

»Und was haben Sie in Nordirland gemacht?«, frage ich.

»Oh, ich habe dort nicht gearbeitet«, sagt sie beinahe so, als ob ich es wissen müsste. »Ich bin einfach mit meinem Freund mitgegangen. Er war Student«, fügt sie hinzu, als ob auch das klar sein müsste (als ob ich sie schon kennen würde).

»Klar!«, antworte ich, oder so etwas Ähnliches.

Sie lächelt und rückt ihre Schmetterlingsbrosche zurecht.

Ich hatte diese Unterhaltung nicht erwartet. Wäre nicht das Paar gewesen, das sich nach Fahrkarten erkundigen wollte, hätten wir einen Kaffee beim Bahnhofscafé bestellen und einen langen Plausch halten können. Selbst niederländische Bahnmitarbeiter sind ganz entspannt, wenn sie nicht gerade streiken.

Ich gehe zu Bahnsteig 5a, um auf den 10.19-Uhr-Zug nach Liège-Guillemins zu warten.

Anders als in Belgien dauerte es in den Niederlanden eine Zeit, bis die Eisenbahn ins Rollen kam: Erstens, weil der Staat mit Wilhelm I. an der Spitze weniger von Eisenbahnen begeistert war als Belgiens Leopold I. und zweitens wegen seiner vielen Marschen, Kanäle und Flüsse, die teure Brücken erforderlich machten. Die erste Linie eröffnete 1839 zwischen Amsterdam und Harlem, vier Jahre nach der ursprünglichen Strecke in Belgien. Die Eisenbahn wurde später um die Strecke von Amsterdam nach Den Haag erweitert, mit nicht weniger als 58 Klappbrücken. Ohne sie wären wichtige Wasserstraßen für die Schifffahrt blockiert gewesen.

Die staatseigene niederländische Eisenbahn Nederlandse Spoorwegen wurde 1938 durch den Zusammenschluss zweier privater Eisenbahngesellschaften gegründet, die als Folge des Ersten Weltkriegs in finanzielle Schwierigkeiten geraten waren. Sie ist der Hauptbahnbetreiber in den Niederlanden und die meistbefahrene Eisenbahn in der Europäischen Union, mit 38.000 Mitarbeitern und unglaublichen 4.800 Fahrten mit 1,1 Millionen Fahrgästen am Tag. Die Niederlande hat 17,2 Millionen Einwohner. Viele Niederländer benutzen den Zug.

Auf Bahnsteig 5a treffe ich den ersten Eisenbahnfan in den Niederlanden.

Er steht auf dem gegenüberliegenden Bahnsteig und trägt einen Anorak, natürlich. Es ist jedenfalls ein stylisher Anorak. Er raucht lässig eine Zigarette oder vielleicht auch etwas Stärkeres. Wir sind schließlich in den Niederlanden. Er macht verschiedene Fotos von meinem Zug, als er kommt. Er schlendert davon, offenbar höchst zufrieden. In den Niederlanden scheinen Eisenbahnfans besonders cool zu sein.

Wie der Zug gestern auf dieser Strecke ist der 10.19-Uhr-Zug nach Liège-Guillemins ein Wrack. Fast an allen Wagen ist die Farbe abgeblättert. Von außen ist er zerkratzt und heruntergekommen. Schimmel wächst an den Fenstern. Doch wieder ist er innen schick und stylish im 80er-Jahre-Retrolook. Vielleicht hat man ihm deshalb vor der Verschrottung bewahrt.

Und ein weiterer Comedy-Schaffner mit Hipster-Bart kontrolliert meine Fahrkarte und nickt. Der Zug setzt sich langsam in Bewegung.

Es ist eine angenehme Fahrt. Auf den Schienen dahinzugleiten, während vertraute Landschaft vorbeizieht, ist entspannend. Yachten kreuzen mit flatternden Segeln auf einem Fluss. Straßenkunst leuchtet auf, ein Bild zeigt eine sinnliche Angelina Jolie neben buntem Gekritzel nicht zu entziffernder Schnörkel. Ein Zug mit Waggons voller Kies tuckert langsam vorbei, als ob er Mühe hat, die Last zu bewältigen. Ein Habicht schwebt über einem Feld, als das Signalhorn ertönt und der Schaffner wieder nach vorne geht. Viel mehr gibt es nicht über die Fahrt von Maastricht nach Liège zu berichten – nicht, dass mich das stört.

Vielleicht bin ich schon süchtig nach der Fortbewegung auf Schienen. Immer weiterzufahren ist eine Freude: irgendwie klärend und beruhigend.

Hier muss ich eine Erklärung abgeben. Im ersten Kapitel habe ich gesagt, dass Dover Castle über Jahrhunderte ein Ort der Entscheidungen war. Ja, für viele wichtige auf nationaler Ebene, aber ich habe dort für mich auch eine Entscheidung getroffen.

Oben auf den Klippen von Dover habe ich ein Telefongespräch geführt, das eine vollkommene Richtungsänderung meiner Arbeit bedeutet. Ich hatte so einen radikalen Schritt nicht wirklich erwartet, als ich in Mortlake losgefahren war, aber während der Zug von Victoria durch Kent rollte und Europa vor mir lag, gewannen einige Gedanken, die mich schon eine ganze Zeit vage beschäftigt hatten, rasch an Klarheit: Die Schienen haben sie freigesetzt, wenn man so will. Ich will nicht zu tiefschürfend und bedeutungsvoll klingen, aber mir wurde klar, dass ich Bilanz ziehen, buchstäblich weiterziehen wollte, nicht nur auf den Eisenbahnschienen, sondern auch sonst. *Au revoir* gestern! *Bonjour* wer weiß was?

Das Klick-Klack der Schienen hatte mich schon in seinen Bann gezogen.

Vielleicht ist die Eisenbahn deshalb gerade jetzt so tröstlich. Eine neue, ungewisse Zukunft liegt vor mir, aber jetzt erlebe ich ein Abenteuer auf Europas Schienen, gleite dahin, bereit für alles Unbekannte, das kommt.

Der Zug kommt um 10.51 Uhr in Liège an, und ich steige zum ersten Mal in einen Zug der deutschen Bahn, eine schlanke Angelegenheit, bemalt mit langen, roten Streifen, die Buchstaben »ICE« auf die Lokomotive geschrieben.

Okay, das ist kein langsamer Zug. Er sieht verdammt schnell aus. Diese deutschen Intercity-Express-Züge fahren bis zu 300 Kilometer in der Stunde, das ist die Geschwindigkeit eines Formel-1-Wagens auf der Geraden. Langsamer Zug? Unmöglich. Ich muss jedoch darauf hinweisen, dass die Entfernung zwischen Maastricht und Bonn 125 Kilometer beträgt und meine Reise insgesamt zwei Stunden und 36 Minuten dauert. Das ergibt ungefähr 45 Kilometer in der Stunde, fast genau die schnellste Zeit, die Usain Bolt auf 100 Metern läuft. Wäre der Jamaikaner in der Lage, diese Geschwindigkeit zwei Stunden und 36 Minuten zu halten, würden wir zur selben Zeit in Bonn ankommen. Meine Reisegeschwindigkeit entspricht also einem (sehr schnellen) Menschen.

Nach der ramponierten Kiste von Maastricht ist der ICE eine Offenbarung. Felder rasen vorbei. Bauernhöfe. Seen. Wälder. Der ICE scheint die Landschaft zu schlucken. Eichen, in deren Kronen Krähen flattern: vorbei. Geschluckt. Kleine Städte: vorbei! Geschluckt! Fabriken, in denen wer weiß was hergestellt wird. Kirchtürme, sich sanft windende Flüsse. Geschluckt! Geschluckt! Geschluckt!

Der Schaffner der Deutschen Bahn ist ein sympathischer Kerl. Schaffner sind jetzt meine Freunde. Wie fast alle männlichen Schaffner, die ich bis jetzt getroffen habe, hat er einen Bart. Er erzählt mir fröhlich, dass wir uns in einem ICE aus dem Jahre 2001 befinden und mit einer Geschwindigkeit von 200 Kilometern in der Stunde reisen. Der Zug hat acht Wagen, informiert er mich, zwei sind erste Klasse und sechs zweite.

»Für diese Information: 50 Euro«, sagt er grinsend.

Ich inspiziere den Speisewagen, aber das Bild mit fade aussehenden Waffeln lockt mich nicht – und als ich die Sandwiches in Augenschein nehme, die auch nicht besonders aussehen, halten wir um 11.42 Uhr in Aachen, wo ich die Textnachricht »Willkommen in Deutschland« erhalte.

Solche Textnachrichten haben auf dieser Reise bisher »Grenzkontrollen« ersetzt, wenn man die Passkontrolle in Dover ausnimmt.

Der Zug fährt unter aufgebauschten, austerfarbenen Wolken weiter. Es ist ein Industriegebiet mit Einsprengseln »ländlichen« Lebens dazwischen (hauptsächlich Kleingärten, die Deutschen in diesem Landesteil scheinen Kleingärten zu lieben). Güterzüge jagen vorbei. Die dampfenden Kühltürme eines Kraftwerks tauchen auf. Wir rasen in einem Augenblick durch einen Ort namens Horrem. Das ist das Problem mit schnellen Zügen.

Am Rand von Köln verkündet ein riesiges Graffito neben einem Fetisch-Shop »Ich liebe dich«. Die Schienen sind jetzt hochgelegt und führen über vielbefahrene Straßen. Es ist, als wären wir auf einem Schleichweg ins Herz von Köln gekommen, um direkt neben dem berühmten Dom zu halten.

Am Kölner Bahnhof müssen wir lange warten, bis sich die Türen öffnen – eine Vorsichtsmaßnahme, die damit zusammenhängt, dass unser Zug mit einem anderen gekoppelt wird, wie uns eine Durchsage informiert. Wir könnten bei einem Ruck beim Ankoppeln zwischen Bahnsteig und Wagen fallen, deshalb bleiben die Türen geschlossen. Als sie schließlich aufgehen, sehe ich mir die hoch aufragenden Zwillingstürme der mächtigen gotischen Kathedrale an. Dies ist eine der großartigsten Sehenswürdigkeiten in Europa. Die Türme sind 157 Meter hoch, und eine Zeit lang war der Kölner Dom das höchste Gebäude der Welt. Aber ich habe keine Zeit, mich länger aufzuhalten! Ich habe mir Bonn als Ziel gesetzt, und der Zug wartet.

Diesmal ist es ein Doppeldecker: ein großes, rotes Biest.

Er fährt um 12.32 Uhr ab, gleitet an einer langen Mauer mit bunter Straßenkunst und noch mehr Güterzügen vorbei. Die beruhigende Bewegung der Wagen erfasst mich wieder, wie auf dem Stück hinter Maastricht. Diesmal mache ich ein Nickerchen, öffne die Augen am Bahnhof von Brühl, wo ein Eisenbahnfan unseren Zug mit dem Handy knipst.

Es muss schrecklich viele Fotos von Zügen auf der Welt geben – Alben über Alben, Gigabytes über Gigabytes. Nur von Zügen. Zügen auf Bahnhöfen. Unscharfe vorbeifahrende Züge. Züge mit Nummern. Züge, Züge, Züge!

Obwohl ich schon mit vielen Zügen gefahren bin, verstehe ich diese Faszination nicht. Sie bringen mich an Orte, wo ich sonst vielleicht niemals gewesen wäre, sie können ziemlich bequem sein und sie sind, wie gesagt, eine Art Flucht. Das ist es, was ich an Zügen liebe: den Eskapismus, die Romantik der Schienen, die sich immer weiterschlängeln. Ich beobachte, wie der Eisenbahnfreak an den Wagen entlanggeht und noch mehr Fotos macht. Ich schließe wieder die Augen, während wir einer sehr interessanten Stadt entgegengleiten

Um 12.55 Uhr kommen wir am Bonner Hauptbahnhof an.

Er stammt aus den 1880ern, hat eine rostrote Fassade mit Steinurnen, gemeißelten Blumen und einem Steinlöwen.

Es ist ein vornehmes Gebäude, aber draußen ist es laut und chaotisch. Irgendein großes Bauprojekt ist gerade im Gange. Ich überquere eine Straße und überlege, in welche Richtung ich gehen muss. Auf der anderen Seite der Baustelle stolpert eine betrunkene Frau, die eine Flasche in der Hand hält, in einen Eingang. Ein scheußliches Graffito besagt: »Nur Hass«.

Ich finde die richtige Straße, gehe am Galactic Head & Grow-Shop vorbei, wo im Schaufenster eine Reihe von Wasserpfeifen neben einer Rastafigur ausgestellt sind. Auf die Fensterscheibe sind Marihuana-Blätter gedruckt. In diesem Teil Europas scheinen die Menschen eine etwas andere Haltung zu der Droge zu haben als bei uns. Der Freizeitgebrauch von Marihuana ist in Deutschland eigentlich nicht legal, aber die Polizei drückt beim Besitz kleiner Mengen in der Regel ein Auge zu, und Läden wie dieser beweisen, dass die Droge entgegen dem Buchstaben des Gesetzes im Grunde akzeptiert ist.

Ich gehe weiter einen Hügel hinauf zum Max Hostel. Ein Schild an der Tür informiert mich: »Wir haben geschlossen.« Das Hostel öffnet um 16.00 Uhr. Bisher habe ich nicht besonders viel Glück in der ehemaligen Hauptstadt Deutschlands.

Dann geselle ich mich zu den Kommunisten.

An einer Ecke in der Nähe des Hostels sind viele. Sie scheinen etwas zu feiern.

KAPITEL 4
VON BONN ÜBER LEIPZIG NACH WROCŁAW

»Earl Grey oder English Breakfast?«

Auf einer Reise mit dem Zug durch Europa gibt es viele Gelegenheiten, um Fragen zu stellen. Man hat sich eine Fahrkarte gekauft, und der Kontinent wartet. Man kann sich umsehen und machen, was man will. Man lässt sich von den Schienen irgendwo hinbringen, und dann *lässt man die Dinge geschehen.*

Heute nehme ich eine Zeit lang an einem kommunistischen Fest teil.

Es ist der 1. Mai, und die Gegend um das Hostel ist voller Kommunisten. Die meisten haben sich in einem kleinen Park an der Ecke Heerstraße und Vorgebirgsstraße nahe einer Schule eingefunden. Folkmusik spielt, und Grillgeruch liegt in der Luft. Viele, die herumlaufen, tragen Rot.

Julia sitzt an einem Tisch auf Böcken in der Nähe eines roten Sonnendaches, auf dem die Worte stehen: »TAG DER BEFREIUNG VOM DEUTSCHEN FASCHISMUS – NIE WIEDER FASCHISMUS«. Daneben das Datum 9. Mai 1945. Das war der Tag, an dem die Nazis am Ende des Zweiten Weltkriegs in Berlin bei den Russen kapituliert haben. Der eigentliche Sieg hat natürlich am 8. Mai stattgefunden.

Heute werden anscheinend viele Gedenktage gefeiert, einem anderen Transparent zufolge der Tag der Arbeit sowie der antikapitalistische Aktionstag.

Entgegen dem allgemeinen Trend trägt Julia ein schwarzes T-Shirt. Sie hat milchige Haut und durchdringende Augen. Zuerst ist sie mir gegenüber ablehnend. Vielleicht sehe ich aus wie ein Kapitalist – ein Egoist, der nur auf seinen persönlichen Vorteil aus ist und bei der Jagd nach schmutzigen Euros, die er nur für sich selbst und niemanden sonst ausgeben will, auf Gleichheit pfeift. Das ist eine Möglichkeit.

»Die Leute hier sind von kommunistischen Gruppen«, sagt sie.

So viel hatte ich begriffen.

»Wir sammeln Geld für Flüchtlinge«, fährt sie fort. »Ich denke, Flüchtlinge sollten sich willkommen fühlen. Wir sollten aufhören, die Grenzen dichtzumachen, und ihnen Jobs und Wohnungen geben. Die deutsche Regierung trägt eine Mitschuld in Syrien. Sie unterstützt Erdogan darin, Syrien zu bombardieren.«

Die deutsche Regierung unter Führung von Kanzlerin Angela Merkel hat Erdogan kürzlich zu einem Staatsbesuch eingeladen. Währenddessen haben türkische Militärjets Afrin bombardiert, eine Stadt in Nordsyrien, in der kurdische Gruppen ansässig sind. Die Türkei verteidigte ihr Vorgehen mit der Begründung, dass diese Gruppen terroristische Handlungen innerhalb ihrer Grenzen begehen.

Es gibt mehr als drei Millionen Deutsche türkischer Abstammung infolge einer Politik der Öffnung für Gastarbeiter in den 1960ern. Obwohl die Arbeiter ursprünglich nur für zwei Jahre in Deutschland bleiben sollten, wurden die Regeln 1964 gelockert und ein dauerhafter Aufenthalt ermöglicht.

Julia, die in den Zwanzigern ist und eine Ausbildung zur Krankenschwester macht, findet, dass Flüchtlinge aus humanitären Gründen anerkannt werden sollten. Sie erklärt weiter, dass die heutige Veranstaltung dazu dient, Erdogans Vorgehen anzuprangern sowie auf die Notwendigkeit geringerer Mieten und höherer Löhne aufmerksam zu machen.

Julia ist ziemlich redselig geworden. Ihr Engagement hat sie letzten Sommer in Schwierigkeiten gebracht, erzählt sie, als sie wegen des Protests gegen Donald Trump beim G20-Gipfel in Hamburg verhaftet wurde: »Die Polizei hat Leute gepackt oder getreten oder geschlagen. Sie haben mich drei Tage festgehalten.«

Julia erzählt mir, wie sie sich einen Anwalt genommen hat, und wie schwierig es war, ihre Freilassung zu erwirken. Dann stellt sie mir ihren Freund Fabian vor, er lächelt und gibt mir die Hand. Die Kommunisten und ich kommen gut miteinander aus. Fabian hat flaumweiche Haare und trägt ein T-Shirt mit der Aufschrift: »GEGEN NAZIS«.

Julia und Fabian erkundigen sich nach meiner Reise. Ich erkläre meine Zugreise, wie ich mich langsam, auf indirektem Weg, Venedig nähere. Sie interessieren sich für meinen Aufenthalt in Maastricht, und wir unterhalten uns eine Weile über die Europäische Union. Julia und Fabian haben festgefügte Ansichten.

»Wir verurteilen die Europäische Union«, sagt Fabian und erklärt, dass er die EU für eine profitorientierte Organisation hält.

Lucas, ein anderer Kommunist, hat sich zu uns gesellt. Er stimmt zu. »Uns ist es eigentlich egal, dass Großbritannien die EU verlässt. Wir sind gegen den Zusammenschluss von Ländern, wenn es nur eine kapitalistische Gruppe ist.«

Julia und Fabian murmeln zustimmend. Julia erzählt Lucas von meinem Zugabenteuer. Es stellt sich heraus, dass er für die Deutsche Bahn arbeitet, er führt Fahrgastbefragungen an Bahnhöfen durch.

Er zeigt auf den Grill in der Ecke.

»Iss was«, sagt er.

Ich scheine wirklich von den Kommunisten in Bonn akzeptiert worden zu sein.

Ich gehe hinüber und stelle fest, dass ich eine Essensmarke kaufen muss, wenn ich etwas essen will. Es gibt auch Smoothies, benannt nach Che Guevara (Blaubeere) und Rosa Luxemburg, die polnische marxistische Aktivistin (Erdbeere).

Ich esse einen sehr guten Salat und ein scharfes Hähnchengericht.

Hinterher treffe ich Miran, 21 Jahre alt und Student der Wirtschaftswissenschaften. Sein Vater stammt aus dem kurdischen Teil des Irak, und seine Mutter ist Deutsche.

»Der hiesigen Regierung liegt aus ökonomischen Gründen an guten Beziehungen zu Erdogan«, sagt er. Er erklärt, dass er an Demonstrationen gegen türkische Angriffe in Nordsyrien teilgenommen hat. Aber einige wurden durch die Polizei aufgelöst, und bei einer Gelegenheit wurde er mit Pfefferspray angegriffen.

Vor Kurzem ging Miran in einen Hungerstreik. Er erzählt, dass er fünf Tage nichts gegessen hat, während er vor dem Büro der Vereinten Nationen in Genf dagegen protestiert hat, was in Nordsyrien passiert.

Ich frage ihn, wie es war, so lange nichts zu essen.

»Es war wie ein Kampf gegen mich selbst«, sagt er. »Aber es waren noch andere im Hungerstreik, deshalb war ich stark.«

Miran engagiert sich ebenfalls in einer radikalen Jugendorganisation, die sich gebildet hat, um rechtsextreme Kundgebungen zu stören. »Wenn eine Kundgebung stattfindet, versuchen wir herauszufinden wo und blockieren die Straße.«

Miran muss los. Ein Freund braucht seinen Rat. Möglicherweise sind bald weitere Aktionen geplant.

Ich setze mich eine Weile auf eine Mauer neben eine Karl-Marx-Fahne, höre Reggae und trinke einen Rosa-Luxemburg-Smoothie.

Ein kleines bisschen Politik.

Es war ein ungewöhnlicher Start in Bonn.

Beethoven und Geplänkel
EIN NACHMITTAG IN BONN

Nach der kommunistischen Veranstaltung mache ich mich auf den Weg ins Stadtzentrum. Dabei bewege ich mich eine Zeit lang in einer weiteren Kundgebung, diesmal für die Rechte von Arbeitern.

Bonn scheint ein Hort politischer Aktivität zu sein.

Wegen des Tags der Arbeit sind alle Geschäfte geschlossen, aber auf einem großen Marktplatz werden Kunst- und Handwerksarbeiten, Früchte, Gemüse, Würstchen und Bier angeboten. Auch das Touristenbüro ist geschlossen. Ich habe keinen Stadtplan, und bei meinem Handy ist der Akku leer.

Ich weiß nicht, wo ich bin, aber es stört mich nicht. Ich wandere durch die Altstadt und treffe auf viele Kundgebungen, die für verschiedene Ziele und Rechte durch Bonn marschieren. Auf dem

Marktplatz neben der Bronzestatue von Ludwig van Beethoven, Bonns bekanntestem Sohn, hat eine Gruppe mit Buttons und gelben Schals, bei denen es sich wahrscheinlich um Gewerkschaftler handelt, ihre Straßenschlacht unterbrochen und isst zufrieden fußlange Würstchen, von denen der Senf tropft. Der große Komponist erhebt sich mit einem Stift in der Hand, strengem Blick und vorgestrecktem Kinn über ihnen, als wollte er sagen: »Wagt ihr es, euch mit mir anzulegen? Das wäre keine gute Idee« – und sein rechter Fuß ist nach vorne geschoben, als würde er die Gewerkschaftler oder eigentlich jeden rund herum nicht dulden. Seine ganze Erscheinung scheint auszudrücken: »Komm her und versuch es, wenn du glaubst, dass du taff genug bist.« Ich wusste nicht, dass Beethoven so ein harter Kerl ist.

Nicht weit entfernt in einer Seitenstraße spielt eine Blaskapelle eine erbauliche Version von »Amazing Grace«. Die Musik zieht mich in ihren Bann, und ich spüre die Töne durch die kleinen Straßen mit ihren jahrhundertealten Gebäuden hallen. Die Worte des Textes tauchen wie Geister auf, als Tuba, Posaunen und Trompeten in einem honigsüßen Akkord zusammenklingen.

Amazing grace! (how sweet the sound)
That sav'd a wretch like me!
I once was lost, but now am found,
Was blind, but now I see.
(Unglaubliche Gnade! Wie süß der Klang
die einen Elenden wie mich rettete!
Ich war einst verloren ganz und gar,
war blind, aber nun sehe ich.)

Wie als Antwort auf meine Notlage zeigen eine Reihe winziger roter Schilder an den Ecken in die Richtung von Bonns überwiegend geschlossenen Sehenswürdigkeiten. Eine davon ist das Beethoven-Haus. Ich gehe weiter in die Richtung, kleinen roten Schildern folgend, und erreiche die, soweit ich sehe, einzige »Attraktion«, die heute geöffnet hat.

Es ist Beethovens Geburtshaus, Bonngasse 20, wo der Komponist lebte, bis er mit 21 nach Wien zog. Das vornehme Gebäude hat eine blassrosa Fassade und grün-rote Türen. Es hat drei Stockwerke und hinten einen kleinen Garten. Beethoven wurde hier im Dezember 1770 geboren, und das Museum wurde 1889 eröffnet, Träger ist der Verein Beethoven-Haus Bonn.

Unter den vielen interessanten Ausstellungsstücken ist Beethovens alter Reisetisch, eine Bratsche, auf der er als Junge gespielt hat, sein letzter Flügel und eine Büste aus dem Jahr 1812. Wie bei der Statue auf dem Platz blickt der Komponist erschreckend grimmig.

Im zweiten Stock erfahre ich, dass Beethoven schon früh unter Hörverlust litt. Schon mit 30 benutzte er Hörrohre und »Konversationshefte«, damit er mit anderen kommunizieren konnte. Ich erfahre, dass die Konversationshefte für Beethovens Schüler unglaublich hilfreich waren. Vielleicht war Beethoven so mürrisch, weil er solche Mühe hatte, andere zu verstehen.

In diesem Stockwerk befindet sich auch das Zimmer, in dem er angeblich geboren wurde, sowie das schaurigste Ausstellungsstück des Museums: Beethovens Totenmaske. Sie wurde ungefähr zwölf Jahre nach seinem Tod angefertigt, der Anblick ist grauenvoll und tief bewegend. Auf einer Tafel wird erklärt, dass bei einer Autopsie Beethovens Schädel geöffnet wurde, um die Ursache seiner Taubheit zu finden. Der Komponist starb 1827 im Alter von 56 Jahren.

Was für ein hervorragendes kleines Museum.

Ich trete wieder auf die Bonngasse und lasse mich in der Nachmittagssonne weitertreiben, weiß wieder nicht, wo ich bin, bis ich vor dem auffallend weißen Alten Rathaus mit den hohen Bogenfenstern stehe. Eine Plakette erinnert daran, dass Theodor Heuss, der erste Bundespräsident der Bundesrepublik Deutschland, hier im September 1949 eine Rede gehalten hat.

Bonn wurde vom ersten Kanzler der Bundesrepublik, Konrad Adenauer, als Hauptstadt gewählt. Er wollte eine provisorische Hauptstadt als Vorbereitung für die Wiedervereinigung des Landes. Da er aus Köln stammte – er war dort Bürgermeister gewesen – und Bonn gut kannte, hielt Adenauer Bonn für eine gute Wahl. Er dachte, eine größere Stadt wie Köln oder Frankfurt als provisorische Hauptstadt würde eine Wiedervereinigung unwahrscheinlicher machen. Diese Städte könnten einen dauerhaften Hauptstadtstatus erhalten, und Politiker könnten die Wiedervereinigung aus dem Blick verlieren. Adenauers Ziel war immer ein wiedervereinigtes Land mit Berlin als Hauptstadt.

Die Treppe des Alten Rathauses, von der man den Bischofsplatz überblickt, ist der perfekte Ort für eine Rede. Die Plakette erinnert auch daran, dass John F. Kennedy hier 1963 eine mitreißende Rede gehalten hat, gefolgt von Michael Gorbatschow 1989 und Nelson Mandela 1996 (unter vielen anderen).

Kennedys Worte aus dem Jahr 1963 scheinen über die nachfolgenden Jahre hinauszugehen und besonders in letzter Zeit ihre Berechtigung zu haben. »Ich habe den Atlantik in einer wichtigen Zeit des Bestehens unseres großen Bündnisses überquert«, sagte er auf den Stufen des Alten Rathauses. »Unser Bündnis wurde in der Stunde der Gefahr geschmiedet; es muss in dieser Zeit relativen Friedens energisch ausgebaut werden. Unser Bündnis wurde geschlossen, um einen weiteren Krieg zu verhindern – aber wir müssen auch für den Weltfrieden zusammenarbeiten. Unsere Strategie wurde in einem geteilten Europa geboren – aber sie muss die europäische Einheit zum Ziel haben und ein Ende der Teilung von Völkern und Ländern.«

Europa und seine wichtige Rolle, für Frieden auf dem Kontinent zu sorgen, tauchen wieder auf. Wie Churchill vor ihm, erkannte Kennedy die Bedeutung des europäischen Zusammenhalts. Europa sei nicht mehr die »Keimzelle weltweiten Krieges«, erklärte er. Vielmehr sollte es als »Kraftquelle für alle Kräfte der Freiheit« betrachtet werden.

Mit dieser erhebenden Botschaft gehe ich wieder den Hügel hinauf, am Grillfest der Kommunisten vorbei zum Max Hostel, wo ich ein cranberryfarbenes Zimmer beziehe und in einen langen Schlaf falle.

Als ich aufwache, ist früher Abend. Zwei junge Leute in den Zwanzigern mit Dreads, die sich schon vor zwei Stunden über den arabisch-israelischen Konflikt unterhalten haben, sprechen immer noch darüber. Ich setze mich in einen bequemen grünen Ledersessel und höre ihnen zu, während ich *Das tote Brügge* lese. Nach einer Weile setzt sich ein Mann mit Bartstoppeln und geistesabwesendem Gesichtsausdruck auf das blaue Sofa in meiner Nähe und beginnt zu reden. Er trägt eine graue Weste, Cargo-Shorts und schwarze Adidas-Turnschuhe mit weißen Socken.

Er hat viel zu erzählen.

Mein neuer Freund studiert, wie ich schnell erfahre, »Strategisches Nachhaltigkeitsmanagement« an der Hochschule für nachhaltige Entwicklung in Eberswalde im Nordosten Deutschlands. Er und eine Gruppe anderer, die damit beschäftigt sind, in der Küche Abendessen zu machen, nehmen hier an einem Seminar teil. Sie kommen von überall auf der Welt, einschließlich Deutschland, Pakistan, Mexiko und Brasilien. Er ist Spanier – ich habe seinen Namen nicht verstanden – und bezeichnet sich als »typischen Migranten« in Deutschland.

Nach dem Studium der Forstwirtschaft in Spanien verließ er das Land vor sechs Jahren wegen der Finanzkrise und kam nach Deutschland. Er war zunächst eine Weile arbeitslos und arbeitete dann in verschiedenen Jobs »schwarz«.

»Schwarze Jobs?«, frage ich.

Er wedelt mit dem Zeigefinger (eine Angewohnheit von ihm).

»Schwarzarbeit«, sagt er.

Einige dieser Jobs waren Hilfsarbeiten in der Küche oder Kellnern. Er hatte auch »Stadionjobs ... du weißt schon, Rhianna, Basketballspiele«.

Er wedelt wieder mit dem Finger und beugt sich vor, als ginge es um etwas äußerst Wichtiges.

»Die Deutschen«, sagt er. »Sie sind sehr höflich, aber es ist schwer, ihr Vertrauen zu gewinnen.«

Er war mal in Liverpool, sagt er. »Sehr freundliche Menschen. In England sagen die Leute, sie seien Prolls. Sie sagen: Leee-ver-pool, Leeev-er-pool. Ich hasse Leeev-er-pool. Aber ich mochte sie. Ich habe in der Anfield Road gewohnt.«

Er war zum Studieren dort, hatte ein sechsmonatiges Stipendium. Anschließend hatte er an einem forstwirtschaftlichen Projekt in Guatemala teilgenommen, bevor er nach Spanien zurückkehrte und dort auf dem Bau und als Kellner auf Menorca arbeitete. Da wurde ihm klar, dass die spanische Wirtschaft in einer »sehr großen Krise« steckte. Er wedelt mit dem Finger und beugt sich noch weiter vor.

»Berlin ist sehr multikulturell«, sagt er, eine andere Richtung einschlagend. »Aber es sind viele kleine individuelle Gruppen, sie sind nicht homogen.«

Wedel.

»Um eine gute Stelle zu kriegen, muss man gut Deutsch sprechen. Sie verlangen es!«, sagt er.

Wedel.

»Ich spreche ein bisschen Deutsch, aber es ist sehr, sehr schwer, gut Deutsch zu sprechen. Es ist ein Hand-cap.«

»Ein Handicap?«, frage ich.

»Ja, ja!«, antwortet er.

Wedel.

»Für Deutsche ist Deutschland das Wichtigste«, sagt er mit einem letzten Hieb.

Wedel, wedel, wedel.

Ich kehre in mein cranberryfarbenes Zimmer zurück und werfe einen Blick auf eine Ausgabe des *General-Anzeigers*, eine lokale Zeitung. Die bevorstehende royale Hochzeit von Harry und Meghan beherrscht die Titelseite, auf Seite drei folgt eine ganze Seite ausführliche Analyse. Ich habe auch eine Ausgabe der Wochenzeitung *The New European*, die infolge des britischen Referendums gegründet wurde und sich hauptsächlich an europhile Leser richtet. »CRUEL BRITANNIA«, lautet die Hauptschlagzeile, mit einem Zitat der Kommentatorin Yasmin Alibhai-Brown: »Theresa May gilt als Hohepriesterin der Integrität. Aber unter ihren Augen ist Grausamkeit gegenüber Flüchtlingen, Migranten, Asylsuchenden und Zuwanderern zur Normalität geworden.«

Hochzeiten und vernichtende Kritik – die Welt dreht sich weiter.

In seiner Kolumne »The Brex Factor« berichtet Steve Anglesey vom Vorschlag eines Anrufers beim britischen Radiosender LBC, dass die Lösung für das Problem der irischen Grenze wäre, dass »die Bevölkerung einen Mikrochip bekommt, damit man weiß, wer da drin ist«. Ein anderer Artikel befasst sich mit einer Bemerkung Nigel Farages, Anführer der Brexit-Bewegung und früherer Chef der UK Independance Party, dass »der 23. Juni ein Feiertag sein sollte, Brexit Day, und wir ihn in allen Ecken des Vereinigten Königreiches feiern sollten«.

Mit diesen nicht unbedingt die Stimmung hebenden Nachrichten schlafe ich ein.

»Hype-zig« in der ersten Klasse
VON BONN NACH LEIPZIG

Zeit, weiterzufahren. Heute liegt ein Tag mit drei Zügen vor mir, Abfahrt 9.23 Uhr, über Köln und Hannover nach Leipzig. Planmäßige Ankunft 15.19 Uhr.

Ich habe beschlossen, »vornehm« zu reisen. Die Deutsche Bahn soll schicke Erste-Klasse-Wagen haben. Ich werde etwas draufzahlen und in der ersten fahren. Es ist weit nach Leipzig, und ich kann den Weg ebenso gut stilvoll zurücklegen.

Für das Frühstück im Max Hostel bin ich zu früh.

»Denken Sie nächstes Mal an die Abreisezeit«, sagt eine herrische Frau mit einem Wischmopp.

Ich gebe ihr meinen Schlüssel, und sie dreht sich um, um weiterzumachen. Währenddessen frage ich nach der Kaution von fünf Euro für den Schlüssel – alle Gäste müssen eine solche Kaution hinterlegen, deshalb hatte ich angenommen, sie würde sie mir einfach wiedergeben.

»Kann ich die Quittung für die Kaution sehen?«, fragt die herrische Frau mit dem Mopp herrisch.

Oh ja, ich hatte ein Stück Papier bekommen. Warum das kleine Stück Papier notwendig war, weiß ich nicht.

Ich gebe ihr das geheiligte Stück Papier.

Sie nimmt es wortlos und gibt mir fünf Euro. Nicht so vornehm heute Morgen im Max Hostel.

Vielleicht ist es einfach ein schlechter Tag.

Die Sonne scheint schon in Bonn. Am Bahnhof druckt mir ein kräftiger Mann mit roter Schirmmütze, roter Weste und einer Krawatte mit DB-Aufdruck die heutigen Verbindungen aus. Der Zug nach

Köln kommt um 9.43 Uhr an, und ich habe fünf Minuten, um den Zug nach Hannover zu erreichen, der um 12.28 Uhr ankommt. In Hannover habe ich neun Minuten, bis der Zug nach Leipzig abfährt, der um 15.19 Uhr ankommen soll.

Dieser Informationsservice ist absolut fantastisch; man bekommt die genauen Zugnummern und die Bahnsteige, von wo die Züge abfahren. Es heißt offiziell »Fahrplanauskunft«. Der erste und letzte Zug werden IC-Züge (Intercity) sein, während der zwischen Köln und Hannover ein ICE (Intercity-Express) ist. Der Mann mit der roten Weste empfiehlt mir einen Frühstücksstand im Bahnhof, wo ich ein Schinkenbaguette und einen Kaffee kaufe, bevor ich mich hinsetze und warte, denn ich bin früh dran, weil ich sichergehen wollte, dass ich den ersten Zug nicht verpasse.

Der Bonner Bahnhof hat einen großen Buchladen und ist abgesehen von einem geheimnisvollen Brummen ruhig. Ich sehe die Bücher durch, um Zeit zu schinden (es gibt eine kleine Abteilung mit englischen Titeln, hauptsächlich Krimis, in der Ecke), und besteige dann den 9.23-Uhr-Zug, der wie angezeigt auf Bahnsteig zwei einfährt. Bald rasen wir dahin. Ich stelle fest, dass es ziemlich schwierig ist, in Deutschland einen langsamen Zug zu bekommen. Ich sitze in der ersten Klasse auf dem Oberdeck, umgeben von Geschäftsleuten, die an ihren Laptops arbeiten. Im Nu sind wir in Köln, und bald sitze ich im ICE nach Hannover, bestelle Tee bei einem Steward der ersten Klasse mit Nadelstreifenweste und roter Krawatte.

»Earl Grey oder English Breakfast?«, fragt er.

Sehr vornehm geht es in diesem Zug zu.

Ich bitte um English Breakfast und stelle schnell fest, dass dies kein kostenloser Service ist, denn ich werde von dem Mann in Nadelstreifenweste aufgefordert zu zahlen.

Egal. Wir überqueren den Rhein über eine Brücke mit einem Denkmal von Kaiser Wilhelm II. auf einem Pferd. Der Himmel ist strahlend blau, und Sonnenstrahlen fallen durch die getönten Scheiben auf die superbequemen Lederruhesessel dieses makellosen Wagens. Die erste Klasse des ICE ist wirklich fein. Diese Sitze sind eine eigene Liga, was Bequemlichkeit angeht, und erinnern mich ein bisschen an die Art Sessel, die Amerikaner so lieben, wenn sie Sport in riesigen Heimkinos gucken, Budweiser trinken und Pizzas und Nachos verschlingen. Nur sind diese viel klassischer, in Grau- und Schwarztönen in geschmackvollem, modernem Design (nicht mit sichtbarem Bierdosenhalter).

Hinter Köln fährt der Zug auf eine Brücke über eine Autobahn mit schnell fahrenden Mercedes-Benz und BMWs, bevor er an einem riesigen Bayer-Werk vorbei in den Wuppertaler Bahnhof mit einem säulengestützten Dach über dem Eingang einfährt, der aus der Mitte des 19. Jahrhunderts stammt. Diese Bahnstrecke war lange eine wichtige Route für den Transport deutscher Waren, deshalb wurden für den ursprünglichen Bahnhof in Wuppertal vor langer Zeit keine Kosten gescheut. Die Zugstrecke ist in dieser Gegend von Fabriken, Kühltürmen und Lagerhäusern gesäumt. Es gibt so viele Dinge, die hier hergestellt werden, und es scheint trotz der Größe Deutschlands kaum genug Platz zu geben, um alle diese Dinge zu produzieren. Man muss nur einen Zug von Köln nach Hannover nehmen und aus dem Fenster sehen, um einen Eindruck vom bloßen Ausmaß des industriellen Erfolgs Deutschlands zu bekommen.

Mit Hilfe einer Übersetzungsseite versuche ich die *Frankfurter Allgemeine Zeitung* zu lesen, die ein Fahrgast liegen gelassen hat. Ein langer, komplizierter Bericht über »Europas Nord-Süd-Gefälle in der europäischen Währungsunion« steht neben einem über »Das Iran-Problem«. Aber auch wenn ich Fotos von der Zeitung mache und versuche, eine Kurzversion über »Das Iran-Problem« auf meinem Handy zu lesen, bin ich überfordert. Ich lege die Zeitung beiseite, als der Zug in den Bahnhof von Hagen einfährt, wo auf einem Schild »HUNGER?« steht und auf einen McDonald's hinweist. Warum mit kreativen Slogans werben?

Hinter Hagen setzen sich die Fabriken entlang der Schienen fort, Kühltürme ragen auf wie Raketen bei einer nordkoreanischen

Militärparade und liefern weitere Beweise für Deutschlands mächtige Wirtschaft. Am Bahnhof von Hamm halten wir eine Weile und ich beobachte einen Bahnhofsmitarbeiter, der Topfblumen gießt und dabei eine Melodie pfeift. Er scheint in seiner eigenen Welt zu sein, pfeift vor sich hin, zupft gelegentlich ein vertrocknetes Blatt ab oder stochert in der Erde, als suche er eine Schnecke. Nach all der Produktivität seit Köln ist dieser sanfte, pflanzenliebende Bahnhofsmitarbeiter ein ziemlich unerwarteter Anblick.

Aber die Welt des Business ist schnell zurück – in Form eines Mannes im Anzug, der direkt hinter mir sitzt und eine lange Telefonkonferenz startet, die er offenbar leitet, während am anderen Ende der Leitung anscheinend mehrere Teilnehmer sind.

Er hat eine dröhnende Stimme und spricht Englisch.

»Können wir anfangen?«, sagt er. Gemurmel. »Okay, der Hintergrund ist folgender: ein Projekt, bei dem es darum geht zu verstehen, was wir sind und wo wir hinwollen. Ich will mich nicht auf politische Spielchen einlassen. Ich möchte aus verschiedenen Blickwinkeln etwas dazu hören. Was funktioniert und was funktioniert nicht? Ab nächster Woche möchte ich, dass Ressourcen darauf verwendet werden, was funktioniert, nicht darauf, was nicht funktioniert.«

In diesem Stil fährt er eine Weile fort: Die anderen »sollen sich äußern«, und »die Dinge müssen funktionieren«. Man müsse »Wege zum Markt« erschließen. Der »Markt muss hinterfragt werden«. Er glaubt an »große Geschäftsmodelle«, aber es müssen »gute große Geschäftsmodelle sein«. »Nicht weil ich es brauche, sondern weil der Markt es braucht.«

Schließlich sagt ein Kollege etwas.

Mein Reisebegleiter denkt darüber nach. Ich habe den starken Eindruck, dass es ihm nicht gefällt.

»Okay, es ist gut, aufgeschlossen zu sein«, sagt er. »Aber nicht übermäßig.«

Er hält inne.

»Was wollen unsere Kunden?«, fragt er.

Jemand anders meldet sich zu Wort. Das scheint ihm besser zu gefallen.

»Gut, gut! Wir müssen nicht zurückhaltend sein!«

Der Mitarbeiter am anderen Ende der Leitung wagt sich mit weiteren Überlegungen vor.

»Richtig! Völlig richtig!«, sagt mein Begleiter.

Die Telefonkonferenz dauert noch eine ganze Weile.

Das erlebt man nicht in der zweiten Klasse, denke ich.

Wir halten am Bielefelder Bahnhof.

Ich versuche, die Telefonkonferenz auszublenden und mich auf Leipzig vorzubereiten. Es ist die zehntgrößte Stadt in Deutschland und mit 582.000 Einwohnern die größte Stadt in Sachsen. Laut dem Nürnberger Institut für Marktentscheidungen (ehemals GfK-Verein), ein Marktforschungsinstitut, das Studien über das Leben in Deutschland durchführt, ist es die beliebteste Stadt für Singles. 51,7 Prozent der Bevölkerung leben allein. Laut Weltwirtschaftsforum ist Leipzig jedenfalls die lebenswerteste Stadt in Deutschland mit einer starken, modernen wirtschaftlichen Grundlage, in jüngster Zeit haben BMW und Porsche Werke in die Nähe verlegt. Die Arbeitslosigkeit hat abgenommen, berichtet der GfK-Verein, und die Wirtschaft entwickelt sich so gut, dass einige die Stadt jetzt sogar Hypezig nennen. Es gibt eine angesehene Universität. Es gibt einen Zoo von Weltklasse mit sibirischen Tigern, Löwen, Gorillas und extrem seltenen chinesischen Schuppentieren, die Besucher von nah und fern anziehen. Bach und Mendelssohn haben ihre Werke in Leipzig komponiert, die im vielgeliebten hiesigen Opernhaus und im Gewandhaus aufgeführt werden. Hohe Kultur, Hightech und seltene Tiere – die Stadt scheint alles zu bieten.

Natürlich war das 20. Jahrhundert Leipzig nicht wohlgesonnen. Während des Zweiten Weltkriegs wurde die jüdische Bevölkerung der Stadt in Konzentrationslager deportiert, und wenige haben überlebt. Außerdem wurde Leipzig im Krieg schwer bombardiert und fast das ganze Stadtzentrum zerstört. Dann kamen die dunklen Jahre der Deutschen Demokratischen Republik.

1989 war die Stadt aus guten Gründen in den Schlagzeilen. In der Nikolaikirche, nicht weit vom Bahnhof, fanden Demonstrationen gegen die Regierung statt, die maßgeblich zum Fall der Berliner Mauer beigetragen haben. Die Proteste wurden Montagsdemonstrationen genannt, weil sie montagabends stattfanden. Sie wurden im ganzen Land kopiert.

Leipzig ist eine gute Stadt für Eisenbahnfans. Erstens befindet sich dort der Bayrische Bahnhof, Deutschlands ältester erhaltener Bahnhof aus dem Jahr 1842. Dann gibt es einen riesigen Hauptbahnhof, der 1915 eröffnet wurde. Dieser Bahnhof ist, wie ich erstaunt zur Kenntnis nehme, der größte der Welt, was die Grundfläche angeht, denn er erstreckt sich über 83.460 Quadratmeter. Ich werde also gleich am größten Bahnhof der Welt ankommen, was die Grundfläche angeht.

Ich bestelle beim Steward mit der Nadelstreifenweste ein Bitburger und beginne *Das Vermächtnis der Spione* von John le Carré zu lesen, *Das tote Brügge* habe ich durch. Während der Fahrt zu lesen ist eine der großen Annehmlichkeiten dieser Reise, und John le Carré erscheint der passende Stoff für diesen Teil Osteuropas, der einmal der Tummelplatz so mancher Spione war.

Der Steward kommt mit einem Tablett mit Mini-Mars-Riegeln. *Sie* sind gratis. Die Geschäftsleute in der ersten Klasse hacken weiter auf ihre Laptops. Der Wirtschaftskapitän hinter mir schnarcht leise, anscheinend zufrieden mit seinem Motivationsgespräch. Wir erreichen den Bahnhof von Hannover um Punkt 12.28 Uhr.

Der 12.37-Uhr-Zug nach Leipzig ist natürlich auch pünktlich. Meiner Erfahrung nach kann nichts auf diesem Planeten mit der Effizienz deutscher Züge mithalten, mit Ausnahme der Schweiz, überflüssig zu erwähnen (aber es ist unfair von jemandem zu erwarten, mit dem Land zu konkurrieren, das Rolex- und Kuckucksuhren erfunden hat).

Ich begebe mich auf einen bequemen blauen Ledersitz in der ersten Klasse, und wir fahren bald an langen Güterwagen vorbei, auf denen seltsam mumifiziert aussehende, in weißes Plastik gehüllte Autos gestapelt sind. Nimmt die wirtschaftliche Erfolgsgeschichte Deutschlands, die wir vom Zugfenster aus sehen, kein Ende? Na ja, eine Weile zumindest. Die Bahnlinie führt in hügelige Landschaft mit gleißend hellen Rapsfeldern. Getreidesilos bilden unheimliche Umrisse am Horizont. Heuhaufen auf langen, hügeligen Feldern verschwinden in der Ferne, als würden sie erst an der nächsten Grenze enden, Polen im Osten und die Tschechische Republik im Süden, beide sind ungefähr gleich weit entfernt. Die Landschaft entlang der Schienen ist ländlich geworden: große Idylle.

Eine digitale Anzeige am Ende des Wagens sagt, dass wir mit einer Geschwindigkeit von 131 Kilometern in der Stunde fahren. Das gilt als langsam in Deutschland, eine Fahrt im absoluten Schneckentempo. Verglichen mit einem ICE trödeln wir durch die Gegend, ein humpelnder Esel im Vergleich zum Derbysieger ICE.

Da ich Hunger habe, suche ich das Bistro auf, das von einem Steward betrieben wird, der aussieht, als hätte er einen Stock verschluckt. Ich frage ihn, welches Sandwich er empfehlen würde.

»Das kann ich unmöglich sagen, Sir«, antwortet er in perfektem Englisch. Er zieht eine Augenbraue hoch wie Reginald Jeeves und erwartet meine Antwort, aber bevor ich etwas sagen kann, fügt er entgegenkommend hinzu, als würde er mich in ein Geheimnis einweihen: »Aber ich würde das Käse-Gurken vorschlagen, Sir. Das Käse-Gurken ist heute besonders beliebt, Sir.« Er zieht fragend eine Augenbraue hoch, wie um zu sagen, dass dies eine sehr vernünftige Wahl und alles andere ein schrecklicher Fehler sei. Ich kaufe ein Käse-Gurken-Sandwich. Ich hatte nicht damit gerechnet, der deutschen Version von P. G. Wodehouse' fiktivem Kammerdiener im 12.28-Uhr-Zug nach Leipzig zu begegnen.

Es ist angenehm, einfach aus dem Fenster zu schauen, während die Landschaft vorbeizieht und der Zug mit 131 Kilometern pro

Stunde in südwestliche Richtung nach Leipzig »trödelt«. Ein langes Stück säumen Bäume mit roten Blüten die Strecke und versperren die Sicht über die Felder zum Horizont. Dann gibt es eine Lücke zwischen den hübschen roten Bäumen, und die endlose Landschaft tut sich wieder auf, bevor die hübschen roten Bäume wiederkehren, und dieser Ablauf wiederholt sich viele Male. Das sind die Ausblicke bei der Anfahrt des Bahnhofs von Halle (Saale), vom Schaffner Hall-eh Zall-eh ausgesprochen. Es klingt, als würden wir an einem entlegenen Ort an der Seidenstraße Halt machen statt in einer mittelalterlichen Stadt in Sachsen-Anhalt.

Hinter Halle recherchiere ich aus Neugierde, und weil ich viel Zeit habe, IC 2441, diesen Intercity, im Internet. Überrascht stelle ich fest, dass er Berühmtheit erlangt hat. Ein norwegischer Sänger namens Moddi hat auf dieser Strecke einmal spontan ein Konzert gegeben. Die hübsche Melodie trägt den passenden Titel »Train Song«, und er hat ihn zur akustischen Gitarre und mit Cellobegleitung eines Musikerkollegen gesungen. Der Text handelt von einem Mann, der mit dem Zug auf dem Weg zu seiner Geliebten ist und nicht genau weiß, was ihn erwartet. Das YouTube-Video ist berührend, und es wird der Zug eingeblendet, wie er auf genau dieser Strecke fährt. Moddi hat das Lied für eine Familie gesungen, die in der Nähe des Speisewagens saß.

Alles in diesem IC 2441. Wie wunderbar unerwartet.

Genauso wie der Bahnhof von Leipzig.

Der IC fährt ein, und wir steigen im größten Bahnhof der Welt aus, was die Grundfläche angeht.

Große Torbögen und Kolonnaden ragen auf. Ausladende Treppen führen in lange Gänge mit riesigen Fahrkartenschaltern und Kantinen. Glänzend gefliste Fußböden scheinen sich endlos auszudehnen. In einer Ecke steht auf einem Sockel eine Marmorbüste von Friedrich List (1789–1846), einem der Pioniere der deutschen Eisenbahn. Durch die Dachfenster in der Länge von Fußballfeldern fällt Licht und erhellt die 298 Meter Bahnhofshalle mit ihren 19 Bahnsteigen. Nach der Wiedervereinigung wurde eine Einkaufsmeile eingefügt, die sich im Untergeschoss versteckt und KFC, Subway, Starbucks, McDonald's und Pizza Hut beherbergt. Es gibt Banken, Reisebüros, Delikatessen-, Blumen- und Modeläden. In einem Laden werden Karten für den Leipziger Zoo verkauft.

Die Eisenbahn scheint in Leipzig eine große Rolle zu spielen – und in der Geschichte finden sich gute Gründe dafür.

Die ungefähr 112 Kilometer lange Strecke zwischen Leipzig und Dresden Richtung Südosten war die erste Haupteisenbahnlinie in Deutschland und wurde 1839 mit der Unterstützung Lists und der Hilfe eines schottischen Ingenieurs, der die bahnbrechende Strecke zwischen Liverpool und Manchester 1830 mit beaufsichtigt hatte, eröffnet. List war Visionär und glaubte, dass der Ausbau der Eisenbahn die deutschen Staaten zusammenbringen könnte, was schließlich auch eintrat. Unter Otto von Bismarck, dem ersten Kanzler des Deutschen Reiches (1871–1890), wurde die Eisenbahn als Teil eines gut durchdachten Plans, die junge Nation zu stärken, verstaatlicht.

Die Strecke von Leipzig nach Dresden wurde wegen des Reichtums an Bodenschätzen in der Region gewählt, und es erwies sich als Riesenerfolg, obwohl die Sache auch eine traurige Seite hat. List, dem sein Weitblick, was die Eisenbahn angeht, nicht viel Geld eingebracht hatte und der unter Krankheit und finanziellen Krisen litt, beging schließlich Selbstmord. Die Marmorbüste in der Ecke hat eine unglückliche Geschichte zu erzählen.

Ich gehe an List vorbei nach draußen und überquere die mit senffarbenen Taxis überfüllte Straße. Dann gehe ich direkt zur Nikolaikirche und bewundere die außergewöhnlichen Palmensäulen und den hellrosa Innenraum. Das ungeheure Ausmaß und die Zuckerwattefarben der Nikolaikirche sind fast surreal in ihrer bloßen Andersartigkeit. Schwer vorstellbar, dass hier einmal das Epizentrum der Revolte gegen das kommunistische Regime war. Die ursprüngliche Kirche stammt aus dem 12. Jahrhundert, im 18. Jahrhundert wurden auffällige klassizistische Veränderungen vorgenommen. Nach dem

IC 2441 von Hannover bin ich von dem prächtigen Innenraum vollkommen überwältigt.

Aber diesmal bin ich in Sachen Eisenbahn in der Stadt (nicht wie in Maastricht wegen des Abkommens), deshalb verweile ich nicht länger in der Kirche, sondern mache mich auf den Weg zum Bayrischen Bahnhof.

Ich gehe an einer Reihe von Läden vorbei, darunter einer mit Bechern und Flachmännern mit Bildern des russischen Präsidenten Wladimir Putin. Einige der älteren Generation blicken immer noch sehnsüchtig auf die Zeiten des sowjetischen Einflusses zurück und bewundern Putin wegen seiner Führungsstärke. Es ist ziemlich bizarr, auf Bechern den russischen Präsidenten mit bloßer Brust und Flinte in der Hand durchs Unterholz streifen zu sehen oder die Angel in der einen und den Fisch in der anderen Hand hochhaltend, wieder mit nackter Brust und grünem Cowboyhut dämlich grinsend an einem See posierend.

Nach den Läden und einer Reihe Wohnblocks aus DDR-Zeiten erreiche ich die beeindruckende Fassade des Bayrischen Bahnhofs. Vier hohe Torbögen, die einmal zu den Bahnsteigen führten, von der grün-weißen Fahne Sachsens gekrönt, eine alte Schalterhalle an einer Seite. Der heutige Bahnhof liegt unter der Erde.

In den 1990er-Jahren setzten sich Liebhaber historischer Gebäude für die Erhaltung des Bahnhofs ein. Sie haben gute Arbeit geleistet. Ein Teil der alten Schalterhalle wurde in eine beliebte Gaststätte mit eigener Brauerei und Restaurant umgewandelt. Drinnen erinnern Schwarz-Weiß-Fotos auf alten holzgetäfelten Wänden an die Blütezeit des Bahnhofs. Ein Eisenbahnwagen aus Holz ist zu einer besonderen Essnische einige Stufen hoch neben der Tür umfunktioniert worden. Ich sitze an der Bar, die Füße auf Eisenbahnschienen, die zu dem Zweck daran befestigt sind, und lasse die lange Halle mit den vielen Tischen und glänzenden kupfernen Bierfässern auf mich wirken.

Ich komme mit Lars, dem Barmann, ins Gespräch.

»Die Wände«, sagt Lars und zeigt auf die holzgetäfelten Wände.

»Was ist damit?«, frage ich.

»Original!«, sagt Lars.

»Die Toilette unten«, fährt er fort.

»Original?«, vermute ich.

»Ja! Ja! Original!«, sagt er.

Lars gibt mir drei identische Flyer auf Deutsch über den Bayrischen Bahnhof.

»Vielen Dank, aber einer reicht völlig, nicht nötig, welche zu verschwenden«, sage ich.

»Oh!«, sagt Lars. »Aber wenn Sie hinfallen, ins Wasser, und dieser weg ist –« er zeigt auf einen der Flyer »– dann haben Sie noch diese beiden.« Er zeigt auf die anderen beiden. Der Barmann hat einen dünnen Schnurrbart, ein spitzes Kinn und einen kleinen Bierbauch, der unter seinem schwarzen Polohemd vorragt. Er scheint seine Arbeit zu mögen.

Ich danke ihm und erkundige mich nach der Fußstütze.

»Original!«, sagt er.

Ich hätte es mir denken können.

Lars geht, um Gläser abzutrocknen, und ich lausche noch eine Weile volkstümlicher Musik.

Froh, dass ich zum Bayrischen Bahnhof gegangen bin, betrete ich die Straße, um meine Unterkunft für die Nacht zu suchen.

Das Apartment ist in einem Apartmenthaus namens Hentschel Apartments. Es befindet sich in unmittelbarer Nähe der Berliner Straße, nicht weit vom Hauptbahnhof und einer Reihe von Werbeplakaten für eine Erotikmesse und eine Single-Party. Auf Letzterem ist ein Paar abgebildet, das sich umarmt. Die Party findet in ein paar Tagen im Twenty-One-Club statt und weist auf Leipzigs große Single-Szene mit 51,7 Prozent Single-Haushalten hin. Aber ich komme nicht ins Hentschel Apartmenthaus, die Tür ist abgeschlossen. Ich drücke einige Klingelknöpfe. Nichts passiert. Ich lese meine Buchungsbestätigung. Im Abschnitt »Wichtige Informationen« steht, dass ich mir in der Kurt-Schumacher-Straße, dreihundert Meter vom Apartmenthaus entfernt, den Schlüssel holen muss.

Ich gehe denselben Weg in Richtung Bahnhof zurück. Bei der Adresse gibt mir ein Mann mit Tattoos den Schlüssel und sagt, irgendwie süffisant, dass ich die wichtigen Informationen genauer hätte lesen sollen. Ich danke ihm für den Rat, gehe zurück zum Apartmenthaus und betrete ein schickes, sauberes blau-weißes Zimmer mit einer Espressomaschine. Es ist wahrscheinlich das beste Zimmer, das ich bisher hatte. In Leipzig scheint man für seinen Euro weit mehr zu bekommen als in Bonn.

Ich bin müde, aber ich muss noch etwas erledigen: einige Basics kaufen, die ich zuvor in einem billig aussehenden Laden gesehen habe. Ich hinke mit Wäschewaschen hinterher und bin auf die Idee gekommen, mir neue Sachen (oder secondhand) zu kaufen und die schmutzigen wegzuwerfen. Mir wird bewusst, dass das nicht gut für den Planeten ist. Mir wird auch klar, dass ich – weil ich mir dessen bewusst bin – wahrscheinlich alles behalte und am Ende der Reise einen noch schwereren Rucksack habe.

Dennoch werde ich es so machen.

Nachdem ich einige Teile von einem Ständer mit »reduzierten« Sachen erstanden habe, esse ich einen Hähnchen-Kebab beim Ali-Baba-Kebab-Laden und sitze in einer Nische unter einem Bild von Istanbul. Ich bin der einzige Gast, der dort isst, aber es kommen einige und holen sich etwas zum Mitnehmen. Es ist ein scharfer, preisgünstiger Kebab. Leipzig ist *preiswert*. Ich überlege, ob ich mir das Spiel Liverpool gegen Rom in Bobbys Sportsbar ansehe. Sie ist in der Nähe von Ali Baba, aber als ich hineinsehe, scheint es drinnen ziemlich düster. Ich gehe zurück zum Apartment, vorbei an einigen wunderschönen Jugendstilgebäuden, einigen schrecklichen Wohnsilos aus kommunistischer Zeit und dem Bahnhof.

Abends sieht der riesige Bahnhof gespenstisch aus. Der Himmel ist violett, und das Zifferblatt über dem Eingang leuchtet gelb und orange wie ein tief stehender Herbstmond. Die Säulen der Fassade ragen auf und Gestalten gleiten wie Phantome in das hohe Bogenportal. Der Leipziger Bahnhof ist faszinierend und seltsam zugleich, eine Welt für sich: gigantisch, unheimlich und überwältigend.

Nach Polen

VON LEIPZIG NACH WROCŁAW

Am nächsten Morgen gehe ich zurück zum Bahnhof, vorbei an den Erotikmesseplakaten, einem Jobcenter und einer Bar, die 24 Stunden geöffnet hat. Straßenbahnen gleiten wie Wunderwaffen vorbei. Wie immer flitzen senffarbene Taxis herum. Die Luft ist frisch, der Himmel klar. Vor mir liegt eine interessante Tagesreise mit dem Zug.

Ich werde nach Osten aufbrechen – weit nach Osten, noch über die Grenzen des ehemaligen eisernen Vorhangs hinaus.

In einem Reisezentrum erkundige ich mich nach dem Fahrplan von Leipzig nach Wrocław in Polen. Wrocław ist eine große Stadt und hat mich schon immer interessiert, seitdem ich sie auf den Karten verschiedener Billigflieger gesehen habe. Was für ein ungewöhnlicher Name, habe ich immer gedacht. Was läuft in Wrocław? Es wird, wie ich festgestellt habe, polnisch Vrots-waff ausgesprochen. Das ist ziemlich verwirrend, da es ganz anders geschrieben wird (zumindest in Englisch). Die polnische Aussprache war mir immer ein Rätsel. Ich war schon in Stettin/Szczecin (Shchechin) und habe ein Wochenende in Rzesów (Shesh-ouf) verbracht. Ich habe es aufgegeben zu erraten, wie diese Orte ausgesprochen werden. Es ist einfach zu kompliziert.

Die Mitarbeiterin der deutschen Bahn scheint Vrots-waff zu verstehen, tippt auf ihren Computer und sagt: »Das sind 47 Euro.«

Ich zeige ihr meinen Interrail-Pass.

»Der ist für den Zug nicht gültig«, sagt sie.

Die Bahngesellschaft, die zwischen Dresden und Wrocław verkehrt, nimmt nicht am Interrail teil.

Ich kaufe also ein Ticket nach Wrocław mit dem Trilex-Express. Bis Dresden fahre ich kostenlos mit dem Interrail-Pass. Ich habe beschlossen, bis in die Ukraine zu reisen, wahrscheinlich mit dem Nachtzug mit Schlafwagen bis ans Schwarze Meer (dem Tipp folgend, den Rowan mir in Calais gegeben hat), bevor ich durch den Balkan zurück nach Venedig zuckele. Das bedeutet, Polen zu durchqueren.

Der 10-Uhr-Zug nach Dresden ist glänzend rot und hat drei Wagen. Es ist heute kochend heiß. Die *Leipziger Volkszeitung* schreibt, der letzte Monat, April, war der heißeste seit den ersten Wetteraufzeichnungen 1881 zu Bismarcks Zeiten und seinem hektischen Eisenbahnausbau. Es scheint, als würde die Hitzewelle im Mai weitergehen. Mein Interrail-Pass ist schon zerfleddert, und der Schaffner hat Mühe, ihn abzustempeln, während wir durch die Vororte gleiten und an einem Feld voller Solarzellenplatten vorbeifahren. Wir rattern durch Borsdorf und Wurzen, nachdem wir mit einer Ding-Dong-Ankündigung an beiden Bahnhöfen gehalten haben. Ein verlassenes Fabrikgebäude mit zerschlagenen Fenstern taucht auf, wie so viele düstere, verfallene Gebäude aus kommunistischer Zeit. Die Gegend scheint weit entfernt von der Erfolgsgeschichte entlang der Schienen zwischen Köln und Hannover. Der Osten des Landes hat trotz des Spitznamens Hype-zig offensichtlich noch viel aufzuholen; kaum überraschend, wenn man bedenkt, dass die Wiedervereinigung gerade einmal 30 Jahre her ist, während die Zeit unter sowjetischem Einfluss, als Ostdeutschland die Deutsche Demokratische Republik und selbsternannter Arbeiter- und Bauernstaat war, nach der Zerstörung des Zweiten Weltkriegs über 40 Jahre andauerte.

Ding-dong-ding, ding-dong-ding halten wir an vielen kleinen Bahnhöfen: Dahlen, Oschatz, Riesa, Glaubitz, Priestewitz, Niederau … ding-dong-ding-dong-ding-dong-ding. Es wirkt fast hypnotisierend.

Ich bin in John le Carrés *Vermächtnis der Spione* vertieft. Der Protagonist, ein ehemaliger Spion, erinnert sich an Leipzig und Dresden während des Kalten Krieges, an Treffen mit der Stasi und das Herausschmuggeln von Filmen aus Ostberlin. Agententreffen mit dem Risiko, von der Stasi geschnappt zu werden, Heimlichkeit und Misstrauen zugleich: Wer treibt ein falsches Spiel oder ist ein Spion zwischen zwei Fronten? Ein einsamer Westler, der mit der Bahn durch die ehemalige DDR reist, könnte gut – oder würde wahrscheinlich damals von der geheimen Staatspolizei überwacht worden sein. Es ist noch nicht so lange her.

In der Nähe von Niederau taucht in entgegengesetzter Richtung ein langer Autozug auf. Ein Mosaik von kunterbunten Schrebergärten markiert die Einfahrt nach Coswig. Beim Bahnhof Radebeul stehen eine kleine schwarze Dampfeisenbahn und eine Sammlung alter Wagen auf einem Abstellgleis (der perfekte Halt für Eisenbahnliebhaber, die eine Pause machen wollen). Ich gebe mich mit John le Carré wieder dem Rhythmus der Schienen hin, während wir auf Dresden-Neustadt zurollen.

Ich habe eine Stunde bis zur Anschlussverbindung. Es ist ein weiterer interessanter Bahnhof, wenn auch nicht im Entferntesten so groß wie der Leipziger. Dresden-Neustadt, 1901 fertiggestellt, befindet sich auf dem Boden eines früheren, 1844 eröffneten Bahnhofs, der Deutschlands erster Bahnlinie zwischen Dresden und Leipzig diente.

Die Schalterhalle hat ein luftiges Dachfenster und feine Jugendstilverzierungen, die Bäume und Blumen darstellen. Auf der einen Seite der Halle in der Nähe der Bahnsteige befindet sich eine Modelleisenbahn. Für einen Euro kann man die Bahn durch ein Modell der Dresdner Innenstadt fahren lassen.

Das Highlight von Dresden-Neustadt ist ein Kunstwerk aus Meißner Porzellan in Grün und Gold, das die sächsischen Schlösser und Gärten darstellt, an einer Wand oberhalb eines Zeitungshändlers und einem Kiosk mit Currywurst und Bier. Es ist ein faszinierendes Werk, eine sächsische Traumwelt aus Figuren, Türmen und Engelsskulpturen.

Die Sandsteinfassade des Bahnhofs ist dunkel vom Schmutz. Ein behelfsmäßiger Stand in der Nähe des Eingangs bietet Spargel, Erdbeeren und Gurken an. In der Nähe des Stands entdecke ich eine Plakette an der Bahnhofswand. Darauf steht: »Während des Nationalsozialismus diente der Bahnhof Dresden-Neustadt als Ausgangspunkt für die Deportation jüdischer Frauen, Männer und Kinder.« Von hier aus wurden 724 Dresdner Juden nach Polen deportiert, steht auf der Plakette. Die Konzentrationslager Auschwitz und Birkenau werden erwähnt. Eine Inschrift ist auf Hebräisch, und auf dem Gehweg vor der Plakette ist ein Davidstern aus Messing angebracht. Eine Weile stehe ich da und denke daran, wie tief Menschen sinken können. Zu Hause in Großbritannien ist unser Verständnis des Holocaust nicht ganz so nah dran an dem, was wirklich passiert ist: den Frauen, Männern und Kindern, die von Bahnhöfen auf Schienen verschwunden sind, die jetzt von Pendlern jeden Tag benutzt werden.

Der Trilex-Express ist kirschrot und übersät mit Werbung für seine Ziele. Der Zug ist schon ziemlich voll, und ich sitze einem polnisch sprechenden Paar gegenüber. Von ihrer Unterhaltung verstehe ich nur die gelegentliche Erwähnung eines »Lifestyle Fitness Club«, obwohl das Wort *dobra* häufig vorkommt (auf Polnisch »gut«). Der Zug hat zwei Stockwerke mit Stufen zu den oberen Sitzplätzen. Wir fahren zunächst durch Wälder, und ich zeige dem Schaffner meine Fahrkarte, während mein Nachbar eine Fahrkarte nach Wrocław für 35 Euro kauft. Offenbar werden auch im Zug Fahrkarten verkauft (was ärgerlich ist, da ich mehr bezahlt habe).

Das Paar gegenüber redet unaufhörlich. Auf den Plätzen schräg gegenüber unterhalten sich zwei Frauen ebenfalls ohne Unterlass. Die Polen unterhalten sich gerne auf dem Weg in ihr Heimatland. In keinem Zug bisher wurde so viel geredet.

Dichte Kiefern- und Birkenwälder werden von Zeit zu Zeit durch diesige Felder unterbrochen, während wir weiter ostwärts rollen, als ich jemals gewesen bin. Wir erreichen Löbau, noch in Deutschland, mit einem altmodischen Bahnhofsgebäude, das hellorange gestrichen ist; das schrillste Bahnhofsgebäude bisher, aber irgendwie bezaubernd auf eine knallige, orange, altmodische Art. Als Nächstes kommt Görlitz, der letzte Halt, bevor wir die Grenze zu Polen überqueren. Die Stadt scheint größer als die anderen seit Dresden, vielleicht weil sie an der Grenze liegt, sie hat einen hohen Kirchturm, der sich über Alleen mit farbenfrohen Villen aus dem 19. Jahrhundert erhebt.

An einem Wohnblock auf der anderen Seite der Grenze flattern polnische Fahnen, und kurz darauf halten wir am Bahnhof Zgorzelec, wo das redselige Paar aussteigt und ein schweigsames seinen Platz einnimmt. Der Mann hat eine bemerkenswerte Ähnlichkeit mit Lech Wałęsa, dem früheren Anführer der polnischen Solidarnosc-Bewegung, die Frau hat knallrosa Nägel und trägt eine pinke Hose. Wir kommen durch ein Meer von gelben Rapsfeldern. Für einen Moment ist es fast, als wären wir in eine gelbe Fabelwelt eingetaucht. Als dieses überirdische Stück endet, fahren wir an verlassenen Fabriken vorbei – nicht nur Ostdeutschland muss sich noch von der Zeit des sowjetischen Einflusses erholen –, bevor wir wieder in einen Wald aus Kiefern und Birken kommen. Es dringt kaum Sonnenlicht durch die Bäume, nur gelegentlich gelangt ein Strahl hindurch und huscht über die Fahrgäste des voll besetzten Trilex-Express nach Wrocław.

Eine Reihe von Bahnhöfen mit »Z« folgt. Nach Zgorzelec fahren wir durch Zagajnik und Zebrzydowa. Dann überqueren wir einen Fluss mit weißen Stromschnellen und erreichen Bolesławiec, eine verschlafen wirkende Stadt, die in Polen bekannt für ihre Keramik ist. Neben dem Bahnhof wartet ein Haufen Kiefernstämme darauf, abtransportiert zu werden. Kurz darauf halten wir in Tomaszów Bolesławiecki, wo ein Mann in roter Uniform mit einem Hund spazieren geht. Auf Chojnów folgt Legnica, wo mir der kopfsteingepflasterte Bahnsteig auffällt. Wir rattern an einer weiteren restaurierten Dampfeisenbahn vorbei. Wrocław Muchobór am Rande der Stadt hat einen Bahnsteig mit einem Stück Rasen. Ich glaube nicht, dass ich schon einmal Bahnsteige mit Kopfsteinpflaster und Rasen gesehen habe.

Dies ist der langsamste Zug, mit dem ich bisher gefahren bin. Er hält wirklich oft. Ich wende mich in Gedanken jetzt Wrocław zu, die größte Stadt in Westpolen und die viertgrößte des Landes (640.000 Einwohner).

Die Stadt stand im Laufe der Jahrhunderte unter der Herrschaft vieler Reiche und kam nach der Grenzverschiebung nach dem Zweiten Weltkrieg unter polnische Verwaltung. Bis 1945 gehörte die Stadt zu Deutschland. 2012 war Wrocław, auf Deutsch Breslau, Austragungsort der Fußball-Europameisterschaft, 2016 europäische Kulturhauptstadt. Die Stadt ist für ihre bezaubernde Altstadt bekannt, viele Nachtclubs und Bars (es gibt eine Universität und die Bevölkerung ist relativ jung) und das Panorama von Racławice. Dabei handelt es sich um ein gigantisches Panoramabild, das die Schlacht von Racławice darstellt, einen polnischen Aufstand gegen die russische Armee 1794. Das Gemälde ist mehr als hundert Meter lang, gilt als einzigartig und ist eine Hauptsehenswürdigkeit in Polen.

Die andere Touristenattraktion in Wrocław sind seine Zwerge. Über die Stadt verteilt finden sich über 350 Zwergenfiguren. Jeder stellt etwas anderes dar, es gibt also einen Schornsteinfeger-Zwerg, einen Motorrad-Zwerg, einen Spieler und einen Reiter-Zwerg. Das klingt vielleicht bizarr – und das ist es –, aber die Zwerge haben eine Bedeutung, denn sie waren Symbol der Oppositionsbewegung »Orange Alternative«, lange bevor 1989 eine von Solidarnosc geführte Koalitionsregierung gebildet und Wałęsa 1990 zum Präsidenten gewählt wurde. Diese Gruppe griff zum Symbol des listigen, hilfreichen Zwergs, um die kommunistische Regierung zu verhöhnen. Als das Regime schließlich stürzte, wurden die Zwerge zum Kunstprojekt im öffentlichen Raum.

Während ich über die Stadt nachdenke, stelle ich fest, dass wir schon da sind. Der glänzende kirschrote Trilex fährt in den Bahnhof Wrocław Główny ein, den Hauptbahnhof der Stadt, wo auf Bahnsteig fünf jemand im blauen Kleid auf mich wartet.

Als meine Freundin Kasia erfahren hat, dass meine Reise mich nach Polen führt, hat sie sich in letzter Minute freigenommen und ist mit einem Wizz-Air-Flug hergekommen, um mich zu treffen. Kasia ist Polin und kommt aus einer Stadt östlich von Warschau. Die nächsten paar Tage habe ich also eine Begleiterin, eine Übersetzerin, eine Führerin und einen Plan. Von Breslau werden wir einen Zug in die wenig besuchte Stadt Katowice nehmen, ein Zentrum der Kohle- und Stahlindustrie des Landes, und dann ins vielbesuchte Krakau fahren, von wo aus ich wieder alleine weiter in die Ukraine reisen werde. Irgendwann werden wir uns in Venedig wiedertreffen – sofern ich nicht in Zügen in Osteuropa verloren gehe.

Es ist toll, meine »Führerin« am Ende des Bahnsteigs zu sehen. Wir haben ein Apartment ganz in der Nähe gebucht, und wir wollen uns gleich dorthin auf den Weg machen, bevor wir in die Stadt gehen, um uns zu amüsieren. (Kasia hat schon alles geplant.)

Aber vorher ist da noch der Bahnhof. Es muss einer der merkwürdigsten in Europa sein. Bahnhöfe sind ein wesentlicher Teil der Freude an dieser Art zu reisen – und der Breslauer ist besonders schön.

Wir verlassen die Halle durch einen Gang, der mit Jugendstilkacheln mit verschlungenen Pflanzen und Blumen gefliest ist, und betreten einen Platz vor dem Bahnhof. Wir drehen uns um ... und da ist er.

Unglaublich.

Der Bahnhof Wrocław Główny sieht aus wie der Palast eines indischen Maharadschas. Die in einem besonderen Safrangelb gestrichene Fassade erstreckt sich über hundert Meter mit Türmchen und Türmen, schlossähnlichen Mauern und Säulen. Der Bahnhof stammt aus dem 19. Jahrhundert und ist das Werk eines extravaganten preußischen Architekten namens Wilhelm Grapow. Er wurde für die Oberschlesische Eisenbahn gebaut und ist Nummer acht auf der Liste von Sehenswürdigkeiten in Wrocław auf einer Touristenkarte, die Kasia mitgebracht hat, direkt nach dem Zoo, aber vor dem historischen Museum.

»In Wrocław sind wir in Niederschlesien, und wenn wir nach Krakau fahren, sind wir in Oberschlesien«, sagt sie. »Das ist die Unterscheidung.«

Ich liebe es, wenn sie solche Wörter benutzt.

Wir machen ein paar Fotos von diesem ungewöhnlichen Bahnhof, bevor wir die Straße Richtung Altstadt überqueren.

Gleich werden wir viele Zwerge in einer der schönsten Städte Polens treffen, die fast völlig übersehen wird.

Ich hätte nicht gedacht, dass ich nach Breslau fahren würde. Aber wie ich schon sagte, darum geht es bei dieser Reise: einfach den Schienen zu folgen und zu sehen, wohin sie führen. Wir überqueren eine vielbefahrene Straße mit quietschenden Straßenbahnen. Die Sonne strahlt. Es ist ein schöner, heißer Tag in Westpolen – vielleicht der wärmste bisher auf der Reise. Eine alte Stadt in Niederschlesien erwartet uns.

KAPITEL 5

VON WROCŁAW NACH LWIW

»Ich meine, zum Teufel! Es ist wirklich ein seltsames System.«

Polen war in letzter Zeit häufig in den Nachrichten, und das hatte nicht immer gute Gründe (und auch nichts mit der Bahn zu tun).

Erstens ist da die Sache mit der Unabhängigkeit der Gerichte des Landes. Polens Präsident Andrzej Duda, Mitglied der umstrittenen rechten Partei Recht und Gerechtigkeit, hat die Europäische Kommission verärgert, indem er das Rentenalter für alle Richter am obersten polnischen Gericht von 70 auf 65 gesenkt hat. 22 der 74 Richter wurden dadurch gezwungen, vorzeitig in Rente zu gehen, und ermöglichten es so der Partei Recht und Gerechtigkeit, sie auszutauschen und das Gericht unter ihre Kontrolle zu bringen.

Die Europäische Kommission erklärte, dass Polen damit schamlos europäisches Recht breche: »Diese Maßnahmen untergraben das Prinzip der Unabhängigkeit der Gerichte, und somit erfüllt Polen nicht seine unter Artikel 19 (1) des Vertrages der Europäischen Union aufgeführten Verpflichtungen in Verbindung mit Artikel 47 der Charta der Grundrechte der Europäischen Union.«

Mit anderen Worten: »Stopp, das könnt ihr nicht machen!«

Die Kommission kündigte an, die polnische Regierung vor dem Europäischen Gerichtshof anzuklagen, wenn es die Regelung nicht zurücknimmt – und beruft sich auf Artikel 7 des Vertrages von Lissabon, der die Möglichkeit von Sanktionen und den Verlust von Stimmrechten eröffnet. Überall in Polen hat es Proteste gegen das machthungrige Verhalten der Partei Recht und Gerechtigkeit gegeben.

Die 2001 von den eineiigen Zwillingen Lech und Jaroslaw Kaczynski gegründete Partei hat eine traurige jüngere Geschichte. 2010 kam Lech zusammen mit seiner Frau Maria und 94 anderen, darunter hohe Militärs, der Direktor der Nationalbank von Polen und führende Politiker, bei einem Flugzeugabsturz in dichtem Nebel in Russland ums Leben. Der Absturz wurde auf menschliches Versagen zurückgeführt, aber es gibt auch viele Verschwörungstheorien. Obwohl er weder Präsident noch Premierminister ist, bleibt Jaroslaw eine zwielichtige Person, die einst dafür sorgte, dass das Porträt des

Solidarnosc-Führers Lech Wałęsa verbrannt wurde, de facto Partei-
führer.

Die jüngste Regierungspolitik war zutiefst konservativ und um-
stritten. Ein umstrittenes Abtreibungsgesetz löste Demonstrationen auf breiter Front mit der Forderung nach »freien Wahlen« aus.
Inzwischen wurde die Ladenöffnung an drei Sonntagen im Monat
verboten und soll bald völlig abgeschafft werden. Beide Maßnahmen
kamen gut bei der Katholischen Kirche an, der 90 Prozent der Bevölkerung angehören. Dennoch wird die Einschränkung des Sonn-
tagseinkaufs von wirtschaftsfreundlichen Verbänden abgelehnt, die
der Ansicht sind, dass diese Politik zu Arbeitsplatzverlusten führen
wird (plus längere Arbeitszeiten an Samstagen). Die Europäische
Union kritisiert, dass das Abtreibungsgesetz Menschenrechtsver-
pflichtungen widerspricht: »Wenn der Gesetzentwurf angenommen
werde, würde die Möglichkeit benommen, eine Schwangerschaft im
Falle einer Schädigung des Embryos zu beenden, einschließlich der
Fälle, wo eine Schädigung tödlich ist. Dieser Schritt stände im Widerspruch zu Polens Verpflichtungen gegenüber dem internationalen Menschenrechtsgesetz.«

Dann ist da die Holocaust-Gesetzesvorlage. Es hat Unruhe wegen eines Vorschlags der Partei Recht und Gerechtigkeit gegeben,
dass es unrechtmäßig sei, Polen für Straftaten während des Holo-
causts zu beschuldigen. Anfänglich wurden Gefängnisstrafen bis zu
drei Jahren für diejenigen erwogen, die von »polnischen Todeslagern«
oder von einer Mitschuld Polens an den Kriegsverbrechen der Nazis
sprechen.

Wäre der Vorschlag nicht auf internationale Kritik gestoßen
und hätte sich nicht Israels Premierminister Netanjahu eingemischt
und den Vorschlag als Versuch bezeichnet, »die Geschichte umzu-
schreiben«, wäre die Gesetzesvorlage vielleicht in Kraft getreten.

Ungefähr drei Millionen Juden wurden von den Nazis in Kon-
zentrationslagern wie Auschwitz, Treblinka, Sobibór und Bełżec ermordet. Das ist ungefähr die Hälfte aller im Holocaust ermordeten

Juden, und Historiker erkennen eine polnische Mitschuld, auch wenn viele Polen ihr Leben riskiert haben, um jüdische Nachbarn zu schützen.

Der Holocaust-Gesetzentwurf kam zu einer Zeit, als die Partei Recht und Gerechtigkeit gegen Einwanderung in die Offensive gegangen ist, die Einwanderungsquoten der Europäischen Union nicht erfüllte und schwor, Polen vor Einwanderern, die Terroristen sein könnten, zu »schützen«. Über diese starre Position hat Anna Materska-Sosnowska, eine führende Politikwissenschaftlerin der Warschauer Universität, bemerkt: »Die Anti-Einwanderungsrhetorik stärkt jetzt Recht und Gerechtigkeit. Einfach ausgedrückt, die Partei schürt Angst. Das wird so weitergehen, denn die Partei wird ihren Anti-EU-Kurs nicht ändern.«

Und das, obwohl Polen der größte Nettoempfänger europäischer Investitionshilfen ist.

Währenddessen stellt die Nichtregierungsorganisation Reporter ohne Grenzen fest, dass Polen auf den niedrigsten Rang der Pressefreiheit, den es jemals innehatte, gerückt ist; das Land ist jetzt auf Rang 58 von 180, zwischen Fidschi und der Dominikanischen Republik. Auf dem ersten Rang ist Norwegen, auf Rang 180 – nicht überraschend – Nordkorea. Reporter ohne Grenzen konstatieren eine »zunehmende Kontrolle« der öffentlichen Medien durch die Partei Recht und Gerechtigkeit, einige Nachrichtensender seien kaum mehr als »Sprachrohre der Regierungspropaganda«.

Was für ein schrecklicher Schlamassel, könnte man sagen. Oder auf Polnisch: *Och, co za okropny bałagan.* Der Versuch, es nach ein paar Wodkas zu wiederholen, ist zwecklos.

Bahnsteige, Gleise und Geschichten
WROCŁAW

Der Bahnhof Wrocław Glówny liegt südlich des Stadtzentrums. Unser Apartment ist auf halbem Weg zum Marktplatz, in der Nähe des Pub Szkocki (Schottischer Pub) mit einem Reklameschild für »HAGGIS« und dem Bild eines Dudelsackspielers im Schottenrock. Das Apartment befindet sich in einem heruntergekommenen Gebäude aus dem 19. Jahrhundert mit schwach beleuchtetem Treppenhaus und hohen Türen aus Holz. Ein Unternehmer hat eine der Wohnungen in vier separate Zimmer mit Bad verwandelt, wie kleine Mini-Apartments, schick billig und mit kleiner Küchenzeile.

Knauserige Eisenbahnfans sollten in den Osten fahren.

Wrocław ist eine Offenbarung. Wir gehen am schottischen Pub und einer riesigen Jugendstil-Einkaufspassage vorbei, überqueren eine Brücke über einen Kanal, auf die eine Reihe von Gebäuden aus kommunistischer Zeit folgt. Neben einem dieser Häuser ist ein Stand mit polnischen und europäischen Fahnen. Polnische Politiker mögen sich mit der EU streiten, aber die meisten Polen sind Anhänger der Institution, die es vielen ermöglicht hat, für höhere Löhne im Ausland zu arbeiten.

Gegenwärtig wohnen über eine Million Polen im Vereinigten Königreich, so viele, dass Polnisch seit Kurzem die zweitmeist gesprochene Sprache in England ist. Die Erweiterung der EU 2004 – als Polen, Zypern, die Tschechische Republik, Estland, Ungarn, Lettland, Litauen, Malta, Slowakei und Slowenien dazukamen – führte dazu, dass Zehntausende Polen ins Vereinigte Königreich kamen, um dort zu arbeiten. Migration *aus* Polen scheint unglaublich populär zu sein (wenn auch nicht anders herum).

Der riesige Marktplatz von Wrocław ist von hohen Gebäuden mit Giebeln und hohen Fenstern umgeben. Es fühlt sich deutsch an, als wäre es immer noch Breslau. Stufenförmige Dächer ragen hoch auf. Aufwendige Stuckarbeiten stellen illustre Figuren des Habsburgerreichs und Preußens dar. Steinlöwen, Adler und Greife bewachen Eingänge, während sich schmiedeeiserne Balkone außen an senffarbenen herrschaftlichen Wohnhäusern winden. Die Gesamtwirkung ist farbenprächtig und spektakulär. Dies ist laut unserer Karte der »Wrocław Top Ten«, »einer der größten Altstadtmarktplätze in Europa«.

In der Mitte des Platzes steht das prachtvolle gotische Rathaus, das teilweise aus den 1270ern stammt. Kernstück ist eine großartige vergoldete Uhr, unter einem Giebel mit einer Reihe von vergoldeten stachelschweinartigen Türmchen und einem Turm mit Kupferdach und Wetterfahne. Auf Straßenniveau befindet sich eine komische Bronzeskulptur von einem Bären mit einer langen, glänzenden Zunge. Es heißt, dass es Glück bringt, die Zunge zu berühren (daher der Glanz). Kasia und ich tun es.

Rund herum auf dem Platz stehen viele »Freiheitszwerge«: Ein Laptop-Zwerg neben einem Moped-Zwerg, dann ein Reiter-Zwerg, dann ein ATM-Zwerg, ein paar Schritte entfernt von einem Touristen Zwerg, nicht weit von Papa Zwerg (größer als die anderen). Es klingt vielleicht ein bisschen wie eine Art Gnomen-Albtraum, aber sie scheinen zu funktionieren. Es ist, als würden sie über die Kommunisten vergangener Zeiten lachen. Irgendwie mag ich sie.

Kasia und ich gehen in ein Restaurant mit dem interessanten Namen *Motyla Noga* (Schmetterlingsbein) und ertappen uns dabei, dass wir – vielleicht nicht gerade romantisch – über Züge sprechen. Ins *Motyla Noga* geht man eine kopfsteingepflasterte Straße entlang und durch eine kleine Tür in einer Mauer, die auf einen Hinterhof mit Tischen führt. Alle Tische sind besetzt – Wrocław ist an freien Tagen unheimlich beliebt bei Polen, sagt Kasia, auch wenn nur wenige Fremde herkommen – also betreten wir einen Innenraum mit einer gewölbten Decke, der wie ein Treffpunkt von Dissidenten in kommunistischer Zeit anmutet. Wir setzen uns in Sessel neben einem Filmplakat von Charlie Chaplin, und ich trinke ein starkes, zischendes Bier und Kasia ein Glas Weißwein, während sie mir »alles über Bahnsteige auf polnischen Bahnhöfen« erzählt.

»Es gibt den *peron*, den Bahnsteig«, sagt sie, um sicherzugehen, dass ich es verstanden habe. Ich nicke und mache ein Gesicht, das ausdrückt: »Na, das wusste ich schon« (wusste ich nicht).

»Dann ist da noch eine Nummer für das Gleis, auf der du fährst«, sagt sie. Ich nicke wieder, wie um zu sagen: »Ah, ich gebe zu, das wusste ich nicht, aber es klingt nicht wirklich kompliziert. Ich hab's verstanden. Ich hab's verstanden.«

Kasia wirft mir einen Blick zu, den ich als »Oh, wirklich?« deute. »In Warschau«, fährt sie fort, »war ich auf Bahnsteig eins, Gleis 27. Manchmal ist es verrückt. Es gibt da gar nicht so viele Bahnsteige, die von Fahrgästen auf dem Bahnhof benutzt werden.«

Sie hält inne, damit es richtig ankommt. »Für Fremde ist das verwirrend«, fügt sie hinzu. »Selbst für Polen! Niemand versteht es. Ich meine, zum Teufel! Es ist wirklich ein seltsames System. Ich weiß nicht, wer sich das ausgedacht hat. Morgen zeige ich dir, wie es funktioniert.«

Ich bin froh, dass Kasia gekommen ist. Polnische Züge scheinen *kompliziert* zu sein.

Kasia nimmt einen Schluck von ihrem Wein. »Wenn ich versuche, Fremden polnische Züge zu erklären, sagen sie: ›Warum habt ihr nicht nur eine Bahnsteignummer? Warum muss es zwei geben?‹ Wir müssen unbedingt anders sein!«

Unser romantisches Gespräch über die polnische Bahn fortsetzend, frage ich Kasia, ob polnische Züge für gewöhnlich pünktlich sind.

Sie zögert wieder und wählt ihre Worte sorgfältig: »Ich kann nur über meine Erfahrung sprechen, und die ist nicht gut.«

Sie verzieht das Gesicht, was nur eines bedeuten kann: »Sie sind wirklich schlecht.«

Aber die Bahnhöfe haben sich in letzter Zeit verbessert, sagt meine polnische Bahnexpertin, um etwas Positives zu bemerken.

»Eigentlich wurden viele Bahnhöfe vor dem EU-Beitritt 2012 renoviert«, sagt Kasia. »Damals haben sie auch mit englischen Ansagen auf den großen polnischen Bahnhöfen angefangen und sie seitdem beibehalten.«

Nachdem alles über die polnische Bahn gesagt ist, trinken wir aus und machen einen Spaziergang auf eine friedliche Insel mit einer Kirche in einer Biegung der Oder. Über eine weitere Brücke, am anderen Ufer des Flusses, in Ostrów Tumski, finden wir uns im ältesten Teil Breslaus wieder. Hier befindet sich der Dom der Stadt. Zwillingstürme aus Backstein mit kupfernen Turmspitzen ragen 98 Meter hoch. Der 1272 fertiggestellte Dom wurde im Zweiten Weltkrieg schwer beschädigt, als sowjetische Truppen die deutsche Festung angriffen. Die Nazis kapitulierten nur zwei Tage vor Kriegsende, sodass Breslau die letzte große deutsche Stadt war, die fiel. Mehr als 6000 deutsche Soldaten sowie 80.000 Zivilisten starben in der 82 Tage andauernden Belagerung. Ungefähr 80 Prozent von Warschau wurde zerstört, der Dom 1950 wieder aufgebaut.

Die Türen sind bereits verschlossen. Zurück zum Apartment gehen wir die Hauptstraße entlang in Richtung der Insel. Ein Mann in schwarzem Cape und Zylinderhut mit einem langen Stock, an dessen Ende eine Flamme brennt, zündet die Gaslaternen an. In der langen schwarzen Robe gibt er eine auffallende Figur ab, wie ein Geist aus einer anderen Zeit. Touristen bleiben stehen und machen Fotos, während er von Laterne zu Laterne geht.

»Den Job würde ich gerne machen«, sagt Kasia, die auch eine Weile darüber nachgedacht hatte, sich beruflich zu verändern, so wie ich jetzt. »Das würde mir vollkommen reichen.«

Ich muss zugeben, es sieht ziemlich befriedigend aus.

So kehren wir in unsere Wohnung zurück, nicht ohne noch in ein oder zwei von Kasia ausgesuchten Wodka-Bars am zentralen Platz einzukehren. Straßenbahnen rattern vorbei, mit Klingelton, zitternden Rädern und quietschenden Bremsen.

Breslau ist ein guter Ort für Eisenbahnliebhaber.

Am nächsten Morgen besuchen wir die große Attraktion: das Panorama von Racławice, Wrocławs berühmtes Panoramabild. Als wir ankommen, müssen wir jedoch feststellen, dass man Karten im Voraus bestellen muss und das Panoramabild ausgebucht ist. Was für ein beliebtes Bild! Kasia ist beschämt, da es ihre Idee war und sie nicht gewusst hatte, dass man vorbestellen musste. Meine »Führerin« sieht ziemlich niedergeschlagen aus.

»Es ist sinnlos, sie zu überreden, uns reinzulassen«, sagt sie. »Das ist nicht polnische Art.«

Ich hatte vorgeschlagen, ein bisschen zu betteln, aber Kasia sagt: »Wo Regeln sind, werden sie befolgt.«

Seit der kommunistischen Zeit, als Regeln weitgehend befolgt wurden, sonst ..., seien Polen pedantisch, was Regeln angeht, sagt sie.

Das ist nur eine Sache, mit der man sich auf einer spontanen Bahnreise abfinden muss. Wie der Dom gestern Abend ist es vielleicht unmöglich, Top-Sehenswürdigkeiten, die so bekannt und beliebt sind wie das Panoramabild, an dem Tag zu besichtigen, an dem man gerade vorbeikommt. Das ist einfach so, und es ist sinnlos, sich darüber zu viele Gedanken zu machen.

Mit dieser Haltung machen wir uns wieder auf den Weg zum Marktplatz, und währenddessen erzählt Kasia mir eine Geschichte aus ihrer Familie, die mit der Bahn zusammenhängt. Wir setzen also unseren romantischen Dialog über die polnische Bahn fort, aber diesmal geht es nicht um Bahnsteige und Schienen.

»Nach dem Krieg kam meine Großtante hierher«, sagt sie. »Weil es in der Stadt so viel gab. Die Deutschen waren fortgejagt worden, und die Menschen, die weggingen, verkauften Sachen. Die waren billig. Meine Großtante kam mit einem vollen Zug. Er war so überfüllt, dass sie auf dem Dach sitzen musste. Nach dem Krieg hatten sie nichts. Sie kam aus dem Südosten Polens hierher. Sie wollte Leinen, Teppiche, Töpfe – was auch immer. Ich konnte es nicht glauben, als sie es erzählt hat: dass sie *auf dem Dach des Zugs gesessen hatte*. So was machen sie vielleicht in Indien, aber doch nicht hier. Sie müssen nach dem Krieg ziemlich verzweifelt gewesen sein.«

Während sie das sagt, überqueren wir einen Platz und kommen zur Magdalenenkirche.

Die Kirche hat eine berühmte Brücke, die Penitent-Brücke, zwischen den beiden Türmen in einer Höhe von 47 Metern. Da wir zu unserer Enttäuschung Breslaus Panoramabild verpasst haben, beschließen wir, uns diese »Touristenattraktion« anzusehen, und steigen kurz darauf die vielen Stufen hinauf bis nach oben – wo wir von einer Sage hören.

Man erzählt, dass einmal ein schönes, aber eitles Mädchen namens Thekla in Wrocław lebte. Als sie zur Frau wurde, liebte sie es, sich fein herauszuputzen, aber sie lehnte alle Annäherungsversuche junger Männer ab, weil sie zu »faul« war, um eine Ehefrau zu sein. Sie betrachtete sich lieber im Spiegel. Ihr Vater war darüber wütend und sagte es ihr. Kurz nach seinem Wutanfall wurde Thekla entführt und als Strafe für ihre Eitelkeit gezwungen, für immer die Brücke zwischen den Türmen der Magdalenenkirche zu fegen. Irgendwann, als sie »alt und hässlich« war, wurde sie von einer Hexe befreit. Bis zum heutigen Tag ist die Brücke »ein Mahnmal für alle faulen jungen Damen«, wie es auf einer Informationstafel heißt.

Keine besonders tolle Geschichte.

Wir steigen den Turm wieder hinunter, holen unsere Taschen aus dem Apartment und gehen zum Bahnhof Wrocław Glówny, wo wir den 13.49-Uhr-Zug zum Bahnhof Opole Glówne nehmen.

Peron drei, tor fünf

VON WROCŁAW NACH KATOWICE ÜBER OPOLE UND GLIWICE

Der Bahnhof Wrocław Glówny hat eine Bibliothek. Wenn man noch Zeit totschlagen muss, bevor sein Zug fährt, ist das der perfekte Ort.

Wir betreten den Maharadscha-Palast hinter einem Mann, der bei einem Brunnen schläft, und gehen einige Stufen hinauf in dieses Heiligtum.

In der *bibliotheka* begrüßt uns ein Bibliothekar mit einem Pullover, auf dem *BON VOYAGE* steht, mit Hello. Wir sehen uns in dem kühlen, ruhigen Raum um und setzen uns auf ein Sofa in einer Ecke. Dort nimmt Kasia ein Buch mit Gedichten für Kinder zur Hand und beginnt, aus einem Gedicht vorzulesen. Es trägt den Titel *Lokomotive* und ist von dem polnischen Dichter Julian Tuwim (1894–1953):

> *»Eine große Lokomotive ist in die Stadt gefahren,*
> *Schwer, riesig, der Schweiß läuft ihr runter:*
> *Ein massiger olivgrauer Koloss.*
> *Schnaufend und keuchend und schwitzend,*
> *Feuer ausstoßend aus ihrem dicken gusseisernen Bauch.«*

»Es ist ein bekanntes polnisches Gedicht«, sagt Kasia. »Wir lernen es in der Schule, und ich liebe es.«

Ich auch. Es ist bezaubernd und passt perfekt zu diesem Ort. Es folgt die Beschreibung des Inhalts der Wagen, darunter einer mit »beleibten« Fahrgästen, die Frankfurter essen, einer mit Elefanten und Bären und einer mit einer »Ladung Flügeln«. Die Räder von Turims Lokomotive rattern bald durch Berge, Tunnel, Wiesen und Wälder, Dampf ausstoßend, während die Verse dahinbrummeln.

Bahnreisen im Zeitalter der Dampflok ... Damals waren es wirklich langsame Züge: langsame, schöne Züge, die schnauften, keuchten und schwitzten. Langsame Bahnreisen sind einfach wundervoll, auch wenn es in Deutschland manchmal schwierig ist, aber seien wir ehrlich, damals müssen Reisen einfach fantastisch gewesen sein.

Das Zeitalter der Dampflok, das zu Ende ging, als Mitte des 20. Jahrhunderts Züge mit Dieselmotor und elektrisch angetriebene Züge überhandnahmen, war zweifellos das goldene Zeitalter des

Bahnreisens. Aber wer weiß, mit ein bisschen Fantasie, ob es nicht ein neues goldenes Zeitalter geben könnte?

Unten an Bahnsteig drei lesen Kasia und ich eine Erinnerungsplakette für den polnischen Schauspieler Zbigniew Cybulski. Er war »eine Art polnischer James Dean«, sagt Kasia, und er fand hier ein tragisches Ende, als er versuchte, in einen Wagen zu springen, das Trittbrett verfehlte und unter die Räder fiel. Nicht weit entfernt erinnert eine weitere Plakette an Zagra-Lin, eine polnische Widerstandsgruppe während des Zweiten Weltkriegs, die 1943 auf dem Bahnhof Wehrmachtsoldaten angegriffen hat.

Alte Bahnhöfe haben oft Geschichten – und oft sind sie blutig.

Der 13.49-Uhr-Zug geht von *peron* drei und *tor* (Gleis) fünf. Kasia geht voraus, während ich folge und es ihr überlasse, die Feinheiten von Wrocławs Bahnsteig-Schienen-System zu durchschauen. Dazu ist ein Führer schließlich da. Die Stufen zum Bahnsteig sind bemerkenswert, insofern auf einer Seite ein Gepäckförderband ist. Man stellt sein Gepäck einfach auf dieses langsam laufende Band und steigt die Stufen hinauf. Eine tolle Idee, besonders mit kleinen Kindern, und ich kann mir gut vorstellen, dass sie anderswo übernommen wird. In Breslau gehen viele hinauf und laufen dann wieder hinunter, um es noch einmal zu machen, als wir kommen. Genau das würden kleine Kinder machen, wenn sie in Breslau mit ihren Eltern auf einen Zug warten.

Es gibt großen Andrang am 13.49-Uhr-Zug, aber Kasia ist eine gewiefte polnische Bahnreisende, und wir ergattern zwei Plätze. Andere Fahrgäste müssen stehen. Der Zug ist blau, gelb und silbern, mit blauen und grauen Sitzen mit schickem geometrischem Muster. Ein rundlicher Schaffner mit Kinnbart und roter Krawatte kontrolliert unsere Fahrkarten, während wir aus Breslau in sonnige Felder zuckeln.

Dieser Zug ist wirklich langsam – wenn auch nicht so langsam wie eine Dampfeisenbahn. Wir sitzen in einem Abteil für vier, die beiden Männer, die uns gegenübersitzen, schlafen mit offenen Mündern ein, als wollten sie Fliegen fangen.

Man kann es nicht beschönigen: Diese Fahrt ist nicht gerade die schönste bisher. Bald tauchen Wohnblocks aus kommunistischer Zeit auf und nehmen kein Ende, während wir durch die Bahnhöfe von Lipki Oława und Brzeg kommen. Als wir dort hinausschauen, komme ich auf die Kommunisten zu sprechen, die ich in Bonn getroffen habe. Kasia erwidert nur: »Sie wissen nicht, was es bedeutet.«

Sie zögert, während wir auf einen besonders trostlosen Wohnblock direkt an den Schienen blicken. Der Beton an den Wänden bröckelt, an den Balkonen sind rostige Satellitenschüsseln befestigt, und mitten im Schmutz trocknet bunte Wäsche an Ständern.

»Das Leben meiner Eltern war vom Kommunismus geprägt«, sagt Kasia, die fünf war, als das alte System zusammenbrach. »Geheimpolizei. Menschen, die sich gegenseitig bespitzelt haben. Menschen, die verschwunden sind, nachdem sie inhaftiert worden waren. Die Menschen wussten nicht, wem sie trauen konnten.«

Sie hält inne, als ein Zug in entgegengesetzter Richtung nach Breslau vorbeirattert. »Lebensmittelknappheit«, fährt sie fort, wobei sie sich auf Erzählungen ihrer Eltern bezieht. »Im Grunde alle Waren, nicht nur Lebensmittel. Die Menschen hatten kein Toilettenpapier. Man bekam keine Möbel, keine Waschmaschinen, nichts. Außer man kannte jemanden. Damals musstest du Leute kennen oder Leute, die Leute kannten. Man musste immer Glück haben.«

Ein weiterer Zug Richtung Wrocław sorgt für eine weitere Unterbrechung. »Dann die Medien«, fährt Kasia fort. »Die Menschen wussten nicht, was im Westen los war. Es gab nur Propaganda. Staatsnachrichten. Heutzutage gibt es ›Fake News‹, aber das ist nichts, verglichen mit den Propagandanachrichten, wenn man keine andere Informationsquelle hat.«

Kasia blickt auf einen weiteren Betonblock und wiederholt ihren Kommentar zu den Kommunisten in Bonn: »Sie wissen nicht, was es bedeutet.«

Kasia und ich haben schon oft darüber gesprochen. Sie kann einfach nicht verstehen, dass jemand den Kommunismus will, nachdem er bekanntermaßen in Osteuropa gescheitert ist.

Wir verfallen in Schweigen, während der Zug durch eine ausgedörrte Landschaft schleicht, bevor wir an eine metallene Brücke über die Oder kommen und am Bahnhof Opole Główne halten.

Wir sind eine berühmte Strecke gefahren, die erste, die vor langer Zeit, im Mai 1842, eröffnet wurde. Die Strecke verband ursprünglich Breslau und Oława und wurde 1856 von der Oberschlesischen Eisenbahn bis Katowice erweitert. Die erste Lokomotive, die *Silesia*, wurde in Manchester von Sharp, Roberts & Co. gebaut, und viele der Schienen wurden aus Großbritannien hergebracht. Die erste Fahrt über 26 Kilometer dauerte 42 Minuten. Diese Strecke wurde gewählt, um den für Preußen wichtigen Transport von Stahl und Zink zu beschleunigen.

Der Bahnhof Opole Glówne ist ein weiteres Juwel. Wir haben eine halbe Stunde Aufenthalt, bevor unser nächster Zug nach Gliwice fährt, also sehen wir uns ein bisschen in der Bahnhofshalle um, die 1899 erbaut wurde. Neben den ursprünglichen Fahrkartenschaltern aus glänzendem Holz stehen kleine Tische, ebenfalls aus glänzendem Holz, die einmal benutzt worden sein müssen, um Formulare auszufüllen. Jetzt sind sie rein dekorativ, auf einem wunderschön gefliesten Boden mit pistazien- und malvenfarbenem Blumenmuster. Durch hohe, gewölbte Fenster fällt Licht herein. Trauben zwiebelförmiger Lampen hängen von Balken herab. Auf einem Wandbild sind Damen und Herren vergangener Zeiten auf einem Bahnsteig neben einer Dampflokomotive zu sehen.

Draußen steht eine alte restaurierte Lokomotive. Sie ist groß und dunkelgrün und hat vorne Leuchten. Eisenbahnliebhaber interessiert es vielleicht, dass es sich um eine TKt48/2 (Seriennummer 4490) mit einem 1955 in Sosnowiec hergestellten Kessel handelt, die in Katowice und Kluczbork stationiert war, bevor sie nach Opole kam, dort ab 1993 als Heizkessel benutzt wurde und 1996 zum »Technologie-Denkmal« wurde.

Ist das zu viel Information?

Nach diesem Zwischenspiel kommt der 15.16-Uhr-Zug, und Kasia und ich erwischen ihn gerade noch, denn obwohl wir die Sache mit *peron* und *tor* draufhaben, sind wir zuerst am richtigen *peron*, aber am falschen *tor*, weil es am letzten Ende des Bahnsteigs und außer Sichtweite ist. Wir steigen ein und finden Plätze. Ein beleibter Bahnmitarbeiter prüft die Räder, wobei er einen Schraubenschlüssel benutzt, und dann rattern wir in einem kirschroten Wagen weiter Richtung Gliwice, vorbei an weiteren Wohnblocks.

Bald kommen wir in einen dichten Birkenwald. Der Geruch von Zigaretten zieht durch den Wagen; wahrscheinlich rauchen Fahrgäste auf den Toiletten. Es gibt keine Aircondition in den Zügen der Polskie Koleje Panstwowe (Polnische Staatseisenbahn), und es ist heiß und stickig.

Es ist polnisches Bergbaugebiet. Bergbauschächte und Fabriken mit Kühltürmen tauchen auf, gefolgt von Schrottplätzen und Bergen gebrauchter Reifen. Wir rollen durch Kotilin, Toszek und Pyskowice, ohne dass sich die Szenerie bedeutend ändert.

»Man kann sagen, dass wir hier wirklich mitten im Nirgendwo sind«, sagt Kasia.

»Das glaube ich dir«, erwidere ich.

Kurz darauf fährt der Zug in Gliwice ein. Der Bahnhof ist modern, hat ein Dach aus weißen Metallbögen und Glasscheiben. Wir haben zehn Minuten, bevor der 16.40-Uhr-Zug nach Katowice fährt, der um 17.09 Uhr dort ankommen soll. Ich muss für diese Strecke eine Fahrkarte kaufen, weil sie von der Koleje Ślaskie (Schlesischen Bahn), nicht der polnischen Staatsbahn betrieben wird. Die Schlesische Bahn macht nicht bei Interrail mit.

Kasia und ich haben wieder eines unserer romantischen Gespräche über die polnische Bahn. Sie erzählt, dass das Bahnnetz in

Polen ziemlich kompliziert ist, da die polnische Staatsbahn in viele Regionalbahnen unterteilt ist. Es gab einmal den Versuch, erzählt sie, eine Billig-Intercity-Gesellschaft zu gründen, man hoffte bei der polnischen Staatsbahn, den Erfolg von Billig-Fluggesellschaften zu imitieren. Sie hieß Tanie Linie Kolejowe, was so viel heißt wie Billige Bahn.

»Sie mussten den Namen ändern, weil es sich nicht gut verkaufte«, erzählt sie. »Das war Anfang der 2000er. Wenn es um die Bahn geht, haben die Menschen das Gefühl, dass *billig*... auch *billig* ist. Das gefiel ihnen nicht. Deshalb änderten sie den Namen in Twoje Linie Kolejowe.«

Das bedeutet Deine Bahn. Das funktionierte, und die Polnischen Staatsbahnen mussten zum Glück das Logo nicht ändern, weil die Buchstaben passten.

Die Marke war nicht mehr *billig*. Aber die Fahrkarten blieben *billig*.

Ich erfahre so manches über die polnische Bahn.

Wir ruckeln durch ein Industriegebiet mit Fabriken und verlassenen Lagerhäusern und erreichen kurz darauf Katowice.

Musik in einer Bergbaustadt
KATOWICE

Katowice steht nicht ganz oben auf der Liste der Orte, die die meisten Besucher Polens unbedingt sehen wollen. Wie es in meinem Buch *The Rough Guide to Poland* heißt: »Angesichts des von Fabriken beherrschten Erscheinungsbilds der städtischen Landschaft [der Region] und der katastrophalen Luftverschmutzung durch die Schwerindustrien wird der Ort wahrscheinlich nur auf der Reiseroute exzentrischer Touristen liegen.« Es hat, fügt der Verfasser hinzu, eine »unentrinnbare Aura postindustriellen Verfalls«. Hinzu kommt, dass England 1973 hier in einem desaströsen WM-Qualifikations-spiel 2:0 gegen Polen verloren hat, was die Ära Bobby Moore beende-te. Wer will schon, fragt der Autor des *Rough Guide*, daran erinnert werden?

Ich vermute, ich bin ziemlich exzentrisch, und 1973 ist lange her. Das arme, alte, vernachlässigte Katowice hat etwas, das mich an-zieht. Außerdem stelle ich fest, dass meine Ausgabe des *Rough Guide* von 2002 ist, vielleicht haben sich die Dinge seitdem verändert. Viel-leicht ist Katowice heutzutage ein spannender Ort.

Der erste Eindruck ist gemischt.

Wir steigen an dem Bahnhof aus, der mir bisher am wenigsten gefällt.

Der Bahnhof von Katowice scheint ein Einkaufszentrum zu sein. Er wurde 2013 renoviert und fertigt zwölf Millionen Fahrgäste im Jahr ab, denn er ist Eisenbahnknotenpunkt mit Verbindungen nach Krakau, Bielsko-Biała und Częstochowa. Aber der Bahnhof ist auch ein Labyrinth langweiliger Geschäfte, und man findet sich schwer zurecht. Eine Zeit lang wissen wir nicht, wie wir rauskom-men, verlassen den Bahnhof schließlich durch einen Hinterausgang neben einer Zufahrtsstraße. Von hier gehen wir einmal um den Bahn-hof herum, an einem Nachtclub, einem Kebabladen und einem Wettbüro vorbei zu einem Platz, wo zwei junge Männer vor der glän-zenden Einkaufspassage rappen. Drinnen verstecken sich irgendwo Züge. Wir deponieren unser Gepäck in einem kleinen Apartment gegenüber der Einkaufspassage über einem Army-Laden, in dem T-Shirts mit der Aufschrift »STOLZ AUF POLEN«, Luftgewehre, Tarnhosen, Militärmesser und Schaftstiefel angeboten werden.

Eine Bestandsaufnahme des Apartments ergibt Folgendes: ein Waschbecken, das halb so groß ist wie ein A4-Blatt, in einem winzi-gen Badezimmer, ein knarrendes Bett, braune und lila Wände, eine einzelne Papierserviette, vier Weingläser in Form von Goldfischglä-sern und ein leicht schimmeliges Badezimmer. Auf dem Flur vor dem Apartment ist ein Metalltor mit einem Zahlenschloss, das regelmäßig zuschlägt, wenn andere Bewohner kommen und gehen. Es scheint, als wären wir in einem kleinen Gefängnis.

Wir bleiben nicht lange im Zimmer.

Kasia hat einen Plan ausgeheckt.

Einige Zeit später sitzen wir in der hochmodernen Konzerthalle des Nationalen Symphonieorchesters des Polnischen Rundfunks und hören Beethoven und Tschaikowski.

So sollte man es machen. Ich habe ein taubenblaues Hemd und Slipper angezogen, beides schnell in einem Laden am Bahnhof gekauft. Wir haben gut gegessen, schlesische Rinderrouladen mit Knödeln und Rotkohl, runtergespült mit einem in Katowice gebrauten Bier, in einem einfachen Restaurant an der Hauptfußgängerzone im Stadtzentrum. Wir sind an einem riesigen Apartmenthaus aus den 1960ern, einem Bobby-Burger-Schnellrestaurant und einem riesigen Stadion, dem Spodek (im Volksmund Untertasse oder fliegende Untertasse genannt), wo Rockkonzerte stattfinden, vorbeigekommen. Pearl Jam, the Smashing Pumpkins, Depeche Mode, Robbie Williams und Elton John sind schon in diesem außergewöhnlichen Gebäude aufgetreten.

Jetzt sind wir also in einer hochmodernen Konzerthalle, die es noch nicht gab, als die Verfasser des *Rough Guide* hier waren. Tatsächlich hat sich in Katowice seitdem viel verändert, und diese Konzerthalle, die viele Millionen Zloty gekostet hat und 2014 eröffnet wurde, ist ein bedeutender Teil der Stadtsanierung.

Neues taubenblaues Hemd: Häkchen. Neue Slipper: Häkchen. Könnte ich noch schicker gekleidet sein? Ja: Häkchen. Ich trage Jeans (aber ich hab's zumindest versucht).

Wir betreten eine Halle mit welligen, karamellfarbenen Holzwänden, Rängen und Scheinwerfern.

»Ich hoffe, wir riechen nicht nach Bier«, sagt Kasia, als wir die Eingangshalle betreten.

Drinnen trinken schwarz gekleidete Liebhaber klassischer Musik Kaffee und Champagner. Unsere Karten kosten 15 Zloty (3,50 Euro).

Das waren die teuersten, die es gab, und wir haben großartige Plätze in der Mitte. Das Streicherensemble des gastierenden Orchesters der Auvergne aus Frankreich spielt mit einem hochgewachsenen spanischen Dirigenten auf. Der Klang der Geigen, Celli und Violen hallt präzise und perfekt im Raum nach. Ich schließe die Augen und lausche der Musik von Ludwig van Beethoven (aus Bonn in Deutschland), Pjotr Iljitsch Tschaikowski (aus Wotkinsk in Russland) und Bohuslav Jan Martinů (aus Polička in der Tschechischen Republik).

Himmlische Noten schweben durch den Raum. Das Rattern der Schienen ist vergessen. Beethoven, Tschaikowski und Martinů haben übernommen. Die Musik ist großartig.

Am nächsten Morgen kehren wir zur Konzerthalle zurück, aber dieses Mal gehen wir am Eingang vorbei und weiter zum Schlesischen Museum. Das Museum befindet sich nach dem Umzug aus dem Stadtzentrum in einer ehemaligen Zeche und wurde 2015 eröffnet. Man betritt eine lange Rampe, die in die ehemalige Hauptzeche von Katowice führt, und geht unten durch dunkle Gänge, ohne genau zu wissen, was einen erwartet.

Ganz unten ist ein Museum über die Geschichte des Kohlebergbaus in der Gegend. Angesichts interaktiver Multimedia und unzähliger Ausstellungsräume scheint das Museum viel Geld gekostet zu haben. Kasia sagt, dass die EU die Rechnung bezahlt hat. Ich recherchiere und finde heraus, dass die EU genau 48.085.334 Euro in das Museum investiert hat. In einer Projektbeschreibung heißt es, das Museum werde »eine ehemalige Industrieregion revitalisieren und Einheimischen wie Touristen großartige neue Möglichkeiten bieten«.

»Ich sage dir: Tritt der EU bei, denn genau das passiert als Nächstes«, sagt Kasia.

Wenn sich die Dinge nach dem Brexit tatsächlich zum Schlechteren wenden, was viele für die britische Wirtschaft befürchten, muss Großbritannien sich vielleicht eines Tages wieder bewerben.

Für Polen hat es funktioniert. Vielleicht wird es irgendwann in der Zukunft für uns wieder funktionieren.

Auf einer Informationstafel steht, dass die erste Dampfmaschine 1788 von England nach Oberschlesien gebracht wurde, um die Friedrichsgrube im Silberbergwerk Tarnowskie Góry trockenzulegen. Sie wurde »Feuermaschine« genannt, und kein Geringerer als Friedrich Wilhelm II. von Preußen und der deutsche Dichter Johann Wolfgang von Goethe reisten an, um sie zu sehen.

Dieser Teil Polens hat eine besondere Bedeutung. Nach dem Ersten Weltkrieg wollten die Alliierten das Gebiet Polen überlassen. Polen hatte wenig Industrie und brauchte das Land, wo viele Polen lebten. Fast der ganze Rest Polens war von der Landwirtschaft geprägt. Doch Deutschland wollte das offenbar nicht. 1921 fand eine Volksabstimmung statt, die die Deutschen gewannen. Angeblich kamen 180.000 ehemalige Bewohner zur Stimmenabgabe zurück und drehten damit den Ausgang.

Zweifelhafte Vorgänge bei einem Referendum: Wer hätte das gedacht?

Der neu gegründete Völkerbund intervenierte schließlich nach mehreren Aufständen, und der größte Teil des Landes wurde den Deutschen gegeben, mit der Vereinbarung, freien Handel über die Grenze zuzulassen. Das schien zu funktionieren ... bis die Nazis kamen.

Kasia und ich betreten eine Kunstausstellung in einem weiteren Raum mit Werken mit Titeln wie *Verflüssiger in Chórzow (Sonntag)* von Rafał Malczewski, auf dem eine Frau mit einem Hund auf einer Heuwiese neben einer Fabrik spazieren geht (1934). Das Gemälde scheint den Schock zu reflektieren, den die schnelle Industrialisierung Oberschlesiens für viele bedeutet hat. Das bemerkenswerteste Bild ist jedoch *Die Jüdin mit den Zitronen,* Öl auf Leinwand, von Aleksander Gierymski (1881). Das Gesicht der Frau ist leidend und verhärmt. Über dem einen Arm hat sie einen Korb voller Früchte, während der Korb an ihrem anderen Arm leer ist: gute Zeiten und schlechte Zeiten. Es ist ein starkes Bild.

Dann gehen wir auf den Aussichtsturm.

Das Schlesische Museum hat einen intakten Minenschacht. Man nimmt den Fahrstuhl nach oben, und dann liegt einem die Stadt Katowice zu Füßen.

Für den Nicht-Polen ist die Architektur der kommunistischen Ära am interessantesten. Geradeaus liegt der riesige Wohnblock, an dem wir gestern Abend auf dem Weg zum Konzert vorbeigegangen sind. Das Gebäude ist fast zweihundert Meter lang und beherbergt 762 Apartments auf 15 Stockwerken. Die »Supereinheit« wurde in den späten 1960ern von Mieczysław Król entworfen, einem von dem schweizerisch-französischen Stararchitekten Corbusier beeinflussten Architekten. Zuerst weiß man nicht so recht, was man davon halten soll. Einerseits ist das Gebäude ein beeindruckender Klotz, der unglaublich ins Auge springt. Andererseits ist es eine mächtig große Betonplatte, und es muss schrecklich sein, darin zu wohnen.

Am Horizont sind viele solcher Betonwohnsilos, aber die Supereinheit übertrifft alle. Kasias Bemerkung »Sie wissen nicht, was es bedeutet« fällt mir wieder ein. 3000 Menschen leben in dem Monstrum.

Oh, was für eine hübsche Stadt!

VON KATOWICE NACH KRAKAU

Wir gehen wieder zum Bahnhof und steigen in den 12.47-Uhr-Zug nach Krakau.

Der 12.47-Uhr-Zug ist ein orangener Zug mit getönten Scheiben. Wir fahren mit neun Minuten Verspätung ab, vorbei an verfalle-

nen Gebäuden und einem alten Wasserturm, der einmal von Dampf-
eisenbahnen benutzt worden sein muss. Die Strecke wird von der
Koleje Małopolskie betrieben, einem Eisenbahnunternehmen, das
für die nächste Region zuständig ist, aber Kasia ist überzeugt, dass
der Interrail-Pass hier gültig ist, und der Schaffner ebenfalls.

Während wir dahinrollen, erscheinen Zitate von Papst Johannes
Paul II., dem früheren Erzbischof unseres Reiseziels, und Pater
Leon Knabit, einem Benediktinermönch, auf einem Bildschirm. Wir
kommen durch einen Birkenwald und rattern an einem seltsamen
gelben Zug mit der Aufschrift STRABAG vorbei, der eine Strecke zu
befestigen scheint, indem er mit einem eigenartigen Metallgerät
Metallstäbe in die Schienen schlägt. Rechts taucht ein Minenschacht auf, kurz vorm Bahnhof Trzebinia, wo eine laute Männergruppe in unseren Wagen zusteigt.

Kasia liest die Tageszeitung.

In der *Dziennik Zachodni* geht es in einem Artikel um die Beseiti-
gung kommunistischer Straßennamen und Denkmäler in Katowice. Währenddessen wird in einem Artikel in *Gazeta Wyborcza*, einer
polnischen Mitte-Links-Zeitung, gefordert, Präsident Duda vor Gericht zu stellen, weil er die Justiz herabwürdigt und das Gesetz miss-
achtet hat. Ein anderer Artikel, geschrieben von vier polnischen Historikern, zieht Parallelen zwischen dem Aufkommen des Faschismus
in Europa vor dem Zweiten Weltkrieg und heute: »Faschismus und
Populismus brauchen Feinde der Nation, bevorzugt innere, aber die
Wahl des Feindes ist nicht immer wichtig. Heute können rechtsextreme Bewegungen auswählen: Flüchtlinge, Liberale, Muslime, die
Eliten, Brüssel. Und, natürlich, immer die Juden.«

Deprimierende Inhalte. Noch deprimierender ist ein anderer
Artikel über ein starkes Erdbeben, fast Stärke vier auf der Richter-
skala, das eine Kohlemine ungefähr 56 Kilometer südwestlich von
Katowice getroffen hat. Elf Minenarbeiter arbeiteten neunhundert
Meter unter der Erde; vier wurden von Rettungsmannschaften eva-
kuiert, zwei Leichen wurden gefunden, und es gibt keinen Kontakt

zu den restlichen fünf. Die Rettung wurde durch den Austritt von Methangas schwer behindert.

Die Männergruppe wird noch lauter. Das hat vielleicht etwas mit den Flaschen zu tun, die zwischen ihnen kursieren.

»Wenn diese Idioten nicht wären, würde ich diese Fahrt genießen«, sagt Kasia.

Wir ziehen in den nächsten Wagen um.

Mit Kies beladene Güterwaggons rumpeln vorbei. Eigenartige Holzhütten auf Pfählen werfen ihre Schatten auf Kartoffel- und Maisfelder.

»Jäger benutzen sie, um Wildschweine zu erschießen, die die Feldfrüchte fressen«, sagt Kasia, die auf dem Land groß geworden ist und solche Dinge weiß.

Im angrenzenden Wagen ertönt Gesang. Die Männergruppe scheint auf Hochtouren zu sein.

Während wir ihren Liedern lauschen, fahren wir mit 13 Minuten Verspätung um 15.03 Uhr in Krakau ein.

Unser drittes Apartment in Polen liegt in der Nähe des Bahnhofs und hat eine eigenartige, aber eigentlich fantastische Hängematte, die an einem Balken im Wohnzimmer befestigt ist, ein riesiges, außerordentlich bequemes Schlafzimmer auf einer Zwischenebene, eine Buddha-Statue, orientalische Kunst und einen Retro-Lederdrehstuhl. Diese Online-Buchungen sind Glückssache. Auf Bildern kann es unglaublich gut aussehen (das in Katowice schien ein Palast zu sein) oder nicht so toll (wir waren nicht sicher bei dem in Krakau) und sich dann als hervorragend erweisen.

Kasia probiert die Hängematte aus, und ich drehe mich schnell einmal auf dem Drehstuhl herum. Dann machen wir einen Spaziergang durch einen kleinen Park zurück zum Bahnhof.

Kasia will mir zu Beginn ihrer »Stadtführung« den alten Teil des Bahnhofs zeigen (ich bin froh, eine so gut organisierte Führerin in Polen zu haben).

Unser Zug ist im modernen Teil des Bahnhofs mit vielen Läden angekommen, aber die andere Seite wird von dem alten Bahnhofsgebäude aus den 1890ern geprägt. Der erste Bahnhof wurde hier schon 1844 eröffnet, steht auf einer Informationstafel, und war im Neorenaissance-Stil erbaut. Das gegenwärtige Gebäude ist im »eklektischen Stil« mit hohen Pfeilern und Bogenfenstern. Jetzt beherbergt es HistoryLand, ein Museum, das die polnische Geschichte veranschaulicht. Ein eleganter Gang führt vom Museum entlang der Gleise, mit schmiedeeisernen Stützpfeilern, Laternen aus dem 19. Jahrhundert und einer hübschen alten Uhr.

Nachdem wir das Thema Bahn abgehakt haben, bummeln wir zum Hauptplatz Rynek Główny.

Der riesige mittelalterliche Platz ist sogar größer als der in Wrocław. In der Mitte sind die riesigen Tuchhallen mit einer langen Reihe Arkaden mit Bars und Cafés. Drinnen sind lange Gänge mit Kunsthandwerksständen, aber wir steuern das berühmte Café Noworolski an, ein Augenschmaus im Jugendstil mit einem herrlich dekadenten Interieur mit karamellfarbenen Vorhängen, holzgetäfelten Wänden, ovalen Spiegeln und rubinroten Teppichen. In einer Ecke klimpert ein Klavierspieler, während wir uns in eine Ledernische setzen und Kaffee bestellen. Das Noworolski eröffnete 1910, und Lenin pflegte hier die Zeitungen zu lesen, während der zwei Jahre, die er in Krakau verbrachte, nachdem er aus Russland verbannt worden war (1912–1914). Der künftige Revolutionär liebte offensichtlich Kuchen und führte sowohl seine Frau als auch seine Geliebte ins Café aus. Während dieser Zeit frönte er auch einer anderen seiner Leidenschaften: Eislaufen. Seine Lieblingseisbahn war im botanischen Garten in der Nähe des Bahnhofs.

Während des Zweiten Weltkriegs verlangten deutsche Besatzungssoldaten von Herrn Noworolski, Kekse und Kuchen in ein Restaurant zu liefern, das in angrenzenden Räumen eröffnet wurde. Als eine Art Protest lieferte Herr Noworolski »Kekse von schlechter Qualität« (wie es auf einem Blatt über die Geschichte des Cafés heißt). Die Deutschen bekamen Wind davon, und Herr Noworolski musste sich verstecken. 1945, als der Krieg zu Ende war, kehrte er mit den alten Mitarbeitern zurück, »übernahm die Räumlichkeiten und jagte die Deutschen, die in Angst und Panik waren, davon«.

Es ist ein sehr nettes Café – und hier war ziemlich viel los.

Wir mischen uns unter die Menge und erkunden die Befestigungsanlagen der eleganten Burganlage Wawel, die im 14. Jahrhundert auf Befehl Kasimirs des Großen gebaut wurde. Anschließend gehen wir auf kleinen Straßen in Kazimierz, einem Viertel, das jahrhundertelang Heimat der jüdischen Gemeinde war, an Synagogen vorbei und überqueren eine Brücke, um eine ehemalige Fabrik zu besichtigen.

Oskar Schindlers Emaillefabrik ist jetzt eine Touristenattraktion, die Licht auf die Schrecken des Zweiten Weltkrieges wirft. Der Deutsche stellte mehr als eintausend Juden ein, um sie vor der Deportation durch die Nazis zu schützen. Im Museum zeigen schreckliche Bilder, wie Männer nach der Festnahme durch SS-Leute gehängt wurden. Weitere Fotos zeigen Kinder, die an Straßenecken kauern – und Zeugenberichte beschreiben Kriegsverbrechen. Herzzerreißend ist der der achtjährigen Stella Müller: »Von der Straße kamen die schrecklichen Schreie der Kinder, ihr Schrei nach Hilfe bei dem widerlichen Gelächter der amüsierten Deutschen; sie werfen Kinder aus den Fenstern auf Lastwagen, manchmal verfehlen sie sie.«

Das ist die Beschreibung einer »Umsiedlung« von Krakau im Oktober 1942, bei der 4500 Juden ins Vernichtungslager Belžec deportiert und 600 im Ghetto ermordet wurden. Das Konzentrationslager Auschwitz ist neunzig Minuten Fahrzeit entfernt.

Wir fahren nicht dorthin, sondern nehmen ein Taxi nach Nowa Huta. Das am östlichen Stadtrand von Krakau von den Kommunisten erbaute Nowa Huta, übersetzt »Neue Hütte«, ist Standort eines riesigen Stahlwerks und weitläufiger Wohnsiedlungen im Stil des sozialistischen Realismus. Die dahintersteckende Absicht war, mit der 1949 begonnenen Planstadt, die jetzt eine Bevölkerung von 220.000 hat, ein industrielles, technologiegestütztes Gegengewicht zum alten Krakau zu schaffen, das durch den Katholizismus sowie Bildung und Wissenschaft geprägt war und eine Bedrohung für das neue Regime darstellte. Papst Johannes Paul II. war in seiner Zeit als Erzbischof von Krakau die Verkörperung dieser Bedrohung schlechthin. Seine starke Präsenz war den Machthabern ein Dorn im Auge.

»Ihr Plan ging nicht auf«, sagt Kasia, als wir eine breite Straße entlanggingen, weg von dem Platz, der früher Josef-Stalin-Platz und jetzt einfach Plac Centralny heißt (nachdem er zwischenzeitlich kurz Ronald-Reagan-Platz hieß).

Ironischerweise wurde Nowa Huta ein Hort des Widerstands und zusammen mit den Danziger Werften ein wichtiges Zentrum der Solidarnosc-Bewegung.

Wir nehmen ein Taxi zurück nach Tytano, einen lebendigen Stadtteil westlich des Hauptmarktes.

Eine ehemalige Tabakfabrik beherbergt heute eine Reihe angesagter Restaurants und Bars. Wir essen Thai-Frühlingsrollen und Pizza in einem Outdoor-Restaurant, bevor wir in eine Cocktailbar gehen und das tun, was viele Menschen in Polen an einem Samstagabend tun: Wodka trinken.

Die Zeit vergeht in einem köstlichen Rausch.

Als wir über den Hauptplatz, Rynek Główny, zurück in unser Apartment gehen, beschwipst, wie ich zugeben muss, bekommen wir einen Geschmack von der Art Tourismus, der in letzter Zeit so viele Städte im Osten verdorben hat.

Ein dicker Mann in rosa Polohemd und Chino-Shorts watschelt mit einer Bierdose in der Hand vorbei.

»He! He! He!«, ruft er. »Wir! Wir! Wir sind Briten!«

Einheimische weichen ihm aus.

»He! He! He!«, wiederholt er. »Wir! Wir! Wir sind Briten!«

Für den Fall, dass irgendjemand es beim ersten Mal nicht mitbekommen hat.

Er verschwindet mit seinen Kumpanen in einer kleinen Straße. »Ois!« hallen zwischen den alten Gebäuden wider.

Vielleicht nicht die beste Reklame für die glänzende neue Großbritannien-AG.

Das war knapp

VON KRAKAU NACH LWIW

Um nach Lwiw in der Westukraine zu kommen, muss ich einen Schienenersatzbus von Krakau nach Bochnia nehmen, der eine Stunde fährt, dann einen Zug von Bochnia nach Przemyśl, immer noch in Polen. Von dort fährt ein Zug nach Lwiw in der Ukraine, Ankunft 18.37 Uhr. Ich werde die beste Zeit des Tages unterwegs sein.

Ich hatte gehofft, Schienenersatzbusse vermeiden zu können, aber wie es scheint, kommt man um den nach Bochnia nicht herum. Kasia und ich umarmen uns zum Abschied und verabreden: »Wir sehen uns in Venedig«, bevor der Bus abfährt. Der Fahrer trägt ein T-Shirt mit der Aufschrift »PSYCHO«. Wie zur Bestätigung fährt er mit hoher Geschwindigkeit los. Wir überqueren die Weichsel, schnell, und kommen, noch schneller, an einer Reihe Fabriken, Brauereien, Schrottplätzen und Lagerhäusern vorbei.

Am Bahnhof von Bochnia stehe ich mit einer Handvoll anderer Fahrgäste und lese auf einem Bildschirm die Ankündigung, dass der Anschlusszug 15 Minuten Verspätung hat, dann 20 Minuten, dann

25 Minuten. Das ist beunruhigend, da ich nur 18 Minuten Zeit zum Umsteigen in den Zug nach Lwiw habe.

Hunde bellen. Die Zeit vergeht. Ein Güterzug rollt so langsam vorbei, dass man aufspringen könnte. Schließlich kommt der 12.58-Uhr-Zug nach Przemyśl, ein blau-grauer Zug der Polnischen Staatsbahnen. Vielleicht holen wir Zeit auf, und alles wird gut.

Im Zug gehe ich in den hellorangen Speisewagen, wo ich Dave und Robert treffe. Sie sind Backpacker mittleren Alters und die einzigen anderen Personen im Speisewagen. Als sie mich mit dem Kellner sprechen hören, laden sie mich ein, mich zu ihnen zu setzen, sie scheinen ein gesprächiges Paar zu sein.

Dave ist Amerikaner, Robert kommt aus der Nähe von Newcastle. Sie leben in Berlin. Sie sind nach Krakau geflogen und wollen mit dem Zug quer durch die Ukraine fahren, wobei der Höhepunkt ein Besuch des Ortes des Reaktorunglücks von Tschernobyl 1986 ist. Sie haben einen Tagesausflug zur Sperrzone gebucht.

Dave, der aus dem Napa Valley in Kalifornien kommt, erklärt, warum.

»Jetzt lachen wir darüber«, sagt er. »Aber wenn man darüber nachdenkt, ist es sehr ernst. Wir leben in einem technologischen Zeitalter, und es gibt in diesem Zeitalter große Katastrophen für die Menschheit: soziale und Umweltkatastrophen.«

Aus dem Grund wollen sie das Zentrum der Katastrophe aus nächster Nähe sehen.

»Wir profitieren täglich von der Atomenergie und lassen moralische oder ethische Erwägungen außer Acht«, fährt Dave fort. »Deutschland schaltet seine Meiler langsam ab. Ich möchte ein Stück Geschichte sehen. Guides führen dich mit einem Geigerzähler herum.«

Dave hat für die englische Website einer deutschen Zeitung gearbeitet, während Robert bei der Deutschen Bahn angestellt ist und Signale entwickelt. Sie haben kurz geschnittene Haare und tragen ähnliche grüne T-Shirts. Dave trägt eine Brille und ist etwas pummelig. Robert trägt keine Brille, ist sehr dünn und hat einen gepflegten Kinnbart. Abgesehen von diesen kleinen Unterschieden sehen sie fast gleich aus.

Beide bestellen Schnitzel.

Robert erzählt mir von seiner Arbeit bei der Bahn.

»Ich habe mit dem europäischen Zugbeeinflussungssystem zu tun«, sagt er. »Es ist der Plan der EU, dass die Züge dieselbe Signaltechnik haben – ein einheitliches Sicherheitssystem. Dazu muss eine kritische Masse erreicht werden.«

Robert rät mir, mir die Website Openrailwaymap.com anzusehen, eine sehr gute Bahn-Website.

Dave erzählt, dass er mit den Paradise Papers zu tun hatte, dem geleakten Konvolut vertraulicher elektronischer Unterlagen, die Offshore-Anlagen von unzähligen Konzernen und Einzelpersonen offenbaren und 2017 für Schlagzeilen sorgten.

»Ich war einer der Redakteure hinter den Kulissen«, sagt er beiläufig.

Dann fügt er hinzu: »Ich hab auch mit Reportern zusammengearbeitet, die mit Julian Assange zu tun hatten. Das war interessant.«

Dave macht eine Pause und isst etwas von seinem Schnitzel. »Die NSA-Geschichte um Merkel«, sagt er. »Du weißt schon, dass die Nationale Sicherheitsbehörde der USA Merkels Handy ausspioniert hat. Damit hatte ich auch zu tun.«

Er scheint bei allen möglichen Intrigen ganz nah dran gewesen zu sein.

Wir halten an einem langen Bahnsteig am Bahnhof von Rzeszów, wo Robert sich nach meiner Fahrkarte nach Lwiw erkundigt. Ich zeige ihm meinen Interrail-Pass.

»Der gilt nicht in der Ukraine«, sagt er.

Er erklärt, dass wir mit einem Zug der ukrainischen Bahn, nicht der polnischen Staatsbahn fahren werden. Er scheint genau zu wissen, für welche Züge der Interrail-Pass gilt. Wenn ich mit dem 15.45-Uhr-Zug nach Lwiw fahren will, muss ich auf die Website der ukrainischen

Eisenbahngesellschaft gehen und mir schnell eine Fahrkarte kaufen, sonst muss ich drei Stunden auf den nächsten Zug warten.

Ich rufe die Website der ukrainischen Eisenbahn auf, während Dave und Robert ihre Schnitzel essen. Wie durch ein Wunder gelingt es mir, ein Ticket zu kaufen.

Der Zug fährt langsam weiter durch einen Wald.

Hinter Jarosław überqueren wir einen Fluss und halten dann am Bahnhof von Munina, mit einem hübschen Bahnhofsgebäude mit einem Garten mit rosa Blumen. Der Zug ächzt um eine Kurve und über einen weiteren Fluss. Auf einem Hügel vor uns tauchen Kirchtürme mit kupfernen Dächern auf. Eine Ansage auf Polnisch kündigt Przemyśl an.

Wir sind da.

Es ist bereits später als die Abfahrtszeit des Zuges nach Lwiw.

Als wir in den Bahnhof von Przemyśl einfahren, warten Dave, Robert und ich zusammen mit einer Frau, die einen Pullover mit der Aufschrift »GO SIT ON A CACTUS« trägt, an der Tür.

Wir springen auf den Bahnsteig und laufen – in die völlig falsche Richtung.

Ich folge Robert. Dave folgt mir.

Robert ruft: »Da ist ein blauer Zug! Das ist ein ukrainischer!«

Andere Fahrgäste schließen sich uns an, überzeugt, dass wir wissen, was wir tun. Der blaue Zug vor uns ist tatsächlich ein ukrainischer Zug – ein vollkommen leerer ukrainischer Zug, mit ausgeschalteten Lichtern.

Aber nicht der richtige ukrainische Zug. Ein Mann, der anscheinend auf dem Bahnhof arbeitet, sagt: »Sie müssen in die Richtung.«

Er zeigt den Bahnsteig hinunter.

Wir befolgen seinen Rat und kommen zu einem schlanken orange-grauen Zug, an dessen Türen eine Reihe Zugbegleiter stehen. Das ist der richtige ukrainische Zug. Ich zeige mein elektronisches Ticket, darf einsteigen, und wir fahren fast sofort los.

Ich bin auf dem Weg in die Ukraine.

Es ist ein aufregender Moment für Eisenbahnliebhaber: Wir haben die Spurweite gewechselt. Oh ja! Wir fahren auf »russischer Breitspur«, das sind genau 1520 Millimeter statt der Normalspur polnischer Gleise, die 1435 Millimeter beträgt. Das war die Spurbreite, die George Stephenson 1820 wählte. Die Russen wählten in den 1840ern eine andere Breite für die Strecke zwischen Moskau und St. Petersburg, einfach weil sie es wollten. Warum sollte man in einem anderen Land befolgen, was Stephenson sich ausgedacht hatte?

Dave und Robert sind nirgendwo zu sehen. Sie müssen in einem anderen Wagen sein. Kinder winken an einem Bahnübergang dem Zug zu. Die kupfernen Kirchtürme von Przemyśl verschwinden in der Ferne. Ein polnischer Grenzwächter in Khakiuniform kontrolliert meinen Pass. Wir fahren durch ein Eisenbahndepot. Wörter in Kyrillisch erscheinen auf dem Bildschirm am Ende der sauberen blauen Wagen. Wir kommen in unberührtes Waldgebiet. Ein sehr langer Zug mit Güterwagen voller Baumstämme steht auf einem Abstellgleis. Auf meinem Handy erscheint die Textnachricht »WELCOME TO UKRAINE«.

Ein schlanker ukrainischer Grenzsoldat mit Bürstenschnitt, Revolver und Tarnuniform kontrolliert meinen Pass. Das Dokument ist in Ordnung. Er stempelt ihn ab. Ich frage den polnischen Mann, der neben mir sitzt, ob es einen Speisewagen gibt. Er kann etwas Englisch. Er sagt »nein« und bietet mir ein Brot an. Ich danke ihm und erkläre, dass ich gerne ein Bier trinken würde. Er erwidert: »Ah! Ich trinke kein Bier.«

Wir sprechen eine Weile über polnische Politik.

»Ich bin enttäuscht«, seufzt er.

»Worüber?«, frage ich.

»Die Menschen«, sagt er. Mit seinen politischen Ansichten ist er anfangs nicht so freigiebig wie mit seinen Broten.

»Was ist mit den Menschen?«

»Die Menschen, die Gesellschaft. Ich kann nicht glauben, dass die Menschen in Polen demokratische Werte für irgendwelche populistischen Versprechungen und soziale Wohltaten aufgegeben haben«, sagt er in Bezug auf den Rechtsruck in Polen.

»Was meinen Sie mit soziale Wohltaten?«, frage ich.

»Die Regierung verteilt Geschenke bei den Sozialleistungen, um die Unterstützung der Bevölkerung zu gewinnen. Das kann sich das Land auf Dauer nicht leisten«, sagt er.

Er erklärt, dass jede Familie nach dem ersten Kind jetzt für jedes weitere Kind 500 Zloty (110 Euro) im Monat bekommt; ein Betrag, der in Polen lange reicht. Der Plan ist, sowohl an Popularität zu gewinnen als auch den Trend zu einer alternden Bevölkerung umzukehren.

»Es wird nicht funktionieren!«, sagt er und wird lauter. »Auf lange Sicht! Nicht auf lange Sicht! Die Menschen gewöhnen sich daran, dass sie alles geschenkt kriegen.«

Mein Begleiter gestikuliert heftig bei seinem letzten Argument. Dann bemerkt er: »So ist es.« Dann wendet er sich wieder seiner Zeitschrift zu.

Währenddessen überqueren wir eine Ebene, soweit das Auge reicht. Lange, vollkommen gerade Sandwege laufen in der Ferne spitz zu. Es ist eine faszinierend weite Landschaft, überhaupt nicht wie Europa, obwohl dazugehörig.

Wir kommen um 18.39 Uhr in Lwiw an – und die Fahrgäste marschieren im Gänsemarsch den Bahnsteig hinunter in die gewölbte Bahnsteighalle.

Mir wird bewusst, dass ich weit vom Weg nach Venedig abgekommen bin. Ich bin von einem Land in der Krise in ein anderes gekommen, eines mit reichlich Schwierigkeiten ganz eigener Art.

Venezianische Gondeln und Aperol Spritz an der Rialtobrücke scheinen im Moment ziemlich weit weg.

Davon habe ich mich, dämmert mir, irgendwie entfernt.

KAPITEL 6

VON LWIW NACH ODESSA UND ZURÜCK

Schlafwagen und wunderbare Menschen

UKRAINE

Lwiw

MOLDAWIEN

RUMÄNIEN

TRANSNISTRIEN

Odessa

SCHWARZES
MEER

Ich werde mich noch weiter entfernen. Von Lwiw kann man, wie mir Rowan in Calais erzählt hat, einen Nachtzug mit Schlafwagen nach Odessa nehmen, Hafenstadt und Badeort am Schwarzen Meer. Ich versuche an Schalter Nummer drei in der riesigen Schalterhalle eine Schlafwagenkarte für morgen Abend zu kaufen. Während ich mich verständlich zu machen versuche, indem ich Ziel und Datum aufschreibe, merke ich, dass ich die Einheimischen aufhalte. Eine Frau hinter mir sagt: »*Americano!*« Ich werde zu Schalter acht geschickt, vor dem keine Schlange steht und der anscheinend für Ausländer ist. Die Mitarbeiterin spricht ein bisschen Englisch. Sie kassiert 500 Griwna (19 Euro) und gibt mir die Fahrkarte.

Der Bahnhof von Lwiw ist ein weiteres gutes Beispiel für europäische Eisenbahnarchitektur. Er wurde 1904 eröffnet, als Lwiw zu Österreich-Ungarn gehörte und Lemberg hieß, und ist von einem etwas überladenen Jugendstil geprägt mit später hinzugefügten Elementen sowjetischer Herrlichkeit. Friese und Säulen sind mit dekorativen Kugeln verziert. Oben flackern wagenradgroße Leuchter. An den garagentorgroßen Fenstern cremefarbene Vorhänge mit langen Quasten. Gänge und geschwungene Treppen verschwinden in geheimnisvolle Richtungen. Alles ein bisschen wie *Alice im Wunderland*.

Es gibt nicht nur eine VIP-Lounge, sondern irgendwo auch eine Lounge für offizielle Delegationen und eine »Lounge mit erhöhtem Komfort«. Hervorragend. Besser geht es nicht, oder? Ich beschließe, sie mir morgen anzusehen. Dieser Bahnhof ist wirklich etwas Besonderes. Ich trete hinaus und lasse das großartige Äußere mit den Säulen und Heldenfiguren im italienischen Stil und der hohen Stahlkuppel mit der gelb-blauen ukrainischen Flagge obendrauf auf mich wirken.

Es ist sieben Uhr abends. Das Hotel Plazma, meine Unterkunft für die Nacht, ist drei Kilometer entfernt (die bisher am weitesten von den Schienen entfernte Bude). Der Bahnhof liegt am westlichen Stadtrand. Ich war verschwenderisch, als ich das Zimmer im Hotel Plazma zum Preis von ein paar Schlafwagentickets gebucht habe. Das Hotel liegt direkt im Stadtzentrum in der Nähe des Hauptplatzes und des Opernhauses und »öffnet gerne seine Türen für Gäste Lwiws«, wie auf der Website steht.

Klingt gut. Ich gehe eine lange, staubige Straße entlang, die mit Marktständen gesäumt ist, biege links ab und gehe dann einen Hügel hinab zu einem langen Platz vor einem prunkvollen Opernhaus. Auf dem Platz singen schick gekleidete ältere Leute bei einer Art Treffen traditionelle Lieder. Ich bleibe eine Weile stehen, um zuzuhören. Alles sehr hübsch.

Hotel Plazma ist ganz in der Nähe. Ein verblasstes gelbes Schild zeigt den Betrieb an. Man betritt eine schmale Gasse neben dem Schild und drückt auf einen Klingelknopf mit einem gelben Aufkleber neben einer kleinen Tür. Dann steigt man in einem heruntergekommenen Treppenhaus vier Stockwerke hoch. Schwaches Licht beleuchtet die Treppe, und man überquert Treppenabsätze mit verriegelten Türen.

Oben tritt man durch eine Tür mit einem gelben Schild und wird freundlich von einer Empfangsdame begrüßt, die sich gerade die Nägel feilt. Sie lächelt, gibt mir einen Stadtplan von Lwiw, einen Schlüssel und zeigt auf eine Holztreppe.

Zu den Zimmern geht es über diese steile Holztreppe, die in ein Dachgeschoss mit einem schmalen Flur führt. Mein Zimmer ist ganz am Ende des Flurs.

Es ist bisher das beste Zimmer – an einer Ecke, mit gold-grünen Vorhängen und passenden gold-grünen Tapeten, einem gold-grün gefliesten Fußboden und einem schwarzen Ledersofa mit Kissen, auf denen die Tower Bridge, das Kolosseum und die Freiheitsstatue abgebildet sind. Auf einem Beistelltisch befindet sich ein Wasserkocher, aber Tassen, Kaffee oder Teebeutel sind nirgendwo zu sehen. Von einem kleinen Balkon mit Terrakottafliesen blicke ich auf andere Balkone in einem Hinterhof, auf dem Zimmermädchen und ein Koch rauchen und schwatzen. Auf einer Straße unten rattern Straßenbahnen vorbei.

Zufrieden mit meiner Unterkunft wandere ich um den Häuserblock, wo sich ein Laden mit Pelzmänteln und ein »Creative Dining

Place« mit einem DJ befindet. An der Ecke wartet ein frisch vermähltes Brautpaar ein bisschen verloren wirkend auf einen Fahrer. Ein Mann auf einem Moped fährt auf dem Hinterrad die Straße entlang, die zum Kork Irish Pub führt, wo ich draußen mit dem *Vermächtnis der Spione* Platz nehme.

Viele junge Leute laufen herum – scheinbar alle zur *Generation Y* gehörend. Ein Kellner bringt mir ein schäumendes Halbes osteuropäisches Lager. Mit diesem Halben sitze ich an diesem milden Abend auf dieser angenehmen Terrasse und muss mich kneifen, dass ich es irgendwie in die Ukraine geschafft habe, nachdem ich meine Wohnung verlassen und einen Zug nach Clapham Junction genommen habe. Ich bestelle einen Hamburger. Der Hamburger ist ausgezeichnet. Ein weiteres schäumendes Halbes osteuropäisches Lager wird gebracht. Ich sollte vielleicht etwas fantasievoller bei der Wahl der Lokale sein als das Kork Irish Pub, aber ich bin einfach erschöpft – man könnte sagen völlig fertig – von der langen Reise heute und der Fahrt durch Polen. Vielleicht sollte ich die Straßen nach einem kleinen ukrainischen Restaurant an einem versteckten kleinen Platz absuchen und unmittelbar ukrainische Kultur erleben. Vielleicht ist es das, was *Reiseschriftsteller* in einer solchen Situation tun sollten. Vielleicht sollte ich jetzt über die ukrainische Kultur und Ähnliches sinnieren, aber dazu bin ich zu müde. Außerdem gefällt es mir im Kork Irish Pub in Lwiw.

Hinreichend gesättigt und mit Flüssigkeit versorgt, kehre ich in mein grün-goldenes Zimmer zurück und sehe mir ein Fußballspiel zwischen Barcelona und Real Madrid auf einem Fernsehbildschirm an, der so gestört ist, dass es in Spanien zu schneien scheint.

»Gareth Bale!«, ruft ein Kommentator. Der Waliser hat im Schneesturm gerade ein Tor geschossen, 2:2.

Durch die offene Tür des Balkons dringen die Schreie junger Leute herauf, die ausgegangen sind, und Straßenbahnen fahren vorbei.

Es war ein guter Tag, ich bin mit dem Zug ganz weit nach Osten gereist, ans äußerste Ende Europas.

Sehr nette Frauen
LWIW

Wie lernt man eine Stadt kennen, in der die meisten Schilder in Kyrillisch sind und man keinen Reiseführer hat? Man nimmt *The Best Free Walking Tour*. An der Rezeption des Hotel Plazma liegt ein Flyer. Man trifft den Führer, der einen gelben Schirm trägt, um elf Uhr neben dem Neptun-Denkmal auf dem Marktplatz. Die Führungen dauern zwei Stunden, und man muss keine einzige Griwna zahlen, außer man möchte am Ende gerne ein Trinkgeld geben.

So lerne ich Maria kennen, die *The Best Walking Tour* anbietet. Sie steht tatsächlich mit einem gelben Regenschirm neben dem Neptun-Denkmal, ist in den Zwanzigern und hat ein Mona-Lisa-Lächeln. Sie trägt eine Brille mit rosa Gestell, ein blau-weißes Top und hat eine Handtasche, aus der, wie ich vermute, Touristeninformationen hervorgucken.

Ich stelle mich vor und sage, dass ich noch nie eine Free Walking Tour gemacht habe. »Geben manche Leute etwa am Ende kein Trinkgeld?«, frage ich.

»Oh, ja, manchmal«, sagt sie. »Aber sehr selten.«

Wir unterhalten uns, während sich eine Gruppe von Touristen versammelt.

Sie erzählt mir, dass sie noch nicht so gut Englisch spricht und »immer ein bisschen nervös ist, wenn Muttersprachler dabei sind«. Die Gruppengröße kann bis zu 60 Touristen betragen, aber »bei 15 Grad minus kommt keiner«. Sie ist seit vier Jahren Stadtführerin und redet unentwegt, um alle auf Trab zu halten.

Es geht auf elf Uhr und Maria sagt: »Tut mir leid, mein Mikrofon ist kaputt, deshalb werde ich lauter sprechen als sonst.« Das Dutzend Leute oder so in unserer Gruppe bildet einen Halbkreis, und jeder sagt, woher er kommt: Luxemburg, Belgien, Deutschland, Schottland, Litauen und Amerika.

Dann gehen wir über den Platz, bewundern das klassizistische Rathaus und erfahren, dass »lev« Löwe bedeutet und dass es mehr als 4500 Bilder von Löwen, das Symbol der Stadt, in Lwiw gibt. Das ist die allererste Information, die Maria vermittelt – und wie wir schnell merken, ist es eine wichtige.

Zuerst hören wir eine kurze Geschichte des Landes. »Lange Zeit waren wir Polen«, schreit Maria fast. »Dann Kosaken. Dann kamen polnische Truppen! Dann waren wir eine Zeit lang unter Polen und Litauen. Dann unter Österreich. Dann haben wir Unabhängigkeit erklärt. Dann Sowjetunion. Dann kamen die Nazis! Dann wieder die Sowjets! Im August 1991 erklären wir Unabhängigkeit.«

Alles fast in einem Atemzug erzählt. Es ist ein bemerkenswerter Kurzabriss, der uns alle ein bisschen staunend und benommen zurücklässt. Doch damit ist grundsätzlich alles gesagt, und wir werden uns nicht mehr mit *historischem Kram* aufhalten.

»Jetzt haben wir einen Streit mit Russland wegen der Krim!«, ruft Maria aus, fast als wäre es ihr gerade noch eingefallen. »Aber das kommt alles in Ordnung!«, sagt sie beinahe herausfordernd, damit einer von uns ihre Hoffnung bestreitet.

Sie scheint ziemlich optimistisch in dieser Hinsicht, obwohl Russland sich in der nördlichen Schwarzmeerregion eingenistet hat, nachdem es 2014 die Krim von der Ukraine annektiert hat. Präsident Putins Missachtung der Souveränität des Landes hat bei vielen, einschließlich amerikanischer Generäle, Furcht vor einer Katastrophe ausgelöst. Könnte das ein Vorspiel zum Dritten Weltkrieg sein? Sind als Nächstes die baltischen Staaten und Skandinavien dran? Manche Menschen haben solche Gedanken, und es sind sehr realistische Befürchtungen. Seit der russischen Invasion sind in Lettland, Litauen, Estland und Schweden Merkblätter und Leitfäden verteilt worden, auf denen erklärt wird, was im schlimmsten Fall zu tun ist. Truppen wurden auf einen Angriff vorbereitet. Währenddessen sind russische Bataillone an die Grenzen der baltischen Staaten gerückt und veranstalten dort Manöver.

Der Frieden in Europa scheint tatsächlich zerbrechlich zu sein, wie Pater Xavier Behaegel in Lille gesagt hat. In der Ukraine, deren Name »Grenzland« bedeutet und die in ihrer Geschichte so viele Invasionen erlebt hat, spürt man das sofort. Hier ist man tatsächlich am Rand Europas. Es ist ein teilweise besetztes Land. Hier lassen die Russen ihre Muskeln spielen, und es gelten neue Regeln.

Maria scheint jedoch ziemlich cool, was diese Dinge angeht, und zuckt nur mit den Achseln, als einer der Deutschen in der Gruppe fragt, wann der Krieg voraussichtlich endet.

»Es ist, wie es ist – und er wird enden, wenn er endet«, schreit sie wieder fast, bevor sie wieder mit den Achseln zuckt, wie um zu sagen: »Das entscheiden Mächte, auf die wir keinen Einfluss haben.« Dann führt sie uns weiter. Es gibt Sehenswürdigkeiten! Keine Zeit damit verschwenden, über die Krim und einen Dritten Weltkrieg zu reden.

Eine Reihe von Ständen bieten billigen Schmuck in Löwenform an, Magneten für den Kühlschrank in den blau-gelben Farben der ukrainischen Flagge, Schnapsgläser (wir sind in Osteuropa) sowie Toilettenpapier mit Putins Gesicht neben den Worten »Nimm mich« in Kyrillisch. Putin ist in dieser Gegend definitiv der Feind Nummer eins. Man muss den Einfallsreichtum der Standinhaber bewundern: Im Osten des Landes mögen die Dinge schlecht stehen, aber man kann die Krise ebenso gut zu Geld machen.

Das Zentrum von Lwiw ist wunderschön: ein Feuerwerk farbenfroher, eleganter Gebäude aus der Mitte des 19. Jahrhunderts (viele aus der Habsburger-Zeit) und früher. Labyrinthische Gassen führen in alle Richtungen zu geheimnisvollen Plätzen mit Brunnen und alten Kirchen mit reich verzierten Interieurs, die vor Gold triefen und in Hellrosa- und Hellblautönen gestrichen sind. Maria führt uns in einige und erzählt die Geschichten in ihrem Schnellfeuerstil. Wir halten vor der beeindruckenden steinernen Fassade der Mariä-Himmelfahrt-Kathedrale, die aus dem Jahr 1360 stammt, wie wir erfahren; den Grundstein legte Kasimir der Große. Papst Johannes Paul II. besuchte die Kirche 2001.

PORT of DOVER *Gateway to Britain*

▲ Von Dover aus geht's mit der Fähre nach Calais, aufs europäische Festland.

▼ Im Refugee-Info-Bus gegenüber der L'Auberge des Migrants.

▲ Eine Kreidetafel zeigt Einzelheiten der Flüchtlings-arbeit in der L'Auberge des Migrants in Calais.

▲ *Die extravagante Fassade des Bahnhofs von Lille in Flandern.*

▶ *Die freundlichen Schaffner der Belgischen Bahn, die mir eine Krawatte und einen Gürtel ihrer Uniform geschenkt haben.*

▲ Der Zug von Lüttich nach Maastricht hat schon bessere Tage gesehen …

▶ Der Tisch, auf dem am 7. Februar 1992 der Vertrag von Maastricht unterzeichnet wurde.

▶ u. r.: Einen Wladimir-Putin-Becher kann man im Bayerischen Bahnhof in Leipzig kaufen.

▼ Am Maifeiertag in Bonn.

▲ Wie ein indischer Palast! Der Bahnhof in Wrocław, Polen.

◀ Ein weiteres Souvenir mit Wladimir-Putin-Konterfei.

▼ Der Zug, der mich von Dresden nach Breslau gebracht hat.

▲ Was für ein Ausblick! Unterwegs mit dem Zug durch die Ukraine.

▶ Ein junger Schaffner im Zug von Lwiw nach Odessa in der Ukraine.

▼ Ankunft im regnerischen Odessa nach über zehn Stunden im Schlafwagen.

▲ Eine Kantine im sowjetischen Stil in Transnistrien, einer autonomen Region in Moldawien.

▶ Schachspieler in einem Park in Odessa.

▲ Auf dem Rückweg von Odessa nach Lwiw: Der Korridor im Erste-Klasse-Wagen ...

▲ ... und mein kleines Zuhause für die Reise über Nacht.

▼ Die Strecke von Tschop nach Budapest führt durch die Ungarische Tiefebene.

▲ Das Restaurant Baross Étterem am Bahnhof in Budapest. Meine Empfehlung: das ungarische Wurstomelett.

◄ Eine angemessene Unterkunft für einen Zugreisenden: Das Locomotive Hostel in Budapest.

▲ Die NOHAB-Lokomotive von 1960 im Budapester Bahnhof löst bei Eisenbahnfans Bewunderung aus.

▲ Schauplatz eines NATO-Luftangriffs von 1999 in Belgrad, der Hauptstadt Serbiens.

▲ *Herr Dusan mit einer fahrtüchtigen Mini-Dampflok im Eisenbahnmuseum der Slowenischen Eisenbahnen in Ljubljana.*

◄ *o. und u. l.: Am Bahnhof von Slavonski Brod in Kroatien.*

▲ *Prost! Im Speisewagen bei der Überquerung des Brennerpasses von Österreich nach Italien.*

▲ *In Venedig: Blick auf den Canal Grande vom Bahnhof Venezia Santa Lucia.*

▲ Endstation, alles austeigen! Nach 6420 Kilometern bin ich am Ziel angekommen.

»Gefällt Ihnen?«, dröhnt Maria – es ist ihr Schlagwort, das merken wir schnell.

Wir besichtigen einen ungewöhnlichen bronzenen »Bierbauch«, der am Boden eines kopfsteingepflasterten Hinterhofeingangs errichtet ist. Die Einheimischen lieben Bier, erzählt Maria, und dieses Denkmal für den Genuss ist Ausgangspunkt für so manchen feuchtfröhlichen Abend gewesen. Wir machen Fotos vom bronzenen Bierbauch. Dann werden wir zum »lächelnden Löwen« geführt, einem Löwen mit einem eigenartigen Grinsen an einem Haus in einer Seitenstraße. Wie Maria mir schon zu Beginn erzählt hat, finden sich Löwen überall in Lwiw. Einen zu entdecken wird zu einem Spiel auf unserer Tour. Während wir von einer Sehenswürdigkeit zur anderen gehen, wobei die Teilnehmer der Tour anfangen, sich miteinander zu unterhalten (es herrscht eine angenehme Ungezwungenheit bei einer Free Walking Tour, auch wenn das Tempo rasend ist), bleibt Maria hin und wieder stehen und zeigt auf ein Dach oder eine Fassade und schreit: »Löwe!« Die Unterhaltung bricht ab, und wir, die Touristen, folgen ihrem Blick zu dem entsprechenden Steinlöwen. Maria scheint zu erwarten, dass jede dieser Entdeckungen zur Kenntnis genommen wird. Also nicken wir und sagen etwas in der Art wie: »Ich hab's gesehen! Der ist hübsch!« Als wären wir auf einer Safari in Kenia.

»Gefällt Ihnen?«, dröhnt Maria bei einem anderen Löwen und beobachtet unsere Reaktionen.

»Gefällt uns!«, erwidern wir.

Unsere Gruppe bleibt bei einem Denkmal des heimischen Schriftstellers Leopold von Sacher-Masoch stehen, auf den der Begriff Masochismus zurückgeht. In seiner Novelle *Venus im Pelz* schildert Sacher-Masoch, wie der Protagonist von Frauen in Pelzmänteln beherrscht wird; ein Traum, den er in seinem eigenen Leben mit verschiedenen Geliebten ausgelebt hat, bei denen er sich wie ein Sklave verhalten hat; einmal hat er seine Freiheit sogar durch Unterzeichnung eines Vertrages aufgegeben.

»Wenn Sie wollen, können Sie die Hand in seine Hosentasche stecken und etwas Interessantes fühlen«, sagt Maria.

Die Statue hat in einer Hosentasche ein Loch.

Einige Frauen aus der Gruppe tun es, um zu fühlen, was darunter ist – sie kichern, während Maria sie ermutigt. Was für ein ungewöhnlicher Mann. Was für eine ungewöhnliche Statue.

Maria geht zügig weiter, drängt Nachzügler in der Gruppe, die ihre Reiseerfahrungen in der Ukraine austauschen, sich zu beeilen – auf nette, aber unüberhörbare Art.

Eine altmodische Apotheke, zum Teil noch in Betrieb und zum Teil Museum, in der die alten Holzregale und Flaschen noch da sind, ist das Nächste auf der Tour. Wir machen Fotos von den alten Flaschen. Danach gehen wir eilig durch kleine kopfsteingepflasterte Straßen weiter und kommen bei einer kleinen roten Straßenbahn von 1912 heraus, die in eine Touristeninformation umfunktioniert wurde und sich neben dem wunderschönen barocken Opern- und Balletttheater befindet. Es wurde Ende des 19. Jahrhunderts über einem kleinen Fluss gebaut, der unter der Bühne fließt. Die Fassade besteht aus korinthischen Säulen und hohen Bögen, über dem Portal befinden sich allegorische Figuren der Tragödie und Komödie. Das Gebäude ist auf der Rückseite des 20-Griwna-Scheins.

»Gefällt Ihnen?«, dröhnt Maria.

»Gefällt uns! Gefällt uns!«, erwidern wir. Wir haben uns an den Ablauf gewöhnt.

Unser letztes Ziel ist das jüdische Viertel, wo wir schweigend – das einzige Mal – vor der Gedenktafel für die Holocaust-Opfer Lwiws stehen. Viele wurden ins Konzentrationslager Bełżec im Osten Polens gebracht. 1939 lebten über 150.000 Juden in Lwiw, ein Drittel der Bevölkerung, jetzt sind es nur noch 1200. Es wird geschätzt, dass nur ein Prozent der jüdischen Bevölkerung von vor dem Zweiten Weltkrieg überlebt hat.

Es ist eine erschütternde Statistik. Die Schrecken des Zweiten Weltkriegs sind bei einem Besuch dieses Teils Osteuropas ständig präsent – und bei jeder Erinnerung muss ich an Churchills Worte über die Notwendigkeit einer »Art Vereinigte Staaten von Europa« denken, mit denen ich dieses Abenteuer mit der Bahn begann. Es ist erst 74 Jahre her, dass der Krieg der Kriege endete.

Bedrückt kehren wir zum Platz mit der Neptunstatue zurück.

Hier erklärt Maria, dass die Free Walking Tour beendet ist. Es waren jedenfalls zwei abwechslungsreiche Stunden. Sie verabschiedet sich, und wir geben ihr alle Trinkgeld. Maria war großartig, auf ihre Art, wie sie uns herumgescheucht hat, ohne uns mit ermüdenden Kommentaren aufzuhalten, mit denen manche Stadtführer Touristen zu Tode langweilen – aus Furcht, nicht genug *fürs Geld zu bieten*. Vielleicht hat deshalb am Anfang keiner von uns eine einzige ukrainische Griwna für eine offizielle Tour gezahlt.

Das scheint das Schöne an diesen freien Touren zu sein, auch wenn es meine erste ist und ich jetzt vielleicht vorschnell urteile. Weniger ist mehr: Wir haben einige der Hauptsehenswürdigkeiten von Lwiw gesehen; wir haben eine ungefähre Vorstellung vom Grundriss der Stadt bekommen; man musste nicht vorbuchen; es gab nicht viel Aufhebens; und einige von uns Touristen haben sich kennengelernt. Wir wissen jetzt, was uns in Lwiw *gefällt* und was uns *nicht gefällt*. Auf einer eher ungeplanten Zugreise durch Europa scheint die eine oder andere »freie« Tour tatsächlich eine gute Idee zu sein.

Ein paar Tourteilnehmer bleiben hinterher noch eine Weile zusammen. Gail aus Edinburgh, die mir während der Tour erzählt hat, dass sie mit dem Zug von Kiew nach Lwiw gefahren ist, um »das Land einfach abzuhaken«, und John aus New York City sind die Letzten, die den Platz beim Opernhaus verlassen. Ich habe John schon gefragt, ob er Lust auf einen Drink nach unserer anstrengenden Sightseeing-

Tour hat. Er hat. Ich frage Gail, ob sie sich mir und John anschließen will, aber der Vorschlag scheint sie ein bisschen zu beunruhigen, und sie lehnt ab.

Also gehen John und ich zurück zum Marktplatz in eine Bar in der Nähe der Neptun-Statue, die wir vorhin schon bemerkt hatten, wo Kirschwein serviert wird. Ein Bild am Eingang zeigt eine Frau oben ohne, mit lockigen roten Haaren und einladendem Blick, die sich große Kirschen an die Brüste drückt. Das klingt vielleicht ein bisschen schlüpfrig, aber es ist eine in einer langen Reihe von Kirschweinbars am Platz, in denen sich die Touristen tummeln.

John kauft mir ein Glas und erzählt mir dann von einem Date mit einer ukrainischen Frau vor zwei Tagen in Odessa, das schiefgegangen ist. Eigentlich ist es nicht schiefgegangen. Es hat gar nicht stattgefunden. Er seufzt.

»Sie war eine sehr nette Frau – ich meine *nett*«, sagt er und macht eine Pause, damit das ganze Ausmaß ihrer *Nettigkeit* deutlich wird. »Wir verabredeten uns für den Abend. Aber dann war da dieses Kognakfest.«

Er scheut sich beinahe, dieses Fest auch nur zu erwähnen, denn es scheint böse Erinnerungen zurückzubringen.

»Das Kognakfest war mittags. Ich traf dort einige Leute, wir kamen ins Gespräch, und ich habe sie vollkommen vergessen. Als ich am nächsten Morgen aufgewacht bin, habe ich sie angerufen, aber sie wollte nicht mit mir sprechen. Schade. Sie war *sehr nett*.«

John blieb einen Tag länger in der Stadt, um sich vom Kognakfest zu erholen. Er schüttelt den Kopf bei der Erinnerung.

Als John in einem Schlafwagen von Odessa nach Lwiw gefahren ist, kam er mit einer Frau in seinem Abteil ins Gespräch. Sie war auch *sehr nett*. »Wir sind bis halb zwei aufgeblieben. Sie hatte Kinder, die in einer professionellen Tanzgruppe waren.« Mit dieser Frau hat John sich nicht zu einem Date verabredet.

Wir trinken unseren Kirschwein an einem hohen Tisch draußen vor der Bar. Ich kaufe eine kleine Flasche für Kasia, weil sie erwähnt hat, dass sie ihn gerne mag. Als ich es tue, sagt John: »Ich würde auch eine kaufen, aber ich habe keinen Platz mehr in der Tasche. Ich habe schon Flaschen von allen Orten, an denen ich gewesen bin.« Er probiert gerne die lokalen alkoholischen Getränke und nimmt Proben mit nach Hause.

John reist ein paar Wochen durch Europa. »Ich stecke mitten in einer Scheidung«, sagt er nach einer Weile. Er hat zwei Kinder und ist schon aus dem Familienhaus in eine Wohnung in Queens gezogen, wo »80 Prozent der anderen Leute Chinesen sind, es ist wie Shanghai«. Er ist in Kasachstan »in einem winzigen Dorf im Nirgendwo aufgewachsen«. Sein Vater ist in den frühen 1990ern nach Amerika ausgewandert.

John hat einen Job im Technologiebereich. »Ich habe einen Punkt erreicht, an dem ich überall unterwegs arbeiten kann«, erklärt er. Er zuckt leicht. Er ist groß, hat breite Schultern, kurze graue Haare und ein bisschen was von dem sanften George Clooney, was vielleicht all die *sehr netten* Frauen erklärt. »Normalerweise reise ich Business Class oder First Class«, sagt er. »Ich habe Millionen von Flugmeilen. Ich fliege einfach herum und verbrauche sie. Du siehst, ich weiß, wie man das System ausnutzt.«

»Wie meinst du das?«, frage ich.

Er beugt sich vor, als würde er mich in ein Geheimnis einweihen, und erklärt, wie er gleichzeitig »viele Accounts bei Airlines zur gleichen Zeit auf verschiedenen Internetbrowsern öffnet. Die Airlines wissen das und versuchen dahinterzukommen. Deshalb muss man ihnen voraus sein. Wir sind eine Communitiy und halten uns gegenseitig auf dem Laufenden. Es ist sehr beliebt, aber es wird immer riskanter.«

Sein Flug von Amerika nach Europa hat ihn 200 Dollar gekostet. Das sind nur die Steuern, die man unter allen Umständen zu zahlen hat. »Meine Frau und die Kinder und ich waren schon an vielen Orten: Thailand, Japan, Europa – viele Male.«

Bei Hotels macht John es genauso.

»Ich übernachte entweder in einem Spitzenhotel oder in einem Hostel«, sagt er. Letzteres, wenn das »Spiel« nicht funktioniert. Eine seltsame Art zu reisen.

Die genauen Tricks beim Handel mit Flugmeilen und Hotelpunkten gibt John nicht preis. Das ist schade. Er empfiehlt mir, nach Transnistrien zu fahren, eine autonome Region in Moldawien, in der Nähe von Odessa. Er war dort und hat Kontakt zu einem Fremdenführer. Er gibt mir die E-Mail-Adresse und Telefonnummer. »Es ist ein interessanter Ort, der nicht mal auf der Landkarte verzeichnet ist.«

John beugt sich wieder vor und zeigt mir eine Stelle auf seinem Kopf, wo überhaupt keine Haare sind, obwohl die restlichen Haare dicht und buschig sind. »Kasachstan«, sagt er. Als er ein kleiner Junge war, ist er einmal in einem schweren Schneesturm hinaus in den Wald gegangen und hat sich verlaufen. Als er zitternd in die Zivilisation zurückfand, wurde er zu einer Schwester gebracht, die ihn an einem Feuer wärmte. Aber er war zu nah an den Flammen. Seine Haare brannten an, und es bildete sich dauerhaft eine kahle Stelle.

»Sie hat es gut gemeint, da bin ich mir sicher«, sagt er.

Wir trinken unser zweites Glas Kirschwein aus, und John verabschiedet sich. Ich gehe in ein Café auf einem kopfsteingepflasterten Platz neben der Jesuitenkirche und esse einen Teller Gulaschsuppe, Rippenfleisch mit Speck und ein Stück Brot. Ein Straßenmusiker neben der Jesuitenkirche spielt das Lied *Bad Moon Rising*. Eine auffallend blonde Frau, möglicherweise *sehr nett* und genau die Richtige für John, stakst in Regenmantel und High Heels vorbei. Sie sieht aus, als könnte sie auch Sacher-Masochs Aufmerksamkeit erregt haben.

Ich steige einen Berg mit den Resten eines mittelalterlichen Schlosses hinauf, auf dem eine große ukrainische Flagge weht und von wo man eine Aussicht über die Altstadt und die Wohnbezirke aus sowjetischer Zeit am Stadtrand hat. Lwiw ist eine weitere Stadt, in der man wunderbar umherstreifen kann. Ich hole meinen Rucksack vom Hotel Plazma und gehe langsam zum Bahnhof.

In einem ukrainischen Schlafwagen
VON LWIW NACH ODESSA,
MIT ANSCHLIESSENDEM BESUCH TRANSNISTRIENS

Der Zug nach Odessa fährt um 22.12 Uhr. Ich bin ein paar Stunden zu früh. Das passiert manchmal bei dieser Art zu reisen, und ich lese dann einfach ein Buch, um die Zeit totzuschlagen. Jedenfalls sieht es aus, als würde es gleich schütten, und ich will mich noch in Ruhe auf dem Bahnhof umsehen.

Die VIP-Lounge ist ziemlich trist: ein paar Leute auf niedrigen Sofas in einem Raum im ersten Stock mit gelben Wänden und ein Mann in Uniform, der drauf und dran ist, jeden Eindringling zur Rede zu stellen. Für die »Lounge mit erhöhtem Komfort«, wenn ich richtig bin, da alles ein wenig verwirrend ist, wird anscheinend ein hoher Eintrittspreis verlangt. Ein anderer Uniformierter verhindert das Eintreten und fordert – auf ein Stück Papier geschrieben – 115 Griwna. Im normalen kostenlosen Wartesaal balzen zwei Tauben neben einem Kiosk mit Sandwiches. Fahrgäste sitzen zusammengesunken auf Stühlen, einige halb am Einschlafen. Die »Lounge für offizielle Delegationen« finde ich nicht, sie ist wahrscheinlich gut versteckt vor neugierigen Personen, wie ich eine bin. In der dämmrigen Bahnhofshalle sehe ich einige Soldaten, wahrscheinlich auf dem Weg nach Osten. Sie reden und lachen und scheinen in Anbetracht der jüngsten Wendung der Ereignisse in guter Stimmung zu sein.

Vor dem Bahnhof ist ein interessantes rundes Café aus Sowjetzeiten, das aussieht wie einem *The-Jetsons*-Comic entnommen. Drinnen ist eine lange Schlange, die nur langsam vorankommt. Ich gehe stattdessen zu einem Stand mit Coca-Cola-Vordach und kaufe mir ein *piva* (Bier). Der Verkäufer hat rosa Haare und gibt mir zu meinem Getränk gratis Bonbons. Es beginnt stark zu regnen. Aber unter dem Coca-Cola-Dach ist es trocken, während ich *Das Vermächtnis der Spione* zu Ende lese.

Ein Priester in Soutane mit einem Rucksack und einer grünen Plastiktüte hastet durch den Regen. Zwei Obdachlose begrüßen sich mit Freudenschreien und Küssen (wie Schauspielerinnen bei der Oscarverleihung). Orange, gelbe und rote Straßenbahnen fahren an eine Haltestelle links von mir. Glocken läuten. Die Straßenbahnen fahren weiter. Ein Mann in Trainingsanzug spuckt neben einem Pizzastand in die Gosse. Taxis ruckeln über die mit Schlaglöchern übersäte Straße. Die Temperatur beträgt 17°, sagt die Digitalanzeige über dem Bahnhofsportal. Weitere Soldaten mit grünen Baretts tauchen auf und gehen Richtung Stadt.

An meinem Tisch sitzt Kevin aus Stratford-upon-Avon.

Wie das bei Backpackern so ist, kommen wir ins Gespräch. Ich frage, wie lange er unterwegs ist. Er sieht wie ein eingefleischter Reisender aus, darauf aus, möglichst lange unterwegs zu sein. Er trägt ein schwarzes T-Shirt, eine schwarze Mütze und schwarze Jeans, hat ein kantiges, kluges Gesicht mit nachdenklichen Augen.

»Im Prinzip bis das Geld alle ist«, sagt er. »Am besten guckt man nicht, wie viel noch auf dem Konto ist.«

Er ist selbständiger Illustrator. Er drücke sich vorm Leben, sagt er, »ich glaube, dies ist meine fünfte Midlife-Crisis«.

Ein Blitz leuchtet auf, gefolgt von Donnergrollen. Regen prasselt herunter. Kevin erzählt, dass seine Reise damit begann, dass er nach Madrid geflogen sei, was billiger war, als mit dem Zug von Stratford zu fahren. Danach nahm er einen Zug nach Barcelona und dann einen nach Toulouse. In Toulouse stellte er fest, dass es billiger war, nach Paris zu fliegen, als mit dem Zug zu fahren. Also flog er. Von da nahm er einen Zug nach Brügge, fuhr mit der Bahn nach Brüssel und dann nach Köln, von wo aus er nach Moskau flog. Von dort nahm Kevin den Zug nach St. Petersburg, dann einen nach Helsinki und eine Fähre nach Tallin in Estland, wo ihm die »Hippie-Bluesmusikszene« gefiel. Von Tallin fuhr er mit dem Zug nach Tartu in Estland und Riga in Lettland. Anschließend stieg er in einen Bus nach Vilnius in Litauen, in dem es Kaffee gratis und kostenloses WLAN gab –

»das war toll: umsonst«. Von Vilnius flog Kevin nach Minsk in Weißrussland und von dort nach Kiew.

Zuvor hat er ähnliche Reisen durch Kambodscha, Vietnam und nach Hongkong gemacht. In Letzterem ging ihm das Geld aus, und er musste vier Nächte im Freien schlafen: »Eine Nacht habe ich bei McDonald's zusammengequetscht auf einem Stuhl verbracht – dann schlief ich in einem Park mit einer Tüte über dem Kopf, damit mich das Morgenlicht nicht weckte.« Es gelang ihm, sich ein Arbeitsvisum für Australien zu beschaffen, wo er fast zwei Jahre blieb und einen »super Steuerspartrick« anwandte (er erklärt es mir, aber ich habe es nicht verstanden). Dann ist er nach Deutschland geflogen und in Dresden, München und Nürnberg gewesen, bevor er sich eine Weile in der Tschechischen Republik herumgetrieben hat; danach ist er nach Indien geflogen, wo er sechs Monate war, anschließend zwei Monate in Nepal. Später war er eine Weile in Johannesburg, China und Japan. Er hat die Orte, die er auf seinen Reisen besucht hat, gezeichnet. Er zeigt mir einen Block mit einigen gekonnten Zeichnungen.

Meine Güte, ist Kevin herumgekommen. »Ich glaube, meine Eltern waren nur zweimal in ihrem Leben in Urlaub: beide Male Teneriffa«, sagt er. Er zögert, denkt darüber nach. Dann sagt er: »Man muss die gewohnten Bahnen verlassen, wenn man etwas Interessantes erleben will.«

Wieder Donnerkrachen. Es regnet Bindfäden. Kevin bemerkt, dass sein Rucksack durchweicht. Er stellt ihn auf einen Sitzplatz. Er will in die Stadt und dort Schutz suchen. Der Regen lässt nach, und er tapst davon. »Wenn du mal einen Illustrator brauchst, ruf mich an«, sagt er, bevor er geht.

Als ich wieder im Bahnhof bin, muss ich noch eine halbe Stunde totschlagen. Ich stelle fest, dass der Eintritt zur »Lounge mit erhöhtem Komfort«, zumindest was ich dafür halte, tatsächlich nur 15 Griwna, nicht 115 Griwna beträgt. Ich gehe hinein und esse neben einem vor Plastikblumen überquellenden Krug ein scheußliches

Hähnchen-Sandwich. Ansagen im Lehrerinnentonfall auf Ukrainisch ertönen und hallen in der Bar aus lackiertem Holz, dem Sandwich-Kiosk, wider.

Ich steige in den 22.12-Uhr-Schlafwagenzug nach Odessa.

Mein Wagen ist marineblau mit zitronengelben Linien und trägt die Zahlen »044 104445« an der Seite (für die, die das interessant finden). Es ist Wagen neun, und ich bin in Abteil 31 mit zwei Etagenbetten und einem anderen Fahrgast, Natalie, 26 Jahre alt, die das obere der beiden mir gegenüberliegenden Betten hat. Ich schlafe unten.

Sie hat glatte dunkle Haare und ist ziemlich neugierig. Sie trägt ein weißes Top und eine hauteng schwarze Hose. Sie stellt sich sofort vor und erzählt mir auf Englisch, dass sie nach Odessa fährt, um Arbeit zu suchen. »Ich bin Psychologin«, sagt sie. »Aber ich glaube, ich werde mir einen Job als Zimmermädchen in einem Hotel suchen. Service. Bedienung im Restaurant.«

Dann fragt sie: »Haben Sie eine Frau oder Freundin?«

Ich erkläre meine Beziehung.

»Ich bin weder verheiratet, noch habe ich einen Freund«, sagt sie nüchtern. Natalie hat eine trockene Art und würde eine hervorragende Pokerspielerin abgeben.

Während der Zug aus dem Bahnhof in die stockfinstere ukrainische Landschaft fährt, erzählt Natalie, dass sie ein paar Monate in Odessa arbeiten, Geld sparen und dann nach Lwiw zurückkehren will. In der Ukraine ist es schwer, einen Job als Psychologin zu bekommen.

Im Nachbarabteil bricht Gelächter aus – eine Party ist im Gange. Ich frage Natalie, ob sie was dagegen hat, wenn ich ein Bier trinke. Ich habe mir noch eines am Kiosk im Regen gekauft. Sie nickt, dass es in Ordnung ist. Ich öffne die Dose und stelle sie auf einen kleinen Tisch mit einem rubinroten Deckchen.

»Ich trinke nicht. Ich rauche nicht. Ich mache eigentlich nichts Interessantes«, sagt Natalie und beobachtet mich mit Eulenaugen von ihrer Koje aus. Wenn sie an der Professional Poker Tour teilnehmen würde, wäre »Die Eule« vielleicht ein guter Spielname.

Sie erzählt, dass in Lwiw gerade ein Festival war, und zeigt mir Bilder auf ihrem Handy, wie auf einem Platz gefeiert wird. Natalies Freunde tanzen mit den Armen in der Luft und scheinen wirklich eine gute Zeit zu haben. Sie blättert sie durch, während ich mein Bier austrinke. Einige Fotos zeigen ihre Eltern, lächelnd an einem Tisch, auf dem Schnapsgläser stehen, sowie ihr Heimatdorf und einige der Sehenswürdigkeiten von Lwiw, die wir heute auf der Tour gesehen haben.

Dann machen wir unsere Betten. Bei meinem muss man den Sitz umklappen, damit die Matratze zum Vorschein kommt. Natalie und ich sagen gute Nacht – und ich schlafe mit dem Rhythmus der Schienen schnell ein, wache nur einmal mitten in der Nacht auf, irgendwo mitten in der Ukraine, als der Zug anhält und die beiden leeren Betten sich füllen.

Der Morgen ist grau und trübe, während der Zug durch dichten grünen Wald fährt. Natalie und ich bestellen bei einem Zugbegleiter in blauer Uniform mit gelben Revers grünen Tee. Als er kommt, bietet Natalie mir freundlich einen Schokoladenkeks an, den ich annehme.

Es gibt viele Positionen bei den Mitarbeitern der ukrainischen Eisenbahn, und das Symbol auf dem Revers unseres Zugbegleiters bedeutet, dass er der Zweitunterste in der Hackordnung ist, ein Vormann. Unter ihm gibt es die Position des Arbeiters, über ihm in aufsteigender Reihenfolge die mittlere, gehobene und höhere Laufbahn, den stellvertretenden Generaldirektor, ersten Stellvertreter des Generaldirektors und den Generaldirektor. Mehr als 400.000 Menschen arbeiten für die ukrainische Eisenbahn. Um das in Relation zu setzen: Die Bevölkerung von Lwiw beträgt 723.000, die Gesamtbevölkerung der Ukraine 42,4 Millionen. Es arbeitet also ungefähr einer von hundert Menschen in der Ukraine bei der Bahn, wenn ich richtig gerechnet habe.

Natalie und ich essen unsere Kekse – die anderen beiden Fahrgäste im Abteil schlafen noch –, und ich schätze meinem Smartphone zufolge, dass wir in der Nähe von Koshary sind, ungefähr 112 Kilometer vor Odessa. Das ist weit entfernt von Calais im Osten (ungefähr 2400 Kilometer Luftlinie).

Unser Zug fährt durch weites Land mit smaragdgrünen und cookiefarbenen Feldern. Der Himmel ist zunehmend bleiern und sieht gar nicht vielversprechend aus. Aber wenn man die Augen zusammenkneift, verwandelt sich der Anblick aus dem Fenster in ein abstraktes Mark-Rothko-Gemälde: Grüne und gelbe Quadrate (die Felder) gehen in ein hochrechteckiges trübes Grau (der Himmel) über. Während der Zug weiterfährt, verändert sich das Kunstwerk fast unmerklich: kühne schwarze Linien tauchen auf (Bäume am Horizont), längliche, schmale, braune Rechtecke (umgepflügte Felder) mit roten Spritzern (Mohnblumenfelder) oder explodierendes Gold (die schimmernden Zwiebeltürme entlegener Kirchen), die die feine Mischung beleben.

Wir fahren um 8.43 Uhr in die Stadt und den Badeort Odessa am Schwarzen Meer ein. Die Reise hat zehneinhalb Stunden gedauert, und wir haben gut 750 Kilometer zurückgelegt, das sind 75 Kilometer in der Stunde. Natalie und ich verabschieden uns im Gedränge der Aussteigenden, und alle Fahrgäste des 22.12-Uhr-Schlafwagenzuges aus Lwiw gehen in strömendem Regen einen langen, glatten Bahnsteig entlang.

Auf dem Bahnhof von Odessa, einem Gebäude aus sowjetischer Zeit mit einer Kuppel über der Halle, Messingbildern von Soldaten mit Gewehren und einem Fernsehbildschirm, auf dem heutige ukrainische Soldaten bei Übungen zu sehen sind, schallt klassische Musik. Wir sind gerade mal 160 Kilometer oder so über das Schwarze Meer von der Krim entfernt, und *dort drüben* stehen russische Truppen, die vor nicht allzu langer Zeit ins Land eingedrungen sind.

Vom Bahnhof ist es nicht weit zum Black Sea Hotel, man kommt an einer hübschen Kirche mit Zwiebelturm vorbei. Ich ziehe in einem der niedrigen Ledersessel Bilanz – und hecke einen Plan aus. Ich will nach Transnistrien. Was John über die autonome Region gesagt hat, ist mir nicht aus dem Kopf gegangen, wie Rowans Bemerkungen über die Ukraine. Anscheinend gibt es einen Zug von Odessa nach Tiraspol. Ich gehe zum Hotelmanager, Dimitri, um ihn um Rat zu fragen.

Dimitri ist groß, dünn wie eine Bohnenstange, trägt eine Brille mit dunklem Gestell, Slipper und einen glänzenden blauen Anzug. Er erinnert mich an den Sänger Jarvis Cocker. Er kommt zu mir an den Tisch in der Hotellounge, und bevor wir über Transnistrien reden, unterhalten wir uns über dieses und jenes.

Nachdem ich von meiner Reise erzählt habe – ich finde, es eignet sich gut, um das Eis zu brechen –, frage ich, wie es ist, nicht weit entfernt von einer eindringenden Armee zu leben.

»Wir stecken in einer sehr schwierigen Situation«, sagt er und zündet sich eine Zigarette an. »Es ist deprimierend. Ich möchte glauben, dass alles gut wird. Wir wollen Frieden, und ich will, dass die Ukraine ein Teil Europas ist. Ich würde gerne die Städte Europas besuchen, aber die Lage in unserem Land ist sehr schlecht. Ich habe kein ...«

Er reibt die Finger aneinander, um Geld anzudeuten, und sieht mich dabei aufmerksam an.

»Wir wollen ein besseres Leben. Wir wollen mehr arbeiten, aber es zahlt sich nicht aus. Wir sind wütend wegen unserer Situation. Wenn Sie nach Kiew fahren, können Sie den Menschen im Gesicht ansehen, dass sie sehr deprimiert sind. Ich möchte gerne besser Englisch sprechen. Ich möchte gerne nach Europa und dort arbeiten, vielleicht in Polen oder Italien. Die Bezahlung ist besser. Wir haben eine starke Armee und eine gute Polizei. Wir fühlen uns sicher. Aber ich will mehr Geld.«

Er reibt wieder die Finger und blickt angestrengt.

Dimitri ist überzeugt, dass die russische Invasion schlecht für die ukrainische Wirtschaft war, besonders für den Tourismus. »Wir wollen mehr Nähe zu Europa. Wir wollen Autos mit europäischen Nummernschildern. Wir wollen mehr Geld.«

Wieder Fingerreiben und angestrengter Blick. Er raucht seine Zigarette zu Ende.

Dimitri organisiert für mich eine Tagestour mit dem Taxi nach Transnistrien. Zugverbindungen gibt es die nächsten paar Tage nicht, sagt er, denn Züge fahren nur hin und wieder.

Wenig später finde ich mich in einer klapprigen alten Kiste auf einer mit Schlaglöchern übersäten Straße zur ukrainischen Grenze nach Moldawien und seiner (für mich) geheimnisvollen autonomen Region wieder. Der Fahrer spricht kein Englisch und raucht ununterbrochen, während wir durch Ackerland fahren und Madonna aus dem Autoradio tönt. Ich rufe Johns Kontakt in Transnistrien an, und überraschenderweise meldet sich wieder ein Dimitri und sagt, dass er mir gerne die Sehenswürdigkeiten zeigen würde und dass sein besonderes Interesse den Bahnhöfen in der autonomen Region gilt. Er gibt dem Fahrer eine Wegbeschreibung zu seinem Standort. Bald überqueren wir die Grenze, kommen an einer Reihe heruntergekommener sowjetischer Wohnblocks vorbei und halten an einem schicken zweigeschossigen Backsteinhaus mit Sicherheitstor.

Mein neuer Dimitri kommt durchs Tor; er trägt Sonnenbrille und Polohemd, hat einen Seitenscheitel und ein sauberes Äußeres, das mich an die Figur des Richie Cunningham in der Fernsehserie *Happy Days* erinnert (gespielt von Ron Howard). Ich scheine eine ganze Reihe von Doppelgängern zu treffen: Clooney, Cocker und Cunningham, die drei Cs. Er grinst breit und sagt dem Fahrer, er solle zum Bahnhof in Bender fahren.

Dimitri und seine Frau Maria haben letzten Sommer eine Reiseagentur in Transnistrien gegründet, Go-Transnistrien.com. »Ich bin von hier«, sagt er, »ich habe hier 25 Jahre gelebt, dann in Russland studiert und vier Jahre in Angola gelebt.« Er hat immer noch Geschäftsinteressen in Angola sowie Mosambik. »Wir organisieren lange Touren in Transnistrien, aber manchmal werden die Leute an der Grenze aufgehalten. Wir versuchen ein Regierungskonzept für Touristen zu entwickeln – eine Nostalgietour, auf der man die sowjetische Lebensart kennenlernt.«

Transnistrien, erklärt Dimitri, ist ein unabhängiger Staat in Moldawien auf einem Streifen entlang des Ostufers des Dnister. Die Region hat 1990 ihre Unabhängigkeit erklärt, und 1992 gab es einen blutigen Krieg mit Moldawien. Das Land ist Russland zugewandt und Russisch die meistgesprochene Sprache. Die rot-grüne Flagge trägt Hammer und Sichel. Die Bevölkerung beträgt 475.000 und hat einen eigenen Pass.

»Wir haben sogar unsere eigene Währung, den transnistrischen Rubel«, sagt Dimitri, als wir vor dem Bahnhof von Bender parken.

Dieser Bahnhof ist wie ein Rückfall in den Kalten Krieg. Über dem von großartigen Säulen gestützten Eingang prangen kyrillische Buchstaben. Er führt in eine Halle mit geschwungener Treppe und verziertem Geländer, Eisenbahnbildern im Stil des sowjetischen Realismus. Der erste Bahnhof hier wurde in den 1890ern eröffnet, aber von Stalin zerstört, als die Rote Armee sich zurückzog, damit die Nazis ihn nicht benutzen konnten. Der jetzige stammt aus den 1950ern, und es fahren nur wenige Züge. Der russische Zar Nicholas II. besuchte einmal Bender. Dimitri zeigt mir ein paar alte Dampflokomotiven und Wagen in einem Park neben dem Bahnhof. In einem davon ist ein Eisenbahnmuseum (geschlossen).

Wir gehen in eine Kantine im Sowjetstil in einem Busbahnhof mittagessen. Ein herzhaftes Gericht aus Reis, Fleischbällchen und Rotkohl mit einer Schale scharfer Suppe, serviert von einer Frau, die eine rote Uniform im Sowjetstil trägt. Auf einem rötlichen Gemälde an der Wand ist Russland dargestellt. An den Fenstern hängen rote Fahnen mit Hammer und Sichel. Ein Essen für zwei kostet insgesamt drei Euro.

Dimitri zeigt mir eine Lenin-Statue in einem Park in der Nähe.

»In der Ukraine haben sie alle Lenin-Statuen zerstört«, sagt er. »Aber wir haben ihn noch. Für Lenin gibt es immer einen Platz auf der Welt. Wenn es Lenin nicht gegeben hätte, hätte ihn jemand erfinden müssen.« Ein Besuch der Statue in der Nähe eines alten Sowjetkinos ist ein wichtiger Teil der Tour – vielleicht ist er doch parteiisch.

Wir fahren weiter und sehen uns das Parlamentsgebäude in Tiraspol und das patriotische Kriegsdenkmal mit einem T-34-Panzer aus dem Zweiten Weltkrieg an. Entlang der Hauptstraße flattern russische Fahnen an Laternenpfählen. Wir halten am Bahnhof von Tiraspol, einem lang gestreckten honigfarbenen Gebäude aus sowjetischer Zeit. In der großartigen Bahnhofshalle sind Züge nach Moskau angezeigt. Vor einer Bar nicht weit vom Bahnhofsparkplatz raucht ein wackelig wirkender Mann, der eine russische Flagge über die Schulter drapiert hat, eine Zigarette.

Wir springen wieder ins Auto und fahren an dem wackeligen Mann und weiteren russischen Fahnen an Laternenmasten vorbei. Dimitri trennt sich bei seinem Haus von uns, wo ich seiner Frau Maria vorgestellt werde, die mir freundlicherweise ein Paket angolanischen Kaffee schenkt. Dann rast mein Fahrer mit unglaublicher Geschwindigkeit zur Grenze, wo wir durch eine Warteschlange aufgehalten werden, bevor wir mit noch größerer Geschwindigkeit in sintflutartigem Regen über die Straße mit den Schlaglöchern nach Odessa rasen. Es ist wahrscheinlich die schlimmste Fahrt meines Lebens. Ein schreckliches mahlendes Geräusch kommt von der hinteren Radaufhängung. Die Scheibenwischer funktionieren nicht. Wir holpern durch Krater. Wir rutschen durch Matsch. Auf den hinteren Sitzen gibt's keine funktionierenden Sicherheitsgurte. Ich rechne jeden Moment damit, dass wir in einem Graben landen.

Ich schwöre, dass ich von jetzt an nur noch mit dem Zug fahren werde. Das ist wesentlich angenehmer.

Zurück am Schwarzen Meer
VON ODESSA NACH LWIW UND WEITER

Während es vom Himmel schüttet, treffe ich in Odessa eine schnelle Entscheidung. Dimitri, der Hotelmanager, hat mir erklärt, wie schwierig es ist, mit dem Zug in Richtung Süden nach Rumänien oder nach Westen durch Moldawien zu fahren. Der einzige Grenzübergang nach Rumänien für Zugverkehr ist laut der nützlichen Website Rail.cc zwischen Vadul-Siret in der Ukraine und Suceava in Rumänien. Aber laut *Europe by Rail: The Definite Guide* von Susanne Kries und Nicky Gardner ist die Reise eine extreme Herausforderung, zwischen Lwiw und Belgrad in Serbien nur etwas für Bahnprofis und nichts für Leute, die durch die Gegend zuckeln (wie ich). Es gibt eigenartige Verbindungen und eventuell Busfahrten. Mehr noch, die täglichen Züge zwischen Rumänien und Serbien wurden letzten Sommer kurzfristig gestrichen. Es klingt wie ein Albtraum.

Nach Odessa zu fahren schien eine gute Idee. Von Odessa nach Venedig zu kommen stellt mich vor Probleme, die ich hätte voraussehen müssen. Durch den heftigen Regen gehe ich vom Black Sea Hotel zum Bahnhof und kaufe mir eine Schlafwagenkarte zurück nach Lwiw für heute Abend. Von Lwiw nehme ich einen Schlafwagenzug nach Budapest (zumindest hoffe ich das). Wenn alles klappt, werde ich an drei aufeinanderfolgenden Nächten mit Schlafwagenzügen fahren. Ich werde mit den Schienen eins geworden sein.

Während ich im Bahnhof bin, hat der Regen wie durch ein Wunder aufgehört, und ich mache einen langen Spaziergang durch die Pfützen von Odessa.

Man muss schon sagen, dass in Odessa ein höherer Prozentsatz schöner Menschen wohnt als in anderen Städten. Schöne Menschen, die sich schön zu machen wissen. Kaum hat der Regen aufgehört, kommen sie in hautenger Kleidung heraus, Männer wie Frauen. Mit perfekter Körperhaltung und perfektem Äußeren. Sie spazieren den Primorski-Boulevard hinunter zur Potemkinschen Treppe (Drehort der berühmten Szene in dem 1925 gedrehten Film *Panzerkreuzer Potemkin*) und sehen einfach wunderschön aus. Sie treiben sich in Cafés, Parks und *Sushi Nightclubs* herum. Sie schlendern in Sexy-Fantasy-Läden, als wollten sie Lebensmittel kaufen. An anderen Orten machen die Menschen solche Dinge nicht mit solcher Anmut und Ausstrahlung – nehmen wir zum Beispiel Milton Keynes oder Basingstoke. Jedenfalls habe ich das noch nicht erlebt.

Selbst die Gebäude sind schön: großartige Bauwerke im Barock- und Jugendstil aus dem 19. Jahrhundert in den Farbtönen Hellrosa, Apfelgrün und Aquamarinblau. Engel flattern in kunstvollem Stuck über Eingängen. Nymphen, Maiden und muskulöse Götter blicken von Rokokofassaden herab. Zugegeben, hier und da bröckeln einige Gebäude, aber sie bröckeln irgendwie auf eine schöne Art, die schwer zu beschreiben ist.

In einem Park nicht weit vom Strand am Schwarzen Meer gehen Marineoffiziere in weißen Uniformen mit stocksteifem Rücken mit ihren Liebsten spazieren. Ich tauche die Hand am fast leeren Strand ins jadefarbene Wasser, während der Himmel in pfirsichrotes Licht getaucht ist. Dann gehe ich durch den Park zurück, kaufe mir in einem Café in der Nähe des Black Sea Hotel einen Cheeseburger und schlage den Weg zum Bahnhof ein.

Der 22.05-Uhr-Zug nach Lwiw summt an einem Bahnsteig. Es hat wieder angefangen zu regnen, und es erscheint richtig, den Badeort zu verlassen, auch wenn es nur ein kurzer Besuch war. Wie Robert Louis Stevenson einmal schrieb: »Ich reise nicht, um irgendwo hinzukommen, sondern um unterwegs zu sein. Ich reise um des Reisens willen. Es geht darum, in Bewegung zu sein.« In diesem Moment mit der ukrainischen Eisenbahn. Ich habe mir die erste Klasse gegönnt, und eine Schlafwagenschaffnerin mit schräg auf dem Kopf sitzender

Mütze und rotem Lippenstift zeigt mir das Abteil Nummer sechs, wobei sie zählt: »Eins, zwei drei, vier fünf, sechs. Sechs!«

Drinnen sind zwei Betten mit frischen Laken und blassblauen/-violetten Decken. Außerdem ist das Abteil mit einem orientalischen Teppich, einem kleinen Tisch mit rubinroter Decke, einem ovalen Spiegel, einem winzigen Fernseher (den ich nicht in Gang bekomme) und einem Stecker für elektronische Geräte ausgestattet. Es ist außerordentlich behaglich, und ich habe es für mich allein, wie ich bald feststelle.

Wir fahren mit einer Minute Verspätung ab, gleiten aus dem Bahnhof von Odessa, während klassische Musik aus den Lautsprechern schallt.

Die Schlafwagenschaffnerin fragt: »*Čaj? Kava? Moloko?*« (Tee? Kaffee? Milch?)

Ich lehne ab, und sie fragt: »*Billeti?* Ticket?«

Ich zeige ihr die Fahrkarte, die 1200 Griwna (40 Euro) kostet und jetzt schon jeden Cent wert ist. Die Schlafwagenschaffnerin geht und kommt mit einer Flasche Wasser wieder, bleibt in der Tür stehen und beäugt meine Besitztümer. Auf dem Tisch liegen zwei Flaschen Staropramen Lager, *Liebesgrüße aus Moskau*, ein Necessaire und ein Stadtplan von Odessa. Zufrieden, dass ich gegen keine Regel verstoße, geht sie. Aber sie behält mich zweifellos im Auge.

Regen rinnt den Zug herunter, während wir durch die Dunkelheit rollen. Ich mache das Licht aus und blicke nach draußen, sehe flüchtig geisterhafte Schatten von Bäumen und Gebäuden. Natriumdampflampen auf leeren Straßen huschen vorbei. Das hier ist eine abgelegene Gegend. Kurz nach Mitternacht halten wir in Podilsk. Ein Nachbar beginnt zu schnarchen. Als der Zug langsam weiterfährt, überkommt mich schnell der Schlaf.

Ich schlafe sehr gut, und als ich aufwache, blickt die Schlafwagenschaffnerin in mein Bett und fragt: »*Čaj? Kava? Moloko?*« Irgendwie hat sie die Tür geöffnet, obwohl ich abgeschlossen habe; sie muss einen Generalschlüssel haben. Ich sage ja zu *kava*. Sie betrachtet mich außergewöhnlich skeptisch und misstrauisch und beäugt wieder meine Sachen. Sie ist die Chefin in diesem Erste-Klasse-Wagen; daran habe ich keinen Zweifel. Sie bringt den *kava*, und ich gebe ihr einige Scheine. Sie nickt, anscheinend ausnahmsweise einmal mit mir zufrieden.

Wir kommen an einer Reihe von Hapag-Lloyd- und Maersk-Containern bei einem Bahnhof vorbei, wo Menschen mit Habseligkeiten in Plastiktüten auf stillgelegten Gleisen entlanggehen. Wie in aller Welt sie dort hingekommen sind und was sie dort machen, weiß ich nicht.

Kurz darauf, um 7.55 Uhr, kommen wir in Lwiw an.

Nachdem ich mich nach einer Fahrkarte nach Bukarest (nicht erhältlich) und Belgrad (unmöglich, wie es scheint) erkundigt habe, kaufe ich eine Schlafwagenkarte nach Budapest. Der Zug fährt um 21.00 Uhr ab und kommt am nächsten Morgen um 8.20 Uhr an. Zurzeit bin ich jedenfalls viel auf Stevensons Art unterwegs.

Eine gelbe Straßenbahn mit der Nummer sechs rattert Richtung Zentrum vorbei. Ich habe in Lwiw noch etwas vor, denn ich hatte das letzte Mal, als ich hier war, vollkommen eine der Haupttouristenattraktionen der Stadt übersehen – den Friedhof.

Der Lytschakiwski-Friedhof wurde 1786 angelegt und erstreckt sich über einen halben Quadratkilometer mit über 400.000 Gräbern. Ich muss einen Hügel hinaufgehen, um zum Friedhof zu kommen, und eine Eintrittskarte kaufen (der Friedhof hat offiziell Museumstatus). Mit der Eintrittskarte bekomme ich einen Plan, der über den Friedhof mit seinen kunstvollen Grabsteinen voller Skulpturen, Engeln, Adlern, Löwen, Urnen und hoch aufragenden Kreuzen führt. Moderne Popsänger liegen neben Künstlern, Historikern, Komponisten, Politikern und Schriftstellern aus allen Jahrhunderten. Es ist ein sonniger Morgen mit Vogelgezwitscher, dem gelegentlichen Läuten von Kirchenglocken und einem bezaubernden Gefühl der Ruhe.

Zurück auf dem Marktplatz, trinke ich einen Kaffee in der Nähe der Neptun-Statue und lese in *The Economist* einen ironischen Artikel über die Feinheiten bezüglich Lwiw, Hauptstadt der Region Galizien. Alles ist sehr kompliziert. Wenn man die Stadt Lwiw nennt, wird man als »ukrainischer Faschist« bezeichnet, »der aus Spaß polnische Babys aufspießt«. Sagt man Lvov, läuft man Gefahr, als »sowjetischer Massenmörder« beschuldigt zu werden, während Leute, die Lemberg sagen, Nazis sind. Ziemlich viel Streit wegen eines Namens.

Süßigkeitenverkäuferinnen in geblümten Kleidern mit altmodischen Korsagen gehen am Café vorbei. Es sind viele schöne Menschen hier, wie in Odessa. Kirchenglocken läuten. Eine Frau mit Engelsflügeln am Rücken fährt auf Rollerskates mit einem Werbeschild für ein Tattoo-Studio vorbei. An einem Stand beim Opernhaus esse ich Würstchen mit Kartoffeln und sehr scharfem Senf. An einem anderen Stand in der Nähe werden Schals von ukrainischen Fußballmannschaften und Fußmatten mit dem Bild von Putin angeboten. Auf der Fußmatte steht in Kyrillisch: Putin: Schuhputzer. Ich gehe ins Hotel Plazma und handle ein Zimmer für ein paar Stunden aus, um mich auszuruhen und zu duschen. Ich mag das Hotel Plazma.

Hinterher versuche ich eine Ausgabe von *Venus im Pelz* zu kaufen, finde aber keinen Buchladen, der das ungewöhnliche Werk auf Englisch vorrätig hat. Dann kehre ich mit einer Ausgabe von *The Ukrainian Week*, einer englischsprachigen Zeitschrift, zum Bahnhof zurück und setze mich auf genau denselben Platz am Stand vor dem Bahnhof, an dem ich den vielgereisten Kevin kennengelernt habe. Ich frage mich, wo er jetzt ist. Er könnte in Polen, Peru oder Papua Neu Guinea sein. Solange das Geld während seiner fünften Midlife-Crisis reicht.

Der Herausgeber von *The Ukrainian Week* ruft das Land dazu auf, sich auf einen richtiggehenden Angriff von Russland vorzubereiten.

Eine »schlagkräftige Guerilla-Armee« sei notwendig, um Präsident Putin zu stoppen, wenn er sich entschließt, von der Krim in andere Teile der Ukraine vorzurücken. Die Nation müsse in Alarmbereitschaft versetzt werden. »Feindliche Agenten« müssten ausgerottet und Vorbereitungen für einen Cyber-Krieg getroffen werden. Die Nationalgarde der Ukraine hat bereits eine Gruppe namens Regiment Asow hinzugewonnen, eine radikale ukrainische Miliz aus Freiwilligen, die Angriffe gegen prorussische Rebellen in der Ostukraine führt. Das alles nicht weit von hier, ein Stück die Schienen entlang.

In was für einer Welt leben wir?

Ich gehe durch das Empfangsgebäude zum Bahnhof von Lwiw, auf dem ich mich inzwischen gut auskenne. Ein weiß-blauer Zug wartet an Bahnsteig zwei in der Nähe der Lounge mit erhöhtem Komfort. Der 21-Uhr-Zug ist zur Abfahrt bereit, und ich bin es auch.

Vor mir liegt eine Reise nach Westen mit einem Wechsel des Fahrgestells an einem Bahnhof namens Tschop (damit die Räder in die neue Spurbreite passen), bevor wir in einem Ort namens Záhony nach Ungarn kommen. Voller Vorfreude suche ich mein Schlafwagenabteil auf und treffe einen neuen Reisebegleiter.

KAPITEL 7
VON LWIW ÜBER BUDAPEST NACH BELGRAD

Zweifelhafte Politik und ein paar Drinks

Das Abteil im 21-Uhr-Schlafwagenzug nach Budapest hat ein dreistöckiges Etagenbett, Holztäfelung und einen burgunderroten Kunstledersitz. Unter einem kleinen Tisch ist ein Waschbecken versteckt, und es gibt einen Schrank mit einem Spiegel, Tassenhalter und eine Steckdose für elektrische Rasierer. Am Ende des burgunderroten Sitzes sitzt Leila, Gehilfin in einem Anwaltsbüro in Dublin, das auf Personenschäden und Schulden spezialisiert ist. Ursprünglich kommt sie aus Cape Town. Sie hat einen irischen Akzent, blonde Haare und haselnussbraune Augen. Sie trägt ein schwarzes T-Shirt und Jeans. Sie trinkt eine Flasche Pepsi.

Leila hat etwas zu erzählen.

»Ich wurde an der russisch-ukrainischen Grenze festgehalten«, sagt sie nüchtern. »In Russland braucht man ein Visum. Ich hatte eins, aber als wir an der Grenze ankamen, war es eine halbe Stunde nach Mitternacht. Das Visum war um Mitternacht abgelaufen. Ich wurde im Zug von Moskau von russischen Grenzern geweckt, die meinen Pass kontrollierten.«

Der Verstoß wurde bemerkt.

»Ich hab nicht verstanden, was der Grenzer gesagt hat. Ich kann nur ein Wort Russisch: *spasibo* [danke]. Ich musste meine Sachen nehmen und den Zug verlassen. Ich wurde zu einer Hütte mit unheimlich vielen Grenzsoldaten gebracht und festgehalten. Sie haben miteinander diskutiert, und ich wurde ein paar Stunden festgehalten. Dann kam eine Soldatin und sagte, sie könnten mein Visum verlängern, aber es würde tausend Rubel kosten.« Das sind ungefähr 13 Euro. »Sie fragte, ob ich das Geld hätte, und ich sagte, ich müsste mit Karte zahlen. Dann redeten sie eine Weile über meine Karte. Sie sagten, sie könnten sie nicht einlesen. Ich wurde also zu einem Geldautomaten begleitet und musste tausend Rubel ziehen. Dann bin ich zurück zur Hütte gegangen, wo ein anderer Soldat sagte, ich müsste eine Strafe von 2000 Rubel zahlen. Sie sagten, ich hätte dafür 70 Tage Zeit. Dann musste ich alle möglichen Formulare unterschreiben und ihnen meine Bankdaten geben. Ich habe gemacht, was sie gesagt haben.« Sie hielt inne. »Ich wollte nicht von Russland auf die schwarze Liste gesetzt werden.«

Die Tortur endete um fünf Uhr morgens, und sie musste bis 17.40 Uhr auf den nächsten weiterfahrenden Zug warten. Sie kam um ein Uhr nachts in Kiew an. Leila scheint das, was passiert ist, nicht allzu sehr zu kümmern, obwohl sie nur zehn Tage Zeit hat und sich Kiew nicht richtig ansehen konnte.

Bahnreisende erzählen gerne, habe ich festgestellt.

In Lwiw habe ich zwei Bier gekauft. Ich öffne eine Dose und biete Leila die andere an.

»Ich habe Wodka in der Pepsi«, sagt sie.

Sie nimmt einen Schluck.

Über den Brexit sagt sie: »Alle in Irland waren darüber schockiert.«

Und über Präsident Trump: »Ich hasse ihn. Ich hasse ihn wirklich.«

Dann fragt Leila: »Haben Sie etwas dagegen, wenn ich eine E-Zigarette rauche?«

Ich sage nein.

Leila beginnt zu rauchen.

Sie sagt: »Ich habe das beim Schlafen unterm Kopfkissen. Wenn ich einen schrecklichen Traum habe, rauche ich. Das hilft.«

Leila erzählt, dass sie Südafrika mit 18 verlassen hat und nach Irland gegangen ist. »Ich wollte so weit wie möglich von Südafrika weg.« Sie nahm an einem dreijährigen Fotokurs teil und arbeitete eine Zeit lang in einem Pub.

Der Zug rattert und quietscht durch die Dunkelheit. Wir müssen in einer gottverlassenen Gegend sein. Kein Zeichen der Zivilisation. Kein Zeichen von irgendetwas.

Leila erzählt, dass sich im Zug von der russischen Grenze nach Kiew der Zugbegleiter an sie herangemacht habe. »Er war ein schmieriger Kerl, der mich in den Arm gekniffen und über mich gelacht hat. Dann hat er sich neben mich gesetzt und gefragt, ob ich einen Freund habe. Ich sagte, ich habe einen, und er sagte: ›Und er hat nichts dagegen, dass du alleine in die Ukraine fährst?‹ Dann formte er mit der einen Hand mit den Fingern ein Loch und steckte einen Finger der anderen Hand durch.« Sie verzog das Gesicht. »Ich musste ihm sagen, dass das meinem Freund nicht gefallen würde. Er wurde wütend und ging weg.«

Wir fahren in den Bahnhof von Tschop, und es gibt ein klirrendes Geräusch unter dem Zug. Es scheint, dass der Wechsel des Fahrgestells begonnen hat.

Bei dem Lärm kann man unmöglich schlafen. Leila erzählt, dass sie einmal mit dem Zug von Kaschmir nach Goa in Indien gefahren ist. »Da hab ich auch ein paar Erfahrungen gemacht. Die Männer haben mich die ganze Zeit angestarrt, aber das war schon normal. Wenn man alleine unterwegs ist, denken sie, sie dürfen das. Aber in einem Wagen war es schrecklich. Ein Mann sagte im Flüsterton auf Hindu etwas zu mir. Ich habe ihn nicht verstanden und fühlte mich bedrängt. Das Fenster des Zuges war so schmutzig, dass ich nicht einmal aus dem Abteil sehen konnte. Dann fing er an, sich selbst zu berühren, wo er sich nicht berühren sollte, und ich wusste nicht, was ich machen sollte. Ich wollte keine Szene machen. Ich steckte in der Klemme. Er machte weiter an sich herum, und als wir zu einem Bahnhof kamen, stand er auf und ging auf die Toilette. Danach kam ein Oberst der indischen Armee in mein Abteil und setzte sich neben mich.

Sie unterbricht sich und nimmt einen Zug von ihrer E-Zigarette. »Er war okay«, sagt Leila. Der Oberst war für den Rest der Fahrt ihr »Schutz«. »Wenn ich reise, passiert mir immer etwas. Aber man muss den Menschen vertrauen, wenn man allein unterwegs ist. Es passiert vielleicht etwas Schlimmes, aber dann wird dein Vertrauen in die Menschheit wiederhergestellt.«

Leila nimmt einen Schluck Pepsi-Wodka.

Ein Grenzer sammelt unsere Pässe ein. Ich gehe den Gang entlang, sehe hinaus und erhasche einen flüchtigen Blick von den Männern, die sich am Fahrgestell zu schaffen machen. Das Hämmern hält noch lange an, mindestens 90 Minuten. Türen schlagen. Pässe werden zurückgegeben. Es folgt eine Bahnhofsansage, und wir fahren auf unserem neuen Fahrgestell durch die Dunkelheit über die Theiß. Wir halten in Záhony, wo ungarische Grenzer unsere Pässe kontrollieren und einer mit großem Interesse in meinem Rucksack herumstochert, als rechne er damit, ein Gewehr oder wer weiß was zu finden. Enttäuscht, nichts Verdächtiges gefunden zu haben – und verblüfft über die Bücher und Ansammlung von Stadtplänen –, grunzt er.

Als er gegangen ist, sagt Leila: »Wir hätten eine Leiche unter Ihrem Sitz versteckt haben können.« Unter dem Etagenbett befindet sich viel Platz für Gepäck, aber dort hat der Grenzer nicht nachgesehen. Ungefähr um 3.30 Uhr morgens fahren wir weiter. Endlich ist die Grenze überquert. Papiere und Räder sind in Ordnung. Wir sind wieder unterwegs.

Das Locomotive Hostel, ein Spa, Brücken und eine Kneipentour
BUDAPEST

Am Morgen hole ich Tee für Leila und mich. Wir fahren durch die ungarische Ebene: Cowboyland mit langem gelbem Gras. Leila fährt weiter nach Wien, wo sie noch einen Tag hat, bevor ihr Rückflug geht. Sie hatte nur wenig Zeit an jedem Ort. »Ich hab diese Reise wegen der Zugfahrten gemacht«, sagt sie. »Ich hatte nicht genug Urlaub für die Transsibirische Eisenbahn, deshalb kam ich auf die Idee, nach Moskau zu fliegen und nach Süden zu fahren.«

Wir fahren durch Wälder. Oranges Licht scheint über den Baumwipfeln, als stünden die Wälder in Flammen. Leila fragt, ob sie ein Foto von mir machen dürfe. Sie hat eine altmodische Kamera mit Schwarz-Weiß-Film. Sie zieht diese Art der Fotografie den digitalen

Bildern vor, weil »man sie noch entwickeln muss«. Wir tauschen unsere E-Mail-Adressen, und der Zug rollt in den Bahnhof Budapest Keleti, wo ich aussteige und Leila weiterfährt.

Ich gehe zum gesonderten Fahrkartenschalter für Ausländer und versuche herauszufinden, *wohin als Nächstes*. Ich werde in Budapest im faszinierenden Locomotive Hostel in der Nähe des Bahnhofs übernachten und habe einen ganzen Tag in Ungarns Hauptstadt. Aber ich will weiterziehen, vielleicht nach Belgrad.

Der Fahrkartenschalter ist von einem Mann mit fluoreszierender Jacke und Jeans besetzt. Er stellt sich vor. Er heißt David, macht eine Ausbildung zum Sanitäter und arbeitet in dem Büro, um Geld für sein Examen zu verdienen. Er scheint nichts zu tun zu haben. Und er scheint sehr gut über ungarische Züge informiert zu sein. Er findet schnell heraus, dass morgen um 7.57 Uhr ein Zug nach Belgrad fährt, der um 16.26 Uhr dort ankommt. Er benutzt die Website der Deutschen Bahn, um die Zeiten herauszusuchen. »Das ist wirklich die beste, wir überprüfen immer alles bei Deutsche Bahn«, sagt er. Der Zug, mit dem ich fahren werde, ist nach dem bekannten jugoslawischen Schriftsteller Ivo Andrić benannt.

»Es ist kein schneller Zug«, sagt er.

Ich erwidere, dass mir das nichts ausmache.

Ich bedanke mich und sage ihm, dass er viel umgänglicher war als der unglaublich mürrische Mitarbeiter am regulären Fahrkartenschalter, wo ich zuerst war, bevor ich an den Schalter für Ausländer verwiesen wurde.

»Ungarn sind ziemlich unhöflich«, sagt David. »Sie sind deprimiert wegen der Wirtschaft. Wir sind unter den ersten fünf, was die Selbstmordrate angeht, und es gibt viel Alkoholismus. Fast jeden Tag geschieht ein Zugunfall.«

Ich frage ihn, was er damit meint.

»Ein Mensch wird von einem Zug erfasst. Ein Selbstmord«, sagt David. »Wenn ein Zug hundert Minuten Verspätung hat, wissen wir, dass die Polizei gerade die Stelle untersucht.«

Er will auswandern. »Viele junge Leute wollen jetzt ins Ausland gehen. Hier bezahlst du deine Miete und kaufst Essen, und dein Gehalt ist an einem Tag aufgebraucht.« Er lacht. »Ich will in ein anderes Land gehen, irgendwohin, wo ich eine Familie gründen und ein schönes Leben haben kann. Hier sehe ich keine Zukunft. Man verdient ungefähr 400 Euro mit einem Vollzeitjob. Das reicht nicht. Ich bin bald 25, aber meine Eltern hatten ein Haus und ein Auto und mich in dem Alter. Ich liege weit zurück. Meine Schwester fragt mich: ›Wann kaufst du dir ein Haus?‹ Sie ist viel jünger als ich und versteht es nicht. Ich habe keine Wahl. Viele meiner Freunde sind in den Dreißigern und wohnen immer noch zu Hause. Ich will ja nicht reich sein. Ich will nur in der Lage sein, zum Supermarkt zu gehen und mir keine Gedanken darüber machen zu müssen, was ich kaufe. Viele Menschen kommen zur Kasse und müssen Dinge wieder zurücklegen, weil sie nicht genug Geld haben. Das ist peinlich und beschämend.«

David gibt mir einen Ausdruck der Deutschen Bahn mit meiner Zugverbindung morgen. Er ist der gesprächigste und freundlichste Fahrkartenverkäufer, den ich jemals getroffen habe. Ich danke ihm und wünsche ihm viel Glück.

Dann sehe ich mich auf dem Bahnhof Budapest Keleti um. Es ist einer der großartigsten Bahnhöfe bisher; er stammt aus dem Jahr 1884 mit einem atemberaubenden Eingang, flankiert von klassizistischen Säulen und einer Reihe von Figuren. Rechts und links neben dem hohen verglasten Eingang stehen Statuen von George Stephenson und James Watt, dem schottischen Ingenieur, der die frühe Dampfmaschine wesentlich weiterentwickelte. Es dauerte eine Weile, bis Eisenbahnen in Ungarn Einzug hielten, denn die Herrscher Österreich-Ungarns waren nicht so darauf erpicht, wie man es in anderen Ländern war. Erst Ende des 19. Jahrhunderts, zu der Zeit, als der Bahnhof Keleti gebaut wurde, begann das Interesse zu wachsen.

Drinnen ragen roséfarbene Marmorsäulen neben Wandbildern mit klassischen Szenen auf. Korridore mit Jugendstildeckenlampen gehen in lange zitronengelbe Seitengebäude über. Links vom Eingang befindet sich Baross Étterem, ein schwach beleuchtetes Restaurant mit noch mehr neoklassizistischen Säulen und rosa Wänden. Als ich hineingehe, spielt gerade »Strangers in the Night«. Ich bin der einzige Gast. Auf der einen Seite unter einem Kronleuchter mit vielen kaputten Birnen steht ein weißer Flügel: bröckelnder Putz, zerlumpte Vorhänge, von Luftverschmutzung verfärbter Stein ... ziemlich großartig, aber auch ziemlich schäbig.

Das ungarische Wurstomelett ist erstklassig und wird mir von einem gut gelaunten Kellner mit Weste serviert. Weitere Gerichte sind gebratene Gänseleber, Bœuf Stroganoff, Gulasch (selbstverständlich) und Kohlrouladen auf transsilvanische Art.

Der Kellner beginnt, einen langen Tisch neben meinem zu decken. Ich frage ihn, ob eine Party bevorsteht. Ja, sagt er, das ungarische Wasserpoloteam kommt zum Mittagessen. Sie kommen mit dem Zug von einem Turnier. Sie sind auf dem zweiten Platz in Europa und in Ungarn sehr beliebt.

Baross Étterem ist der perfekte Ort für ein Essen nach einer Zugfahrt.

Ich überquere einen Platz und finde schließlich das Locomotive Hostel, was jedoch anfangs schwierig ist. Aber nachdem ich ein bisschen die Straße auf und ab (und um den Block) gegangen bin, entdecke ich ein kleines Schild über einem Eingang, auf dem in kleinen roten Buchstaben auf einem Stück Goldpapier steht: »Locomotive Hostel«. Es ist direkt neben einem Laden mit High Heels und nicht weit von einem Sex Shop. Ich drücke auf den Klingelknopf 14, wie auf dem goldenen Schild angegeben, und steige eine Treppe zu einem Balkon mit Blick auf einen Innenhof hinauf. Hier taucht ein Mann mit Backenbart auf und öffnet eine Tür zu einer kleinen Wohnung, deren Wände mit Bildern von alten Lokomotiven bedeckt sind. Ein paar israelische Backpacker fläzen sich auf dem Sofa. Mir wird mein Zimmer gezeigt, in dem zu meiner Überraschung ein Himmelbett steht, mit roten Stoffbahnen geschmückt, die ein bisschen an solche erinnern, wie sie manchmal an der Tür eines Schlachterladens hängen. Ungewöhnlich. Es hat kein eigenes Badezimmer, es gibt ein Gemeinschaftsbad. Von meinem Zimmer sehe ich direkt gegenüber den Keleti-Bahnhof.

Ich erfahre, dass der bärtige Mann am Ende einer Holztreppe auf einem notdürftigen Zwischengeschoss wohnt. Normalerweise sitzt er dort an seinem Computer, und man hört unten an der Rezeption das Tippen auf der Tastatur. Vielleicht schreibt er einen Roman. Vielleicht schreibt er auch gerne viele E-Mails. Der Bärtige ist nicht der Eigentümer. Als ich ihn frage, wer das ist, erzählt er mir, dass der Besitzer nicht da ist und dass er »Eisenbahnen sehr gerne mag«, daher der Name des Hostels. Das ist schade. Es wäre interessant gewesen, mit einem ungarischen Eisenbahnliebhaber zu sprechen, der so verrückt nach Zügen ist, dass er eines der beiden Hostels auf der Welt, die Lokomotiven gewidmet sind, eröffnet hat. Wo das andere ist? In der Nähe des Bahnhofs in Breslau.

Vom Hostel gehe ich einen Hügel hinunter zu einer bekannten Sehenswürdigkeit Budapests.

Wenn man drei Nächte hintereinander in einem Schlafwagenzug in Osteuropa verbracht hat, ist das, was ich vorhabe, genau das Richtige: direkt zur Donau und dort ins Gellért-Thermalbad zu gehen und ein ausführliches Bad zu nehmen.

Es ist ein ziemlich weiter Weg zum Fluss, eine gerade Straße entlang, die mit eleganten Gebäuden aus dem 19. Jahrhundert gesäumt ist. Ich komme an eine Hängebrücke und eine Reihe luxuriöser Kreuzfahrtschiffe, die am Flussufer angelegt haben. Ich gehe in Richtung der schlanken Schiffe mit getönten Scheiben, Swimmingpools auf dem Achterdeck und Cocktailbars. Ich muss am Anlegeplatz vorbei, um zum Gellértbad zu kommen. Als ich die Straße überquere, um zum Flussufer zu gelangen, begegnet mir ein ameri kanisches Paar in den Dreißigern, das anscheinend zurück zu seinem Schiff will.

Sie waren gerade joggen (statt sich die Sehenswürdigkeiten anzusehen) und scheinen in fürchterlicher Stimmung zu sein (trotz ihrer tollen, zweifellos atemberaubend teuren Kreuzfahrtreise).

Sie: blond, muskulös, gebräunt und in Sportkleidung. »Ich frage mich, wie viele Einwohner Budapest hat«, sagt sie in bissigem Ton zu ihrem Partner.

Ihr Partner: blond, muskulös, gebräunt und in kurzer Jogginghose. »Google es!«, erwidert er mit einem tiefen Seufzer.

Sie, wieder bissig, aber diesmal auch wütend: »Was?«

Er, als würde sie ihn nerven: »Google es!«

Sie, sarkastisch klingend: »Oh, ja.«

Sie überqueren die Laufplanke zu ihrem Schiff, um in einer plüschigen Kabine in eine andere europäische Stadt gebracht zu werden, laufen zu gehen und sich nach dem Frühstück, Mittag- und Abendessen – all inclusive – zu streiten.

Bahnreisende sind doch viel besser als Kreuzfahrer.

Budapest hat, nur fürs Protokoll, 1,7 Millionen Einwohner.

Weitere großartige Villen aus dem 19. Jahrhundert mit Stuckverzierungen und prachtvollen Türmen säumen das Flussufer bei den Schiffen. Es muss einer der besten Wohnorte in ganz Ungarn sein. Hinter den Traumschiffen rattern apricotfarbene Straßenbahnen über eine elegante Ausleger-/Hängebrücke aus grünem Stahl. Ich folge den Straßenbahnen in westlicher Richtung und überquere den schimmernden Fluss an diesem schönen strahlenden Tag. Auf der anderen Seite, geradeaus, ist das Gellértbad.

Die Bäder gehören zum Gellért-Hotel auf der Buda-Seite der Stadt. Man betritt sie durch einen eindrucksvoll verzierten, überladenen Eingang mit Steinreliefs von mehr oder weniger unbekleideten Badegästen. Drinnen ist eine schöne Halle mit tropischen Pflanzen, langen burgunderroten Lederbänken, hohen gewölbten Oberlichtern und bunten Glasmalereien. Die Luft ist feucht vom heißen Wasser der Becken, die sich in Räumen unten im Keller befinden. Jugendstillampen mit Messingarmaturen erhellen versteckte Alkoven, in denen Marmorskulpturen von halbnackten Mädchen stehen. Das Motiv des Marmorfußbodens ist ein kleiner blauer Fisch, der an etwas nagt, das aussieht wie Korallenriffe.

Man betritt den Badebereich durch eine von rosa Marmorsäulen flankierte Drehtür. Ein langer Flur führt zu Umkleideräumen und einem Kiosk, der Badekappen verkauft (die in den Becken getragen werden müssen). Wenn man eine eigene Umkleidekabine gewählt hat, lässt man seine Sachen einfach dort, zieht Badeanzug und Badekappe an und verschließt die Tür – kein Spind erforderlich.

Im Poolbereich sind ungefähr ein Dutzend Becken mit Temperaturen zwischen 26 und 38 Grad. Überall sind Säulen im römischen Stil und Jugendstildekorationen: Fliesen mit Blumenmustern, goldene Putten und wirbelnde geometrische Muster in Aquamarinblau und Lila. Fontänen in Form von Löwen und Figuren der griechischen Antike spucken ins seichte Wasser. Dies ist kein gewöhnliches öffentliches Schwimmbad.

Ich schwimme ein paar Bahnen im Hauptbecken, das ungefähr 25 Meter lang ist und von einem massigen, glatzköpfigen Mann beaufsichtigt wird, der auf einem Stuhl am Ende sitzt und mit Adleraugen jeden Regelverstoß beobachtet. Er sitzt immer nur kurz in seinem Stuhl, denn ungefähr alle zwei Minuten besitzt ein Badegast die Frechheit, ohne Badekappe in den Pool zu gehen. »Eh, eh!«, sagt der massige, glatzköpfige Mann, fuchtelt mit dem Arm in Richtung des Übeltäters, der es vielleicht zuerst nicht bemerkt. »Eh, eh!«, wiederholt er und tippt sich an den Kopf, um zu bedeuten: »Wo ist Ihre Badekappe?« Der Übeltäter tut unschuldig nach dem Motto »das kann nichts mit mir zu tun haben«. Irgendwann ist der Schuldige jedoch aus dem Becken gescheucht, und der massige, glatzköpfige Mann setzt sich wieder kurz auf seinen Stuhl, bevor das Ganze von vorne beginnt.

Nach einer Weile betrete ich einen Raum mit glänzenden goldenen Verzierungen und blendenden rosa und apfelgrünen Fliesen.

Das Wasser hat hier eine Temperatur von weit über 30 Grad und enthält Sulfat, Magnesium, Kalzium und viele andere Mineralstoffe, die gut für die Gesundheit sein sollen. Dies ist, das kann ich bezeugen, der ideale Ort, um sich nach einer Reihe langer Zugfahrten durch Europa zu regenerieren. Muskeln entspannen sich. Schmerzen lassen nach. Das Rattern der Schienen ist nur noch eine entfernte Erinnerung. Auf langen, etwas verrückten Zugreisen wie meiner braucht man solche Momente.

Das Gellértbad wurde 1918 eröffnet. Nach notdürftigen Reparaturarbeiten an den durch den Zweiten Weltkrieg verursachten Schäden wurde kürzlich seine ursprüngliche Form wiederhergestellt. Es ist einfach toll. Ob man mit der Bahn, dem Flugzeug oder (Gott bewahre) mit dem Kreuzfahrtschiff nach Budapest kommt, man sollte schnurstracks ins Gellértbad gehen. Aber die Badekappe nicht vergessen!

Erfrischt unternehme ich eine kleine Erkundungstour zum Thema *Bahn*.

Mein erstes Ziel ist der Bahnhof Budapest-Nyugati. »*Nyugati*« bedeutet auf Ungarisch »West«, während »*keleti*« übersetzt »Ost« heißt.

Um dorthin zu gelangen, spaziere ich langsam im Sonnenschein an der Donau entlang, eines der schönsten Dinge, die man in Mitteleuropa machen kann, besonders wenn man nach dem Besuch des Gellértbads wie ich in einem Zen-ähnlichen Zustand ist.

Der Grund dafür, dass so ein Spaziergang eine großartige Erfahrung ist, sind Budapests Brücken. Es sind insgesamt 14, und sie sind wichtig für die Identität der Stadt. Das Gellértbad liegt auf der Pest-Seite und Buda auf der anderen, und die Brücken sorgen für den Zusammenhalt der Stadt und einen sie, obwohl die Vereinigung von Buda und Pest weiter zurückreicht als die Brücken.

Eine Symbiose der Siedlungen an den beiden Ufern der Donau gab es schon seit Jahrhunderten, aber die erste Brücke über den Fluss wurde 1839–49 gebaut: die berühmte Kettenbrücke, die zu einem Wahrzeichen der Stadt wurde. Ich gehe in die Richtung, aber zuerst überquere ich wieder die elegante Hängebrücke aus grünem Stahl beim Gellért. Sie ist jetzt als Freiheitsbrücke bekannt, hieß jedoch zuerst Franz-Joseph-Brücke, und der Kaiser Österreich-Ungarns schlug bei ihrer Eröffnung 1896 symbolisch den letzten silbernen Niet ein.

Ich gehe nicht ans andere Ufer, zumindest zunächst nicht. Auf halbem Weg ziehe ich mich an einem der Träger hoch, das geht ganz leicht, setze mich zwischen die Nieten und mache ein Picknick. Auf dem Hinweg habe ich das bei anderen gesehen, und jetzt sind es noch mehr. An einem Stand in der Nähe des Gellértbads habe ich mir ein Sandwich und eine Flasche gekühlten Weißwein gekauft (irgendein alkoholisches Getränk, hatte ich vorhin bemerkt, schien für die Picknicker auf der Freiheitsbrücke unerlässlich). An einem schönen Tag wie heute ist es sehr zu empfehlen.

Zur Linken liegen die baumbedeckten Hügel von Buda, auf denen mittelalterliche Herrscher und später osmanische Invasoren Paläste und Befestigungsanlagen bauten; insbesondere Letztere genossen die heißen Quellen, und einige Bäder in Buda (wenn auch nicht das Gellért) stammen aus der Zeit der türkischen Besatzung zwischen 1541 und 1681. Auf der rechten Seite erstreckt sich Jugendstil- und klassizistische Schönheit den Fluss entlang bis zum Zentrum von Pest. Geradeaus blendendes Licht über der olivgrünen Donau, in der Ferne wölben sich die Brücken über den wogenden Fluss, jede scheint für die ungarische Entschlossenheit zu stehen, diesen mächtigen Fluss zu bezwingen. Wenn man zwischen den Nieten der Freiheitsbrücke sitzt, bekommt man einen Eindruck von der unglaublichen Ingenieursleistung, die erforderlich ist, um die Donau zu zähmen. Als kürzeste Brücke der Stadt hat die Freiheitsbrücke gleichwohl noch eine bemerkenswerte Länge von 333 Metern.

Sie ist auch ein guter Aussichtspunkt, um vergangene Zeiten zu betrachten: die Zeiten der Kelten, der Römer, Magyaren, Tartaren und Türken, bevor die Tage Habsburgs und Österreich-Ungarns kamen und der kommunistische Einfluss nach dem Zweiten Weltkrieg mit dem Aufstand von 1956, der von sowjetischen Panzern, die die Straßen entlang der Donau hinunterrumpelten, niedergeschlagen wurde. Die ersten freien Wahlen des Landes fanden im Mai 1990 statt, ein Jahr nach dem Fall des Eisernen Vorhangs. Im Juli 1990 zogen sich schließlich sowjetische Panzer und Truppen zurück.

Wie es sich für jemanden, der auf der Brücke picknickt, gehört, esse ich mein Schinken-Sandwich, trinke meinen gekühlten Wein und entspanne genau an der Stelle, die im Zweiten Weltkrieg weggesprengt wurde. Alle Budapester Brücken wurden damals von den sich zurückziehenden Deutschen zerstört, aber die Freiheitsbrücke wurde als erste wiederaufgebaut und im August 1946 wiedereröffnet. Im Sonnenschein beim Wein ist es unheimlich, daran zu denken, dass an dieser Stelle damals von einem deutschen Sprengkommando Dynamit deponiert wurde. Ich beobachte, wie ein Traumschiff mit einem stark frequentierten Pool, an dem Cocktails serviert werden, unter uns südwärts gleitet. Ein Schiff mit Tagesausflüglern pflügt nordwärts Richtung Kettenbrücke, ein Mikrofon-Kommentar dringt gedämpft herauf. Oben von den Pylonen blicken mythische ungarische Falken unergründlich auf die Szenerie. Dies ist wahrscheinlich der beste Picknickplatz in Mitteleuropa, wenn nicht sogar auf der ganzen Welt.

Der Spaziergang am Fluss entlang zur Kettenbrücke führt mich wieder an den getönten Fenstern der schicken Kreuzfahrtschiffe vorbei zur Elisabethbrücke, die 1964 schließlich wiederaufgebaut wurde. Lange, weiße Tragkabel schwingen über den an dieser Stelle nur 290 Meter breiten Fluss. Die Elisabethbrücke ist von allen Budapester Brücken die mit der geringsten Spannweite, aber mit sechs Spuren für Autos eine wichtige Verbindung in der Stadt. Die Tragkabel werden von zwei riesigen weißen Pfeilern gehalten, die irgendwie megalithisch aussehen: stählerne Reinkarnationen prähistorischer Steine von gigantischem Ausmaß.

Es folgt die Schönste unter Budapests Brücken. Während ich weiter am Ufer entlang an Anlegern für Touristenschiffe vorbeigehe, tauchen die spinnwebartigen, ätherischen Umrisse der Kettenbrücke vor mir auf. Die verschlafene kleine Stadt Marlow in Oxfordshire an der Themse scheint vielleicht Millionen Kilometer von der Stadt in Zentraleuropa entfernt, die einmal die zweite Hauptstadt eines riesigen Kaiserreiches war. Dennoch gibt es eine Verbindung. Graf István Széchenyi bewunderte William Tierney Clark, den britischen Ingenieur, der die 72 Meter weite Hängebrücke über die Themse in Marlow konstruierte, die 1832 eröffnet wurde, und er beauftragte Clark, eine ähnliche für die Donau zu entwerfen. Das tat er prompt, und nach neun Jahren Bau, wobei Teile in Großbritannien hergestellt und nach Ungarn verschifft wurden, wurde die Brücke mit großem Tamtam eröffnet. Zu einer Zeit, da Ungarn sich seiner Identität versicherte und von Österreich zu lösen versuchte, war das ein höchst aufgeladener Moment. Und auch für seine Hauptstadt war es ein Wendepunkt. Nur 24 Jahre später wurde Buda offiziell mit Pest zusammengelegt, und Budapest entstand. Bis zum heutigen Tag wird Clark, der aus Bristol stammt, aber die meiste Zeit seines Lebens in Hammersmith in London lebte (er hat die ursprüngliche Hammersmith Bridge über die Themse entworfen), in der ungarischen Hauptstadt verehrt.

Das Ergebnis seiner Arbeit war eines der modernen Wunder der Welt, als die Brücke eröffnet wurde, und ist bis heute ein europäischer Meilenstein mit Symbolcharakter, mit einer Spannweite von 375 Metern und Steinlöwen, die an jedem Ende Wache halten. Als ich ankomme, ist sie überfüllt mit Touristen, die Fotos machen, und ich tue es ihnen gleich, fotografiere eine Weile drauflos – und frage mich, wie schon in Lwiw im Irish Pub, ob Reiseschriftsteller das tun sollten.

Aber genug über ungarische Brücken.

Ich wende mich landeinwärts, an einem Vier-Jahreszeiten-Hotel und einer modernen Skulptur von einer großen, dünnen Frau in High Heels und Minirock vorbei Richtung Bahnhof Nyugati. Die Straßen in dieser Gegend sind mit wohlhabenden Häusern gesäumt, mit Espressobars an den Ecken, Friseursalons, gehobenen Restaurants und einem Mr.Funk-Donut-Laden, der besonders beliebt zu sein scheint.

Bevor ich den Bahnhof erreiche, wird meine Aufmerksamkeit jedoch erneut abgelenkt. Eine Reihe von Protestplakaten am Rande des Freiheitsplatzes ist kaum zu übersehen.

Ein bisschen Politik in Mitteleuropa ... zusätzlich zu all den anderen Themen, die mir entlang der Zugstrecken auf dem Kontinent bisher begegnet sind.

Es geht bei der Auseinandersetzung um die Statue des Erzengels Gabriel (die Ungarn repräsentiert) mit einem Adler (der Deutschland repräsentiert), der Gabriel von oben angreift. Sie wurde, erfahre ich auf dem Plakat, 2014 heimlich über Nacht errichtet, gegen den Widerstand jener, die der Meinung sind, dass es die Komplizenschaft Ungarns mit den Nazis im Zweiten Weltkrieg leugnet. Auf einem heißt es: »Ungarn war ein treuer Verbündeter Hitlers im Zweiten Weltkrieg und hat sich 1940 als erstes Land den Achsenmächten angeschlossen. Am 19. März 1944 wurden die deutschen Truppen mit Blumensträußen statt Schüssen empfangen.«

Ungarns Ministerpräsident Viktor Orbán, Führer der Partei »Fidesz – Ungarischer Bürgerbund« wird für die Errichtung des Denkmals verantwortlich gemacht – und das ist nicht die einzige Kritik, die der umstrittene Politiker seit seiner Machtübernahme 2010 auf sich gezogen hat.

Orbáns erbitterte Anti-Einwanderungspolitik, wozu die Errichtung von elektrischen Stacheldrahtzäunen mit Wärmesensoren und Kameras entlang der Südgrenze Ungarns gehört, ist international verurteilt worden, sein Zugriff auf die Medien des Landes hat in einem solchen Ausmaß zugenommen, dass ein prominenter Journalist,

Balázs Lang, gesagt hat: »Ich mache den Job seit 25 Jahren, aber ich habe genug. Ich werde aufhören, denn es macht keinen Sinn mehr, in diesem Land Journalist zu sein.«

Wie in Polen geschehen, hat Orbán Eingriffe in die Justiz vorgenommen, indem er kritische Richter entfernt hat. Finanzielle Unregelmäßigkeiten bei Wahlen und möglicher Wahlbetrug haben unabhängige Beobachter veranlasst zu fragen, wie fair die letzten Parlamentswahlen überhaupt gewesen sind. In einem weiteren Schritt hat Orbán es zu einem Straftatbestand für Rechtsanwälte gemacht, Asylbewerbern zu helfen. Er erklärt, eine neue Art von Politik zu machen, für die er den Begriff »illiberale Demokratie« benutzt. Unabhängige Beobachter bevorzugen dafür den Begriff »Autoritarismus«.

Noch mehr keimende Unzufriedenheit in Europa. Noch mehr beunruhigende Zeiten.

Eine lange Zugreise durch den Kontinent öffnet einem die Augen, und dabei geht es nicht nur um das, was man vom Zugfenster aus sieht.

Als ich schließlich am Bahnhof Nyugati ankomme, ist es ein bisschen enttäuschend: etwas älter als der Schwesterbahnhof, 1877 am Startpunkt der ersten Bahnlinie des Landes zwischen Pest und Vác gebaut, die 1846 eröffnet wurde. Ein weiteres großartiges Bauwerk, das leicht als Präsidentenpalast dienen könnte, aber es ist wirklich heruntergekommen, die Tauben scheinen es in Besitz genommen zu haben. Der Bahnhof ist mit einer schwach beleuchteten Untergrundstation verbunden, wo mich eine Frau anspricht: »*Seeks?*«

Ich verstehe zuerst nicht.

Dann beugt sie sich vor und zeigt mir ihre Brüste. »*Seeks?*«

Sie schlendert davon und stellt jedem Pendler dieselbe Frage. Offensichtlich ist sie auf irgendeiner Droge und braucht dringend Geld, um sich die nächste Dröhnung zu kaufen.

Nach dieser Begegnung nehme ich eine Straßenbahn zum Eisenbahnmuseum der Stadt in einem Vorort, um festzustellen, dass es nur an Wochenenden geöffnet hat. Ich sehe mir über den Zaun ein paar Wagen aus der Mitte des 20. Jahrhunderts an, bevor mich eine rundliche Frau, die dazu berechtigt zu sein scheint, wegscheucht.

Nachdem meine Erkundungstour zum Thema Eisenbahn abgeschlossen ist, wenn auch nicht so zufriedenstellend, wie ich gehofft hatte, und mit vielen Ablenkungen, kehre ich zurück ins Locomotive Hostel, wo der bärtige Mann immer noch am Tippen und niemand sonst zu sehen ist.

Es ist noch früh am Abend, und ich fühle mich nach dem Gellértbad noch voller Energie. Ein Flugblatt in der verlassenen Rezeption macht Werbung für eine Tour durch Budapests »Ruin Bars«, die um 8.30 Uhr vom Löwenbrunnen auf dem Vörösmartyplatz startet. Kurze sind inbegriffen, aber die Tour ist angeblich *viel mehr als eine übliche Kneipentour mit viel Alkohol*. Die Tour ist nicht kostenlos, sie kostet ein paar Forint, aber es klingt vielversprechend, auch wenn ich nicht weiß, was eine »Ruin Bar« ist.

Auf geht's zur großen Kneipentour in Budapest. Beim Löwenbrunnen hat sich bereits eine kleine Gruppe versammelt. Eine Führerin namens Rita hat die Leitung. Sie hat eine theatralische, übertriebene Art – und sagt, sie wird uns zu vier ehemaligen Lagerhäusern und Fleischverarbeitungsbetrieben führen, die zu Bars umfunktioniert wurden.

Während wir uns auf den Weg zu den »Ruinen« machen, lerne ich nach und nach meine Gefährten auf der Suche nach einer guten Zeit kennen. Es ist sehr gesellig – und eher zufällig. Ich weiß eigentlich nie, wohin die Gespräche führen. So sollte es auf einer guten feuchtfröhlichen, Wen-kümmert-es-was-geschieht-Kneipentour auch schließlich sein.

Auf dem Weg zu Ruin Bar Nummer eins und drinnen erzählt mir ein bärtiger Mann aus Portland, Oregon, dass »in Amerika eine Bildungskrise herrscht: Das wird die USA in zehn Jahren einholen«.

»Warum?«, frage ich.

»Weil es niemanden mehr geben wird, der noch etwas bedienen kann«, erwidert er.

»Woran liegt das?«, frage ich.

»Ungleichheit, Mann. Ungleichheit ist die Ursache. Wenn du nichts hast, wird aus dir nichts werden. Und immer mehr Menschen haben nichts, Mann«, sagt er.

Wir trinken alle hellgrüne Kurze auf einem Hinterhof, der aussieht wie eine ehemalige Kfz-Werkstatt, und reden eine Zeit lang über Ungleichheit in den USA und anderswo. Einige von uns, ich eingeschlossen, kaufen sich noch ein Bier dazu. Wir kippen unsere Getränke ziemlich schnell ... und ziehen weiter.

Auf dem Weg zu Ruin Bar Nummer zwei, eine kurvige Straße hinunter, erzählt ein anderer Amerikaner von seinen Lieblingsferienorten. Er ist riesig und arbeitet für eine Fluggesellschaft (ich finde nicht heraus, in welcher Funktion). Er kommt jedenfalls ein bisschen herum.

»Mein Lieblingsort, was Essen angeht? Rate!«, fordert er mich auf.

»Frankreich?«, schlage ich vor, da ich den ganzen Erdball zur Verfügung habe.

»Falsch! Falsch! Argentinien!«, ruft er, bevor er mich erneut auffordert: »Mein Lieblingsort, was die Landschaft angeht?«

»Der Grand Canyon«, tippe ich zaghaft.

»Falsch! Ganz falsch! Positano in Italien!«, erwidert er. Wir erreichen Ruin Bar Nummer zwei, wo wir hellrote Kurze bekommen, und ein paar von uns, ich eingeschlossen, kaufen Bier dazu. Ruin Bar Nummer zwei ist der ehemalige Fleischverarbeitungsbetrieb, der jetzt mit Teelichtern geschmückt ist und wo ein DJ Schallplatten auflegt.

»Mein Lieblingsort, was Atmosphäre angeht?«, fragt mein neuer riesiger amerikanischer Freund, der eine Fülle solcher Fragen auf Lager hat.

Ich trinke den hellroten Kurzen auf Ex und versuche es mit Venedig.

»Falsch, falsch, falsch! Völlig falsch!«, sagt er mit Entschiedenheit und fuchtelt wild mit den Armen, um zu demonstrieren, wie völlig falsch ich liege.

»Rom!«, dröhnt er.

»Aber natürlich!«, erwidere ich.

»Rom wegen der Atmosphäre. Oh Rom!«, sagt er und nimmt einen großen Schluck Bier, um die Endgültigkeit seiner Meinung zu unterstreichen.

Wir ziehen weiter zu Ruin Bar Nummer drei, die sich in einer Art ehemaligem Lagerhaus befindet (ich glaube, dort wurden Seile gelagert). Auf dem Weg dorthin erzählt Elizabeth aus Maryland – es sind viele Amerikaner bei der Kneipentour –, dass sie und ihr Mann ihr Haus verkauft haben, um eine Weltreise zu machen, die schon zwei Jahre andauert. Sie rät mir, als würde sie mir ein Geheimnis verraten, vergleichbar damit, wer wirklich JFK ermordet hat, in Europa kein Zimmer zu buchen, das im Internet als *gemütlich* bezeichnet wird.

»Gemütlich bedeutet einfach klein«, sagt sie verächtlich. »Vertrauen Sie niemals, niemals gemütlich! So viel kann ich Ihnen sagen.«

In der Ruin Bar Nummer drei bekommen wir hellrote Kurze, und ein paar von uns, ich eingeschlossen, kaufen uns ein Bier oben drauf. Spencer, ein weiterer Amerikaner, erzählt mir, dass er beschlossen hat, von jetzt an immer in jeder Hand ein Getränk zu halten. Er ist 19 und reist mit seinem Vater in Europa. Dieser fühlte sich heute Nachmittag nicht gut und hat seinem Sohn erlaubt, die Ungezwungenheit von Budapests Ruin Bars kennenzulernen.

Spencer beklagt sich eine Zeit lang darüber, dass in den meisten US-Staaten das Trinken von Alkohol unter 21 verboten ist. »Ich meine, wenn man nach Europa kommt, muss man es ausnutzen, Mann!«, sagt er. Er scheint bisweilen nicht zu wissen, ob er aus seiner linken oder rechten Hand trinken soll, das ist die fantastische Freiheit, die

die gesetzlichen Regelungen für das Mindestalter für Alkoholkonsum in der Europäischen Union eröffnen.

Nach einer Weile vertraut Spencer mir an, dass er nach Winston Churchills zweitem Vornamen benannt worden sei und dass es für seine Eltern ein Zeichen der Anerkennung der besonderen Beziehung Großbritanniens und Amerikas sei.

Spencer hat ein unfehlbares Timing, was das Trinken angeht. In dem Moment, wo wir uns auf den Weg zu Ruin Bar Nummer vier machen, trinkt er die letzten Tropfen seiner Biere in der linken und rechten Hand ... und wir ziehen weiter.

Auf dem Weg zu Ruin Bar Nummer vier unterhalte ich mich zum ersten Mal mit einem Nicht-Amerikaner, dem Maschinenbauer Christoph aus Deutschland. Er spricht über die Europäische Union.

»Die EU, oh, die EU! Mir gefällt die Idee, aber oh, die EU!«, sagt er.

»Was meinst du?«, frage ich.

»Wohin geht das Geld? Wohin?«, fragt Christoph rhetorisch. »Wir wissen nicht, wohin das Geld geht. Weißt du es?«

»In Großbritannien geht es Landwirten und wirtschaftlich benachteiligten Gegenden ganz gut ...«, beginne ich, aber Patrick, auch aus Deutschland, der uns zugehört hat, fällt ein: »Die EU ist gut für die neuen Mitglieder, um Straßen, Bahnstrecken und Stadien zu bauen: Polen, Rumänien. Dafür ist die EU gut. Ist sie auch gut für die großen Länder?«

In der Ruin Bar Nummer vier, eine weitere Lagerhalle (ich glaube, hier wurden einmal Gewürze gelagert), komme ich mit Rita ins Gespräch. Wir bekommen alle hellrote Kurze, und ein paar von uns, ich eingeschlossen, kaufen uns Bier dazu (Spencer nimmt selbstverständlich zwei). Während aus der Lautsprecheranlage Hip-Hop dröhnt, erzählt mir Rita, dass Fremdenführerin nur einer ihrer Jobs ist. Sie unterrichtet auch Tanz und arbeitet als Headhunterin für die IT-Branche. Außerdem studiert sie Politikwissenschaften und leitet eine katholische Jugendgruppe.

»Das hier ist sicher die einzige Kneipentour auf der Welt, die von der Leiterin einer katholischen Jugendgruppe geführt wird«, sage ich.

»Das hier sind keine Kneipentouren!«, erwidert Rita, als fühlte sie sich durch meine Behauptung beleidigt (aber nicht wirklich). »Es sind Kneipenführungen!«

Die Amerikaner, Christoph, Patrick und ich bleiben noch eine Zeit lang in Ruin Bar Nummer vier, nachdem wir uns am offiziellen Ende der »Bar Tour« von Rita verabschiedet haben. Inoffiziell geht die Bar Tour noch weiter.

Mein *Lonely-Planet*-Führer für Budapest warnt vor verdammt gutaussehenden Frauen in Budapest, die Touristen ansprechen und überreden, in eine Bar zu gehen, wo Getränke ein Vermögen kosten können. Das ist uns bei unserer inoffiziellen Verlängerung der Tour nicht passiert. Vielleicht sahen wir einfach nicht so aus, als hätten wir die nötigen Euros (oder waren einfach nicht der Mühe wert).

Irgendwann komme ich irgendwie wieder ins Locomotive Hostel. Es war ein netter Abend.

Spontan
VON BUDAPEST NACH VRBAS IN SERBIEN

Am nächsten Morgen lerne ich auf dem Bahnhof Budapest Keleti deutsche Eisenbahnliebhaber kennen.

Sie gehören einer organisierten Gruppenreise mit der Bahn von Nürnberg nach Ungarn an und sind im Begriff, in einen Zug mit einer rot-gelben Lokomotive von 1960 zu steigen, gebaut von NOHAB, einer schwedischen Firma. Der Motor mit 16 Zylindern und neun Litern Hubraum pro Zylinder stammt von General Motors in Amerika.

Das alles erfahre ich von einem anderen Christoph – nicht, dass ich es ganz verstehe –, der mir erzählt: »Ich fahre nicht gerne Zug. Aber ich mag Züge.«

Er ist schlaksig und lustig, um seinen Hals hängt eine Kamera mit einem langen Objektiv. Begleitet wird er von Tina, ebenfalls schlaksig und lustig, die auch eine Kamera umhängen hat. Der ganze Bahnsteig ist voller Menschen. Die Stimmung ist euphorisch.

»Ich reise gerne herum und mache Fotos von Zügen«, sagte er. »Ich liebe Züge!«

Er zögert und denkt darüber nach, was er vorher gesagt hat.

»Eigentlich fahre ich doch gerne mit dem Zug – ich habe Blödsinn geredet«, sagt Christoph.

»Was gefällt dir daran am meisten?«, frage ich.

Er denkt kurz darüber nach. »Das Beste daran ist, dass man die Richtung nicht ändern kann«, sagt Christoph. »Du fährst dahin, wo der Zug hinfährt. Du kannst nirgendwo anders hin. Du musst nicht zu viel *nachdenken*.«

Tina hat uns zugehört. »Mir gefällt der Klang der Maschine«, meldet sie sich zu Wort, »dieser *kräftige* Klang.« Sie blickt begeistert zur NOHAB-Lokomotive. »Da ist sie! Die Lok wartet darauf, uns zu zeigen, wie stark sie ist.«

Sie können die Augen nicht von der Lok abwenden – und es ist tatsächlich eine schöne Lokomotive mit einem bauchigen Führerabteil, schicken gelben Linien und Scheinwerfern. Die Lok hat sogar einen Namen: JEANETTE.

»Wie die legendären Santa Fe F-Units. Sieh sie dir nur an!«, sagt Christoph, bevor er erklärt, dass die Lokomotive nach Norwegen und dann weiter nach Ungarn verkauft wurde. Das Land hat 20 solcher Lokomotiven gekauft. Ich hab keine Ahnung, woher er das alles weiß.

Ich lasse sie auf dem Bahnsteig zurück und besteige den 7.57-Uhr-Zug nach Belgrad. Mein Wagen ist grau-blau und leer. Ein Pfiff ertönt. Das Signalhorn hupt zweimal. Wir fahren los, und die Schar deutscher Eisenbahnfans dreht sich um, strahlt und winkt. Das Signal hupt noch einmal. Sie klatschen Beifall. Was für ein lustiger Abschied vom Bahnhof Budapest Keleti.

Es ging hier in letzter Zeit nicht immer so fröhlich zu. Im Sommer 2015 entstand ein riesiges syrisches Flüchtlingslager um den Bahnhof, das evakuiert wurde, und irgendwann wurden alle Züge in Richtung Westen eingestellt. Die Syrer hielten Fahrkarten und Kleinkinder hoch und skandierten (auf Arabisch) »Deutschland! Deutschland!«, um ihre Verärgerung über Ungarn und ihre Wertschätzung der Einwanderungspolitik der deutschen Kanzlerin Angela Merkel kundzutun, die gesagt hatte, dass sie die Flüchtlinge aufnehmen würde. Als die Züge dann fuhren, war Österreich sauer; und als Österreich die Züge weiter nach Deutschland fahren ließ, waren viele deutsche Politiker (nicht Merkel) erbost.

Damals sagte Merkel: »Deutschland ist ein starkes Land. Das Motiv, mit dem wir an diese Dinge herangehen, muss sein: *Wir haben so vieles geschafft – wir schaffen das!* (...) Versagt Europa in der Flüchtlingsfrage (...), wird (es) nicht das Europa sein, das wir uns vorstellen.«

Der Bahnhof Budapest Keleti wurde ein Symbol der Flüchtlingskrise. Eine syrische Frau gebar vor dem Bahnhof ein Kind. Die sanitären Bedingungen waren schlimm für die, die vor der hübsch bröckelnden Fassade mit Stephenson und Watt kauerten. Es gab lediglich acht schmutzige Dixi-Klos für Hunderte, die dort gestrandet waren. Nach langem Warten auf den Zug nach Norden verlegten sich viele darauf, die 200 Kilometer zur österreichischen Grenze zu Fuß zu gehen oder per Anhalter zu fahren, obwohl sie für teure Fahrkarten bezahlt hatten. Allmählich leerte sich das Lager.

Als Antwort auf die internationale Kritik sagte Orbán, dass er das Christentum gegen muslimischen Einfluss verteidige: »Alles, was sich gerade vor unseren Augen abspielt, könnte explosive Folgen für ganz Europa haben. Europas Reaktion ist Wahnsinn. Wir müssen erkennen, dass Europas fehlgeleitete Einwanderungspolitik für diese Situation verantwortlich ist. Jeder europäische Politiker, der Migranten ein besseres Leben verspricht und sie ermutigt, ihr Leben zu riskieren und sich nach Europa aufzumachen, handelt unverantwortlich. Wenn Europa nicht auf den Weg der Vernunft zurückkehrt, wird es im Kampf um sein Schicksal untergehen.«

Wie gesagt, Bahnhöfe haben Geschichten, und diese ist noch frisch in Erinnerung (und sie stinkt).

Der Zug Ivo Andrić von Budapest nach Belgrad schlängelt sich auf den Schienen, auf denen Leo Trotzki 1912 gefahren ist, als er Reporter für die *Kievskaya Mysl* war, nach Süden. Auf der Fahrt schrieb er: »Obwohl die Bahnlinie hauptsächlich in südliche Richtung führt, vom kulturellen Standpunkt aus fährt man ostwärts.« Die Landschaft ist flach wie ein Pfannkuchen mit smaragdgrünen Feldern unter einem blassen Himmel. Wir halten in Kunszentmiklós, um eine ältere Frau mit einem Einkaufstrolley einsteigen zu lassen.

Am Bahnhof Tabdi sind hübsche Beete mit rosa Blumen und ein Bahnhofsleiter mit roter Schirmmütze. Ein grimmig blickender Schaffner mit fast vollständig geschorenem Kopf bis auf einen merkwürdigen kriegerähnlichen Pferdeschwanz setzt sich mir gegenüber und betrachtet mich wortlos. Ein mit roten Wildblumen übersätes gelbes Feld endet an einem Wäldchen mit spindeldürren Bäumen mit weißen Blüten. Ein kräftiger ungarischer Grenzer betritt den Wagen, will meinen Pass sehen und fragt: »Thomas Doyle?« Doyle ist mein zweiter Vorname.

»Ja«, sage ich.

»Wohin fahren Sie?«

»Belgrad«, sage ich; zumindest glaube ich das.

»Okay, gute Fahrt.«

Grenzübertritte *in diese Richtung* sind wahrscheinlich einfacher als in die andere.

Hinter dem NATO-Draht kommen wir nach Subotica in Serbien. Hier wechseln die Schaffner. Auf dem Bahnsteig sitzen Polizisten an einem Tisch und gestikulieren wild, als würden sie hitzig über Politik diskutieren. Als wir aus dem Bahnhof von Subotica fahren, kommen wir an einem Lokschuppen mit zerbrochenen Fensterscheiben und bröckelnden Wänden vorbei. Ein Graffito sagt:

»SMILE«. Dies ist wirklich ein sehr langsamer Zug. Wir halten in Bačka Topola, wo Fahrgäste aussteigen und über die Gleise gehen. Anschließend schreckt der Zug ein Reh auf einem Feld auf, das Tier rennt davon wie von einer Wildkatze gejagt.

Am Bahnhof Vrbas, der nächste auf der Strecke, tue ich etwas, das ich nicht geplant hatte.

Ich steige aus.

Ich möchte eine Zeit lang vom Weg abkommen.

In diesem Teil Nordserbiens ist das nicht schwer. Ich überquere die Gleise mit ein paar anderen Fahrgästen und sehe zu, wie die graffitibedeckten Wagen des 7.57-Uhr-Zuges nach Belgrad in der Ferne verschwinden. Das wäre das. Ich betrete eine lindgrüne Bahnhofshalle und bemerke eine kleine Bahnhofswirtschaft, in der sich Leute angeregt unterhalten. Ich frage einen Mann, der gerade sein Auto auf einem Parkplatz wäscht, wo es zum Zentrum von Vrbas geht. Er zeigt nach rechts und sagt: »Zwei Kilometer.«

Ich mache mich auf den Weg in die Richtung, an Häusern mit Palisadenzäunen vorbei, die mich an Kleinstädte in den USA erinnern. Kinder spielen Basketball. Ein Silo taucht auf, obendrauf steht »VITAL« geschrieben. Die Straße macht eine Biegung zum Stadtzentrum, Ahornbäume spenden Schatten. Vrbas scheint ein gut organisierter, netter Ort zum Leben zu sein. Ein MAXI-Supermarkt und ein Balkan-Bet-Wettbüro haben geöffnet. Ich hole mir einige serbische Dinars aus einem Geldautomaten. Dann überlege ich, was ich in Vrbas machen könnte.

Serendipität, Serendipität – ich muss an die weisen Worte der Meister des Zugreisens, Gardner und Kries, denken.

Das Café Panorama 15 sieht einladend aus. Eine Terrasse führt in ein Café mit rosa und lindgrünen Stühlen. Ein hochgewachsener Kellner mit orangem T-Shirt nähert sich. Er spricht Englisch und fragt im Schnellfeuerstil: »Woher kommen Sie, Budapest? Wie sind Sie auf die Idee gekommen hierherzukommen? Woher kommen Sie, London?«

Er scheint die meisten Antworten schon zu kennen, bevor er fragt. Ich fülle die Pausen.

Sein Name ist Alexander. »Ich war in Felixstowe«, sagt er. »Ich bin zur See gefahren: Chef der Stewards und Köche auf einem Frachtschiff. Das habe ich zwei Jahre gemacht. Dann wurde der Lohn zu gering. Sie haben Leute aus Indonesien, China und von den Philippinen für 1100 Dollar im Monat eingestellt. Vorher hatte ich 1900 Dollar bekommen. Es war eine zu starke Lohnkürzung. Deshalb bin ich gegangen.«

Das sind die ersten und letzten Worte, die er an mich richtet, denn er ruft den Inhaber des Cafés, Peter Vujicic herbei, der eindeutig der offizielle Sprecher des Panorama 15 ist.

Der Kellner geht. Der Inhaber und ich sitzen unter einem Baum im Hof – und reden über dies und das. Peter ist ein ehemaliger Profi-Basketballer. Er trägt ein NIKE-AIR-FORCE-T-Shirt und Nike-Air-Sportschuhe. Er hat einen Kinnbart und eine klobige Taucheruhr. Anscheinend ist ihm gerade danach, herumzuhängen und zu reden. »Ich bin mit fünfzehn von zu Hause weg«, sagt er, wegen Basketball. »Ich habe für Hemofarm Vršac gespielt, eine Stadt im Nordosten nahe Rumänien. Es war einer der besten Vereine in Serbien.« Er sagt, dass Michael Jordan, der amerikanische Basketballspieler, einer der besten aller Zeiten sei. Er redet kurz über Basketballgrößen. Die Serben lieben Basketball, sagt Peter.

Vrbas war einmal eine der »größten Industriestädte in Jugoslawien mit der größten Zuckerraffinerie, dem größten Mayonnaise-Hersteller sowie Wurst- und Schinkenproduzenten«, fährt Peter fort. Außerdem gibt es ein Lkw-Unternehmen und einen relativ gesunden Textileinzelhandel. Weizen, Mais, Soja, Aprikosen, Äpfel, Erdbeeren und Himbeeren werden in der Gegend angebaut. Ich hoffe, dass ich alles richtig verstanden habe. Die Bevölkerung beträgt 24.000, und der Name bedeutet »Weide« auf Serbisch. Während der Diktatur Josip Broz Titos (1953–1980) hieß die Stadt Titov Vrbas (Titos Weide).

Die Sozialistische Föderative Republik Jugoslawien, die die meiste Zeit von Tito regiert wurde, bestand von 1945 bis 1992 und umfasste sechs Teilrepubliken: Serbien, Slowenien, Kroatien, Bosnien und Herzegowina, Montenegro und Makedonien. Belgrad in Serbien war die Hauptstadt. Nach einem Bürgerkrieg erlangten diese Republiken in den 1990ern Unabhängigkeit. 1999 brach ein weiterer Konflikt aus, als serbische Streitkräfte die Provinz Kosovo von der albanischen Bevölkerung säuberten. Die Folge? NATO-Luftangriffe, der Rückzug der serbischen Armee und die Bildung der autonomen Republik Kosovo, die jetzt von mehr als hundert Ländern innerhalb der Vereinten Nationen anerkannt wird und 2008 offiziell ihre Unabhängigkeit von Serbien erklärte.

Es ist eine konfliktgeladene Region. Man muss nur auf den 28. Juni 1914 zurückblicken, als Erzherzog Ferdinand von Österreich in Sarajewo in Bosnien einem Attentat zum Opfer fiel, was Österreich-Ungarn veranlasste, Serbien den Krieg zu erklären und den Ersten Weltkrieg auszulösen. Viele schreckliche Taten sind in dieser Gegend begangen worden, erst kürzlich. Mehr als 8000 bosnische Muslime wurden 1995 von bosnisch-serbischen Truppen getötet und 30.000 wurden aus dem Land vertrieben. Diese ethnische Säuberung führte zu einer UN-Resolution und Verurteilungen wegen Genozids.

Peter ist gerade alt genug, um sich an die NATO-Angriffe zu erinnern. »Sie haben die Brücke hier zerstört. Ich war vier Jahre alt und hab es nicht verstanden. Ich hasse niemanden. Ich wusste nicht, was vor sich ging. Meine Mutter sagte: ›Wir müssen wieder in den Keller gehen.‹ Wir gingen mit den Großeltern nach unten und guckten Fernsehen und spielten Play Station. Für Kinder war es lustig. Die Erwachsenen wussten, was passierte, aber die Kinder nicht.«

Er zögert. »Die Wahrheit steht nicht in den Zeitungen. Sie sagten, Fabriken und Brücken hätten sie nicht bombardiert, aber das haben sie.« Mit *sie* meint er die NATO.

Er spricht über den Zug nach Belgrad, den ich morgen nehmen werde. »Oh, der Zug! Ich habe viele Frauen in dem Zug getroffen. Das war sehr gut für mich. Ich war in Italien und Frankreich und bin dort mit dem Zug gereist. Ja, es gibt gut aussehende Frauen in den

Ländern. Aber die Frauen hier haben etwas an sich: ah!« Er wirft mir einen Blick zu, der ausdrückt, dass es unmöglich ist, die Qualitäten der Frauen in Nordserbien in Worte zu fassen.

Ich frage Peter, ob das Panorama 15 Zimmer hat, aber es hat keine. Stattdessen bringt Peter mich um die Ecke zum Hotel Bačka. Er bittet die Frau an der Rezeption, mir einen guten Preis zu machen, dann geben wir uns die Hand und trennen uns. Es war nett, sich mit ihm zu unterhalten. Das Glück des Zufalls scheint in Serbien auf meiner Seite.

Hotel Baćka ist, das muss man ehrlicherweise sagen, nicht gerade ein Hingucker. Es ist ein Betonbau aus der Tito-Ära und könnte ebenso gut ein mehrstöckiges Parkhaus sein. Genau dafür habe ich es gehalten, als ich auf dem Weg zum Panorama 15 daran vorbeigegangen bin. Die Hotellounge ist auf fast komische Weise trostlos: graue Sofas, verblichene orange Vorhänge und am Ende eine Bar. Niemand außer der Frau am Empfang ist zu sehen. Sie gibt mir einen Schlüssel und ein Faltblatt des Hotels mit dem Bild eines Zimmers mit zwei schmalen Einzelbetten. Ich gehe nach oben in ein Zimmer mit einem schmalen Einzelbett, beigen Wänden und einem goldenen Lehnstuhl. Eigentlich ist es ganz bequem. In einer Broschüre auf dem Schreibtisch steht: »Es ist nicht erlaubt, Sprengwaffen, brennbares Material oder gefährliche Chemikalien ins Hotel zu bringen.« Zum Glück verstoße ich gegen keine Regeln. Eine andere Information lautet: »Wäsche wird einmal die Woche, Handtücher werden täglich gewechselt.« Es sind vier Seiten mit ähnlichen Informationen. Mir ist alles recht.

Ich gehe eine mit Ahornbäumen bestandene Straße entlang zu einem anderen Café am anderen Ende der Stadt und komme an einer halb fertiggestellten Kirche, einem aufgemotzten roten BMW und einem Stand mit Erdbeeren vorbei. Hier treffe ich noch einen Mann aus Vrbas, der ziemlich dogmatisch zu sein scheint.

Er ist groß, tätowiert, mit geschorenem Kopf und Sonnenbrille. Er trägt schwarze Shorts und ein schwarzes T-Shirt. Er könnte gut

Mitglied einer Rap-Band aus Los Angeles sein. »Zu Zeiten Jugoslawiens«, sagt er, »hatten wir einen Führer unter einer Flagge. Als er starb, wollte Kroatien plötzlich unabhängig sein.« Der Mann redet über den Kosovo und seine albanische Bevölkerung. Er zeichnet eine Karte von Europa und sagt: »Sehen Sie, Albanien gab es gar nicht!« Und weiter: »Stellen Sie sich vor, die würden nach England kommen und dort hundert Jahre leben und zehn Kinder bekommen und für nichts bezahlen? Und jetzt wollen sie das Land!«

Es folgen böse Worte über Tony Blair, Großbritanniens Premierminister während des NATO-Einsatzes. Böse Worte über Kroatien. »Wenn ein Serbe mit serbischem Nummernschild nach Kroatien fährt, bekommt er Ärger mit dem Auto, aber nicht umgekehrt.« Böse Worte über muslimische Flüchtlinge in Europa. Für England, sagt der Mann, sei es besser, Europa zu verlassen, dann müsse das Land keine muslimischen Flüchtlinge aufnehmen.

Ich gehe zurück ins Stadtzentrum in ein Restaurant, das Peter mir empfohlen hat, und esse Kebab. Anschließend nehme ich noch einen Drink unter einem Baum im Café Biblioteka neben dem Bambi-Eisladen. Es ist eine friedliche, entspannte Stadt, solange man nicht mit großen Männern in schwarzen T-Shirts über Politik redet.

Ich kehre in mein Zimmer im Hotel Bačka zurück und stelle fest, dass vor meinem Fenster ein lauter Motor angesprungen ist. Nicht so friedlich: Es klingt wie ein Flugzeug kurz vorm Start. Ich gehe zur Rezeption, um mich zu beschweren, und der Mann dort sagt, dass es ein Kühlaggregat für die Küche sei. »Das Fleisch! Das Fleisch! Verstehen Sie? Die Getränke können warm werden, aber nicht das Fleisch!« Er gibt mir ein anderes Zimmer.

In die Hauptstadt

VON VRBAS ÜBER NOVI SAD NACH BELGRAD

Das Frühstück wird im Hotel Bačka in einem Saal serviert, in dem 300 Personen Platz finden könnten.

»Wollen Sie Omelett?«, fragt die Bedienung.

»Ja, bitte.«

»Wollen Sie Tee, Milch, Joghurt, Kaffee?«

»Ja, bitte.«

Sie nickt und geht. Eine andere Frau beginnt, den Fußboden zu wischen. Die Bedienung kommt mit einem gelungenen Omelett und zwei Scheiben Brot dazu sowie den anderen Speisen und Getränken wieder. Nicht schlecht. Ich kaufe mir am Straßenstand einige Erdbeeren und auf einem Markt in der Nähe des VITAL-Silos Socken, bevor ich zum Bahnhof gehe, um den 9.26-Uhr-Zug nach Novi Sad zu nehmen.

Der Zug kommt pünktlich, und ich lande in einem Wagen voller Schüler. Wir fahren durch Ackerland, wo die Böschung am Bahndamm mit Mohnblumen übersät ist. Nachdem wir durch Stepanovićevo und Kisač gekommen sind, wo der Zug ziemlich lange an einem Bahnsteig gewartet hat, über den Eidechsen gehuscht sind, markieren Wohnblocks aus der Tito-Ära den Stadtrand von Novi Sad. Ich steige an einem Bahnhof aus der Tito-Ära mit spitzem Dach, dreieckigen Formen und einer Bahnhofshalle mit sozialistischer Kunst, die Eisenbahnschienen darstellt, aus.

Ich gehe eine lange Straße aus der Tito-Ära hinunter, überquere eine Brücke über die Donau und steige einen Hügel zur Festung Petrovaradin, Novi Sads große Attraktion, hinauf. Sie liegt hoch auf einem Felsen und bietet überwältigende Ausblicke auf die Donau, die groß und breit und voller Strudel ist. Die Petrovaradin-Festung aus dem 17. Jahrhundert ist Veranstaltungsort des seit 2001 jährlich stattfindenden Musikfestivals EXIT, wo über die Jahre Fat Boy Slim, die Beastie Boys und Morrissey gespielt haben. Ich komme mit einer

Fremdenführerin, die mit einigen chinesischen Touristen unterwegs ist, ins Gespräch.

Sie heißt Slada. »Ich war mal in London und Edinburgh, und es hat die ganzen drei Wochen nicht geregnet«, sagt sie. »Und genau in dem Moment, als ich ins Flugzeug stieg, um nach Hause zu fliegen, fing es an zu regnen. Das ist wahr!«

Ich frage sie nach dem EXIT-Musikfestival. »Zum Festival kommen viele aus Großbritannien«, sagt sie. »Sie sind sehr jung und trinken viel. Den ganzen Tag. Einige ältere Leute in Novi Sad schütteln über die britischen Jugendlichen den Kopf. Es gibt 25 Bühnen und ungefähr 200.000 Leute kommen während der vier Tage. Es ist eine sehr gute Atmosphäre.«

Ich trinke einen Kaffee bei den Befestigungsanlagen, bevor ich über den Fluss zurück zum Vojvodina-Museum gehe. Slada hat mir erzählt: »Wir haben drei goldene römische Helme in dem Museum. Es gibt nur elf solcher Helme auf der Welt, und wir haben drei. Es ist ein Wunder. Serbien ist voller Wunder!«

Auf dem Weg zurück fällt mir – eigentlich unübersehbar – ein Graffito auf der Brücke auf. Mit roter Farbe ist auf den Gehweg gekritzelt: »SERBIA YES, NATO NO. YANKEE GO HOME.« Dann sehe ich im Museum die goldenen Helme aus dem 4. Jahrhundert. Sie sind wunderschön, aber es sind nur zwei. Ich frage einen Wärter, was mit dem dritten passiert ist, und er antwortet, er sei für eine Ausstellung in Mailand ausgeliehen. Das Museum zeigt auch diverse serbische Trachten vergangener Jahrhunderte und glänzende religiöse Kultobjekte. Es ist ein guter kleiner Zwischenstopp. Wie die Stadt Novi Sad. Ich esse in einem Café einen leckeren Thunfischsalat zu Mittag und nehme den 14.56-Uhr-Zug in Serbiens Hauptstadt.

Der Zug, der wieder voller Schüler ist, überquert eine Stahlbrücke über die Donau. Wir kommen nach Beška, wo zwei jugendliche Skinheads aussteigen, und fahren weiter nach Indija, wo ein langer Zug mit Güterwagen, beladen mit Eisenbahnschwellen, am benachbarten Bahnsteig steht. In Stara Pazova hat sich ein Mann auf dem Bahnsteig zusammengerollt und schläft tief und fest. Wir fahren durch einen Tunnel und langsam an Fabriken und Lagerhallen vorbei. Um 17.17 Uhr fahren wir mit 25 Minuten Verspätung in den Bahnhof von Belgrad ein.

Meine Unterkunft, Hostel Play, ist gegenüber. Der Belgrader Bahnhof steht kurz vor der Schließung und soll durch einen neuen im Stadtteil Waterfront, der gerade aus dem Boden gestampft wird, ersetzt werden. Der Umzug ist nicht unumstritten. Nicht wenige halten es für einen Fehler und bezweifeln, dass Waterfront die Fahrgastzahlen bewältigen wird. Der Bahnhof, an dem ich ankomme, wurde 1884 eröffnet und hat eine klassische, gelb gestrichene Fassade. Anscheinend soll er ein Museum werden. Vom Fenster meines winzigen Zimmers im Hostel Play aus kann ich auf der anderen Seite eines Platzes mit regem Straßenbahnverkehr den Eingang sehen.

Belgrad ist eine weitere tolle Stadt; die Schienen bringen mich zu einigen der schönsten Plätze in Europa. Ich gehe zur hoch gelegenen Festung und schaue auf dem Weg bei einem Touristenbüro vorbei, wo mir eine Mitarbeiterin mit Perlenohrringen ein Restaurant in der Skadarlija empfiehlt, wo man das beste serbische Essen bekommt. Ich müsse unbedingt *ćevapčići* (gegrillte Hackfleischröllchen) und *lepinja* (Fladenbrot) probieren und mit *rakija* (Obstbrand) runterspülen. Sie sagt: »Es wird Ihnen hier gefallen. Wir befinden uns buchstäblich zwischen Ost und West. Es gibt türkische Einflüsse. Ungarische und deutsche Einflüsse. Das macht unsere Geschichte so interessant. Was in den Neunzigern passiert ist, ist nicht so schön. Nachbarn haben unser schönes Land zerstört. Ich würde sagen, dass 60 Prozent der Menschen lieber das alte Jugoslawien hätten als das, was jetzt ist. Die Europäische Union ist eine Kopie des alten Jugoslawien. Es ist interessant zu sehen, wie sie [die EU] gewachsen ist.«

Die Ausblicke von der Festung über die Donau sind herrlich. Das Essen im Restaurant Tri Šešira an der Skadarlija ist köstlich. Ich probiere alle Empfehlungen des Touristenbüros. *Ćevapčići* sind wie kleine Würstchen, zischend heiß mit klein geschnittenen Zwiebeln und *ljute papričice*, gebratenen Peperoni, serviert. *Lepinjas* ist lockeres rundes, weißes Brot. Der *rajika* ist stark und gut. Es ist ein beliebter Treffpunkt mit langen weißen Kerzen auf den Tischen und Musikern, die Volkslieder spielen, zu denen Gäste singen. Eine ältere Frau, die allein isst, klatscht zur Musik in die Hände, bestellt *rajika* und beginnt zu singen. Nachbarn klatschen mit, als sie die Augen schließt und sich der Musik hingibt.

Wieder das Glück des Zufalls in Serbien.

Ich bummele durch Straßen mit Gebäuden aus dem 19. Jahrhundert den Hügel hinunter zum Bahnhof, der bald geschlossen wird. Es ist ein lauer Abend. Ich gehe früh ins Bett. Morgen fahre ich noch weiter nach Westen.

KAPITEL 8

VON BELGRAD ÜBER ZAGREB IN KROATIEN NACH LJUBLJANA IN SLOWENIEN

»Gott sei Dank sieht man uns nicht an, was wir durchgemacht haben«

A m nächsten Morgen habe ich das Gefühl, dass ich Glück habe, und gehe in den Glücksspielladen neben dem Hostel Play gegenüber vom Bahnhof. Er scheint geöffnet zu haben, und ich bin neugierig. Wer geht am Sonntagmorgen in einen Glücksspielladen? Am Eingang ist ein Bild von einer brünetten Frau mit tief ausgeschnittenem Top, die verführerisch Chips in die Luft wirft, wie im schicksten Casino in Monte Carlo. Drinnen stehen ein paar Topfpflanzen neben einer Reihe MULTI-MAGIC-CLASSIC-Spielautomaten. Im Zentrum steht ein mechanisches Rouletterad, an dem ein Mann mit Stoppelbart und eine dünne blonde Frau, die ein T-Shirt mit der Aufschrift GUESS trägt, spielen. Sie sind die einzigen Spieler. Es sind keine Croupiers zu sehen. Ich setze mich gegenüber und habe zuerst Mühe herauszufinden, wie das Gerät funktioniert. Dann setze ich 500 serbische Dinars auf ein paar Zahlen und verliere. Ich habe 4,40 Euro Verlust. Ich setze weitere 230 Dinar, unter anderem 30 auf die Null. Die Null kommt, und ich habe 1480 Dinar Gewinn (12,50 Euro). Dann verliere ich 280 Dinar, und nach zehn Minuten – das reicht für den Glücksspielladen – habe ich einen Gewinn von 700 serbischen Dinar (5,95 Euro). Eine blonde Mitarbeiterin zahlt mir meinen Gewinn aus.

Auf einer langen Zugreise muss man sich manchmal alleine amüsieren.

Als ich draußen bin, gehe ich einen Hügel hinauf zum Trümmerfeld eines NATO-Angriffs 1999. Auf der Karte, die mir die Frau im Touristenbüro gegeben hat, sind ein paar Orte mit kleinen schwarzen Bomben markiert und als »Gebäude, die während des NATO-Angriffs bombardiert wurden« beschrieben. Am ersten Ort patrouilliert ein Soldat mit kalten grauen Augen auf dem Gehweg vor einem bröckelnden Gebäude. Ich frage ihn, warum das Gebäude nicht abgerissen wurde.

»Damit die Leute sich erinnern«, sagt er.

Wenn ich es richtig verstanden habe, befinden wir uns beim ehemaligen Sitz des Verteidigungsministeriums des Landes. An einer

Wand des baufälligen Gebäudes prangt eine riesige Wandmalerei mit einem verherrlichenden Bild einer Soldatin der serbischen Armee und einem Slogan auf Serbisch. Ich frage den Soldaten, was er bedeutet, und er erwidert: »Wenn du Angst kennst, fürchtest du dich nicht mehr.«

Dann geht er weg. Ich habe das Gefühl, dass er es nicht mag, wenn Fremde ihm Fragen stellen.

Beim zweiten NATO-Trümmerfeld neben einer Kirche, das einmal Sitz eines Fernsehsenders gewesen sein könnte, inspiziere ich das halb zerstörte Gebäude. Es ist schwierig zu sagen, was genau was ist, es könnte sich also um das ehemalige Sendezentrum handeln oder etwas ganz anderes. Von hier ist es nicht weit zum Haus der Nationalversammlung der Republik Serbien, einem klassizistischen Bau, an dem Plakate hängen, auf denen steht: »VON ALBANISCHEN TERRORISTEN 1998–1999 ENTFÜHRTE UND GETÖTETE ZIVILISTEN, VON DER NATO GESCHÜTZTE KRIEGSVERBRECHER, FAMILIEN DER MORDOPFER FORDERN GERECHTIGKEIT.« Neben diesen Botschaften sind viele Bilder von Verstorbenen. Auf einem anderen Plakat steht: »VERFOLGUNG DER SERBEN. USA, NATO UND EU SCHÜTZEN ALBANISCHE KRIEGSVERBRECHER.«

Ich erwähne das alles, um deutlich zu machen, wie viele Spannungen in Serbien bezüglich dieses letzten Krieges noch herrschen. Das habe ich schon gemerkt, als ich in Vrbas mit dem großen Mann im schwarzen T-Shirt gesprochen habe.

»Sie haben die Kuh für ein Steak getötet«
VON BELGRAD ÜBER SLAVONSKI BROD NACH ZAGREB

Es ist nicht ganz einfach, den 10.25-Uhr-Zug nach Slavonski Brod zu erreichen. Zunächst einmal scheint es keine Tafel mit Abfahrtszeiten zu geben. Die Schlangen an den Fahrkartenschaltern sind lang und kommen nur langsam voran. Als ich an der Scheibe stehe, zeige ich einen Zettel, auf den ich geschrieben habe: 10.25 KROATIEN – BAHNSTEIG?, weil ich annehme, dass es die einfachste Art ist, mich verständlich zu machen, da die Mitarbeiter wahrscheinlich kein Englisch sprechen. Aber von einer gelangweilt wirkenden Frau mit glasigen Augen bekomme ich lediglich die Auskunft »International«.

Ich bedeute ihr mit einer Handbewegung: »Ich verstehe nicht.«

Die Frau mit den glasigen Augen fixiert mich und sagt, diesmal mit etwas mehr Nachdruck: »International.«

Der Mann hinter mir in der Schlange, ein Einheimischer, beobachtet das Ganze.

»So unglaublich unhöflich. So sind die Leute auf dem Balkan«, bemerkt er trocken.

Dann sagt er zu mir, dass der 10.35-Uhr-Zug von Bahnsteig eins abfährt.

Ich danke ihm, gehe zum Zug und zeige dem Schaffner meinen Interrail-Pass.

»Sie brauchen eine Sitzreservierung«, sagt er.

»Warum?«, frage ich.

»Ich weiß nicht, warum – mein Chef sagt es«, erwidert er.

Ich gehe also wieder zu den Schlangen an den Fahrkartenschaltern und bemerke, dass es extra einen »International« gibt. Ich stelle mich dort an, kaufe eine Sitzreservierung und erwische den Zug gerade noch.

Der Belgrader Bahnhof wird in einem Monat geschlossen. Ich werde ihn nicht besonders vermissen.

Mit einem lauten Pfiff fährt der schmutzige, mit Graffiti bedeckte Zug ab. Wir kriechen über eine rostige Stahlbrücke. Eine Frau mit blauen Haaren, Nasenring und einer Skeletttätowierung sitzt mir gegenüber. Neben ihr flüstert ein älterer schwarz gekleideter Mann in ein Handy. Die Frau mit den blauen Haaren schläft ein.

Regen prasselt aufs Dach. Es ist ein trostloser Tag. Der Himmel ist düster grau, und feuchte Eukalyptusbäume säumen die Schienen.

Am Bahnhof Šid steigen viele Fahrgäste aus, auch viele serbische Polizisten. Wir sind nahe der Grenze zu Kroatien. Andere Polizisten mit blauen Baseballmützen steigen ein und kontrollieren die Pässe. Von vorne kommt ein Rasseln, es scheint, als würde die Lokomotive gewechselt. Nach ungefähr einer halben Stunde fahren wir weiter. Auf einem Schild steht: »REPUBLIKA HRVATSKA« (Republik Kroatien). Eine kroatische Flagge flattert neben der Flagge der Europäischen Union; Serbien ist Kandidat für die Mitgliedschaft in der Europäischen Union, während Kroatien schon Vollmitglied ist.

Diese Strecke kommt auch in der Literatur vor. James Bond fährt auf dieser Strecke in *Liebesgrüße aus Moskau*. Und ebenfalls auf dieser Strecke, irgendwo zwischen Vinkovci und Slavonski Brod, bleibt der Zug in *Mord im Orient-Express* liegen.

Zigarettenrauch zieht durch die Wagen. Wir fahren an einem Betonbunker vorbei, der wahrscheinlich aus dem Krieg in den 1990ern stammt. Ich steige in Slavonski Brod aus – zusammen mit einer Handvoll anderer – und betrete eine stille Bahnhofshalle aus der Tito-Ära. Der Fußboden ist beige, die Fenster getönt. Die einzige weitere Anwesende ist eine in eine Decke gewickelte Frau, die einen Hut im Sherlock-Holmes-Stil trägt und ihren ständigen Wohnsitz in der Bahnhofshalle zu haben scheint. Ich versuche herauszufinden, wann der Zug morgen fährt, bevor ich in strahlendem Sonnenschein ins Stadtzentrum gehe und mich frage, was ich in Slavonski Brod mache.

Wie in Vrbas habe ich beschlossen, vom Weg abzukommen. Slavonski Brod ist eine Stadt mit einer Bevölkerung von 60.000 und bekannt für Metallverarbeitung (offenbar werden hier unter anderem Eisenbahnen unter Verwendung des hier produzierten Metalls und Stahls gebaut). Außerdem gibt es eine Brauerei, Agrarunternehmen und in der Umgebung Landwirtschaft. Slavonski Brod liegt an der Save, und Besucher können sich auch die bosnische Stadt Brod auf der gegenüberliegenden Seite ansehen.

Vom Bahnhof ins Stadtzentrum sind es ungefähr eineinhalb Kilometer zu gehen, vorbei an Wohnblocks aus der Tito-Zeit und einem Tennisclub. Meine Pension befindet sich in der Nähe eines Platzes mit vielen Cafés an einer Windung des Flusses. Es ist fast niemand zu sehen. Slavonski Brod scheint wie ein Ort, um eine Weile unterzutauchen: hinter dem Mond liegend, ein perfektes Versteck.

Ich frage die Inhaberin der Pension, wie lange man zu Fuß nach Bosnien braucht, und sie sagt, es sei das Beste, ein Taxi über die Brücke zu nehmen.

Ich frage sie, ob Kroaten und Bosnier sich hier gut verstehen.

»Meine ganze Familie ist *hier* geboren. Ich hab keine Familie, die *dort* geboren ist«, antwortet sie.

Das sagt alles. Sie *braucht* nichts weiter über die Bosnier auf der anderen Seite des Flusses zu sagen.

»Wenn Sie rübergehen, werden Sie sehen, dass es zum Teil ziemlich arm ist, *anachronistisch*«, sagt sie. »Wenn Sie jemanden um Hilfe bitten, bestehlen sie Sie.«

Sie hält inne. »Ich hab nichts gegen sie. Sie haben riesige Probleme. Sie tun mir leid. Mein Mann war in der Armee. Er hat für Kroatien gekämpft. Die Bosnier haben Sehnsucht nach dem alten Jugoslawien, damals konnten sie herkommen und arbeiten. Aber jetzt nicht mehr.«

Sie erzählt von serbischen Anschlägen im Bürgerkrieg in den 1990ern, bei denen hier Kinder getötet wurden. In einem Park in der Nähe ist ein Denkmal für die 402 Kinder, die in Kroatien gestorben sind.

»Es war sehr, sehr gegen UN-Regeln«, sagt sie. »Der Krieg fand nicht in Serbien statt. Er fand hier statt.«

Damit meint sie, dass die Bodenkämpfe außerhalb Serbiens stattfanden, aber es wurde natürlich während des Kosovokrieges 1998–1999 direkt durch NATO-Luftangriffe attackiert.

In diesem Teil des Balkans ist man ganz schnell beim Thema Krieg und Politik.

Die Brücke über die Save wurde im Bürgerkrieg in den 1990ern zerstört. Wir fahren als einziges Auto über die neue. Auf der anderen Seite hupt mein Taxifahrer wie verrückt, als er die Schlange von Autos sieht, die in die entgegengesetzte Richtung wollen. Die Fahrer werden durch langwierige Kontrollen aufgehalten. Er wird auf dem Rückweg eine ganze Weile festsitzen.

»Können Sie mich bitte zum Stadtzentrum von Brod bringen?«, frage ich.

»Das ist hier«, erwidert er.

Ich steige aus und sehe mich um.

Es ist nicht viel los in Brod.

Ich stehe neben einem ausgebrannten Wohnblock an der Save, scheinbar ein Überrest des Krieges. Auf das Fundament des Silos hat jemand eine israelische Fahne gemalt, und ein anderer hat darüber geschrieben »**** ISRAEL«. Ein einzelner Angler steht am Ufer neben einer Trauerweide. Sonst ist niemand zu sehen. Es gibt eine Apotheke, einen Frisörsalon und die Fisch-Bar. In Letzterer scheint sich ein Großteil der Bevölkerung von Brod aufzuhalten: in roten Sesseln sitzend, Kaffee trinkend und rauchend. In einem Fernseher läuft ein Fußballspiel, das niemand anschaut. Leise Unterhaltungen und umherhuschende Augen scheinen angesagt. Es kommt mir vor, als habe ich ein privates Wohnzimmer betreten.

Ich überquere die Straße und nehme im Caffe Aleksandria mit Blick auf den Grenzübergang bei der Brücke Platz. Ich kann nicht behaupten, dass Brod, das im Konflikt in den 1990ern von den Serben eingenommen wurde (daher die andauernde Empfindlichkeit in Slavonski Brod), voller spannender Sehenswürdigkeiten oder sonderlich bezaubernd ist; die bosnische Stadt fällt in beiden Punkten durch. Ich kann nur sagen, dass die Stadt sich nicht wie ein abgelegener Ort in Europa anfühlt. Brod scheint abgeschnitten und vergessen: mitten in Europa, aber irgendwie ganz woanders, wie in einer Zeitkapsel von vor 20 Jahren oder mehr. Es scheint sich hier schon lange nichts mehr bewegt zu haben. Der durch den Konflikt verursachte Schaden ist noch deutlich zu sehen, und die Spannungen des Krieges sind an den strengen Grenzkontrollen an der Save deutliche spürbar.

Die Schinken-Käse-Pizzen im Caffee Aleksandria sind jedoch hervorragend. Ich sitze am Fenster mit Blick auf die Brücke und beobachte, wie Autos nach langwierigen Kontrollen durch Grenzer langsam hinüberfahren. Ja, es ist vielleicht kein typisches Touristenziel, aber es ist *interessant*, in Brod zu sein: um die Folgen eines Krieges, der in jüngster Zeit in Europa stattgefunden hat, selbst aus nächster Nähe zu sehen. Noch eine weitere Erinnerung an die Zerbrechlichkeit des Friedens auf dem Kontinent, von der Pater Xavier Behaegel in Lille gesprochen hat.

Ich gehe zu Fuß nach Slavonski Brod zurück.

Auf der anderen Seite der Save liegt ein kleiner Park mit zwei Dampflokomotiven, einer Straßenbahn und einer Dampfwalze, die ein Eisenbahnliebhaber restauriert hat. Die älteste Lok ist von 1926, Schmalspur und wurde in der ersten jugoslawischen Fabrik für Wagen, Maschinen und Brücken in Slavonski Brod gebaut. Kleine Informationstafeln liefern alle Einzelheiten: Höchstgeschwindigkeit, Gewicht, genaue Spurbreite und so weiter. Ein sehr gründlicher kroatischer Eisenbahnliebhaber lebt hier in der Gegend.

Als ich wieder auf dem Hauptplatz bin, gehe ich in die Navigator Cafe Bar – reizender Name – und kippe einen *rakija*. Fast alle rauchen und fast niemand sonst trinkt Alkohol; Kaffee ist angesagt. Die Cafébesucher sind jung, im Schüler- und Studentenalter. Es ist nicht besonders voll, aber es herrscht eine lebendige Atmosphäre mit aufgedrehtem Geplauder, Lachen und Popmusik. Sanftes rotes und violettes

Licht fällt weich auf die Save, während der Abend hereinbricht. Paare gehen Arm in Arm über den Platz und am Ufer entlang, während die Sonne auf den Horizont sinkt und purpurrote Streifen über fernen Hügeln aufsteigen, bevor Dunkelheit die Landschaft einhüllt. Der Fluss fließt gemächlich vorbei, anscheinend ohne Eile, aber die olivgrüne Oberfläche ist voller Strudel und Strömungen. Von allen Orten, an die mich die Züge gebracht haben, seitdem ich Mortlake verlassen habe, über Clapham Junction, Dover und weiter, ist dies der friedlichste. Die Konflikte der jüngsten Vergangenheit auf der kroatischen Seite des Flusses sind alles andere als vergessen, aber hier ist wieder ruhiges Leben eingekehrt, das im Widerspruch zur ängstlich bewachten Grenze in Brod, den zerstörten Häusern und dem Gefühl der Trostlosigkeit steht, das mich auf der anderen Seite beschlichen hat.

Nach einem Schlaftrunk in der Navigator Cafe Bar kehre ich durch leere Straßen in das behagliche kleine Zimmer in meiner Pension zurück.

Wie Brod ist Slavonski Brod ein rückständiger Ort, unglaublich ruhig, wenn nicht fast so abgeschnitten wie sein Nachbarort auf der anderen Seite des Flusses – was einen Aspekt der Mitgliedschaft in der Europäischen Union offenbart, der manchmal übersehen wird: Hier ist *Abwanderung* ein ebenso großes Problem wie an anderen Orten *Zuwanderung*. Die jungen Leute, die ich heute auf dem Hauptplatz herumhängen gesehen habe, von denen viele an erstklassigen hiesigen Universitäten ausgebildet werden, bleiben vielleicht nicht mehr lange hier. Als ich zurückkomme, erzählt die Inhaberin der Pension, dass der Druck wegzuziehen, um im Ausland mehr Geld zu verdienen, für einen Braindrain sorgt, der Orte wie diese im Balkan in den kommenden Jahrzehnten kaputt zu machen droht, wie viele befürchten. Als ich die Studenten auf dem Platz erwähne, bemerkt sie kläglich: »Ja, *jetzt* haben wir sie. Aber wie lange? Wenn sie erst mal weggehen, kommen sie selten wieder.«

Der stellvertretende Bürgermeister der Stadt, Hrvoje Andrić, drückte es kürzlich in einem Interview so aus: »Diese jungen Leute sind eine strategische Ressource der Republik Kroatien. Ich sage ihnen: ›Jeder von euch ist mehr wert als eine Süßwasserquelle oder ein Strand an der Küste.‹ Es fällt schwer, diese Menschen anzusehen und zu denken, dass mindestens die Hälfte in einigen Monaten weg sein wird.« Andric hielt eine Rede bei einer Abschlussfeier. »Wir tun das Bestmögliche, um diese Stadt zu entwickeln. Aber die Zentralregierung hat keine Idee, was sie dagegen tun kann. Wir müssen diesen Menschen etwas bieten.«

Slavonski Brod ist ein seltsamer Ort zum Haltmachen auf einer Zugreise durch den Balkan, aber ein faszinierender – beschaulich an der Save gelegen, aber die Schatten der jüngsten Geschichte liegen schwer in der Luft.

Das Denkmal für die Kinder, die im Bürgerkrieg in den 1990ern gestorben sind, der hier Heimatkrieg genannt wird, befindet sich auf einem Spielplatz in einem Park auf dem Weg zum Bahnhof. Es ist bewegend und lässt einen nicht los, wie ein Puzzle, in dem ein paar Teile fehlen. Im Mai 1992 wurden in Slavonski Brod 28 Kinder getötet, daher der Entschluss, hier ein nationales Denkmal für die Kinder, die im Krieg gestorben sind, zu errichten. Als ich die Inhaberin der Pension frage, ob sie Eltern von Kindern kenne, die gestorben seien, antwortete sie leise: »Natürlich.« Bei der Enthüllung des Denkmals 2016 sagte der Bürgermeister der Stadt, Mirko Duspara: »Nach so vielen Jahren ist immer noch niemand für den Tod von 28 Mädchen und Jungen zur Rechenschaft gezogen worden.«

Mit diesen Gedanken – an eine Tragödie des späten 20. Jahrhunderts in einem Land, in dem Menschen heutzutage Strandurlaub machen – kehre ich rechtzeitig zum Bahnhof zurück, um den 9.35-Uhr-Zug nach Zidani Most zu erreichen.

Ich improvisiere jetzt völlig, eigentlich tue ich das, seitdem ich Mortlake verlassen habe und mich auf Schienen in Europa Richtung Süden bewege. Ich winde mich in einem aberwitzigen, lang gestreckten »C« nach Venedig, auf welchem Weg auch immer die Gleise mich führen, nie ganz sicher, wo ich am nächsten Tag landen werde.

Heute ist es Zidani Most in Slowenien, zumindest ist das der Plan.

Der 9.35-Uhr-Zug entlang der Save soll um 14.21 in Zidani Most ankommen.

Einige auf den Zug Wartende rauchen auf dem Bahnsteig, und eine Frau geht über die Gleise, um eine Abkürzung zu nehmen, gefolgt von einem Bahnmitarbeiter mit Schirmmütze. Er pfeift und wir fahren los. Smaragdgrüne Felder öffnen sich auf dem Weg nach Nova Kapela-Batrina, Nova Gradiška und Novska. Zigarettenrauch zieht durch die Wagen, was den Schaffner nicht im Geringsten zu stören scheint (mittlerweile bin ich an den Geruch von Zigaretten im Balkan gewöhnt). Am Bahnhof Novoselec geht eine andere Frau gemächlich über die Gleise – sie zündet sich dabei eine Zigarette an – und steigt in den Zug, die Zigarette noch in der Hand.

Gesundheits- und Arbeitsschutz bei uns zu Hause hätten bestimmt Einwände gegen das Verhalten kroatischer Bahnreisender.

Wir fahren weiter nach Moslavina Voće, wo an einem Bahnsteig merkwürdige Kesselwagen stehen, die aussehen, als würden sie Chemikalien enthalten. In Culinec gibt es eine Fitness Factory, zu den Highlights von Maksimir gehören ein leer stehendes Bürogebäude und ein Lager für Heimtierbedarf.

Wir erreichen Zagreb, wo ich kurz entschlossen aussteige.

Ich werde anscheinend immer leichtsinniger.

Aber wie könnte ich an einer wichtigen Stadt, der Hauptstadt eines Landes, vorbeifahren, ohne mich dort umzusehen?

Zidani Most kann warten. Stattdessen stehe ich am Bahnhof von Zagreb, einem weiteren klassizistischen Triumphbau, 1892 fertiggestellt, mit griechischen Säulen, Figuren, Balustraden und Bogeneingängen. Die Wände sind in einem eigentümlichen Beige-Apricot gestrichen und schmutzig. Auf der linken Seite befindet sich eine restaurierte Lokomotive (1891), aber einem Pappschild und Plastiktüten mit einigen Besitztümern nach zu urteilen, scheint ein Obdachloser den Führerstand zum Schlafen zu benutzen. Ganz in der Nähe uriniert ein Mann in einem Anorak gegen eine Wand; vielleicht ist es der Besitzer der Plastiktüten.

Ich gehe auf dem Hauptbahnsteig in die Bahnhofshalle zurück. An dem Ende, an dem ich noch nicht war, ist eine kleine Kapelle. Drinnen hinter Metallstäben religiöse Symbole, und jemand hat eine Kerze angezündet. Es ist die erste Bahnhofskapelle, die mir begegnet. Was für eine großartige Idee.

Sich hinknien und beten, dass der 12.36-Uhr-Zug nach Ljubljana rechtzeitig kommt. Das ist vielleicht etwas, das bei uns in Großbritannien Nachahmer finden könnte.

Es schüttet mal wieder. Regen tropft durch ein Loch im Dach des Bahnsteigs in der Nähe der Kapelle. Zwei Obdachlose kauern in einer Ecke der Bahnhofshalle neben einem Laden, in dem Trikots der kroatischen Fußballnationalmannschaft angeboten werden. Draußen auf einem langen Platz sind die Erdbeerstände zum Schutz gegen den Wolkenbruch in Plastik gehüllt. Einen Moment lang oder zwei erwäge ich, wieder in einen Zug zu steigen, irgendeinen Zug, und Zagreb zu verlassen.

Aber ich tue es nicht. An der anderen Seite des langen Platzes komme ich zu einer Kathedrale mit hohen Zwillingstürmen. Gegenüber in einer Gasse mit einem kleinen Hinterhof liegt das Hostel Kaptol. Ich frage nach dem Zimmerpreis und erkläre, dass ich nicht genau weiß, ob ich über Nacht im verregneten Zagreb bleibe (ich habe mich immer noch nicht entschieden). Die Frau am Empfang hat einen zweifelnden Blick und eine Haltung wie eine Ballerina. Sie sagt: »Ich mag es, wenn es regnet. Ich mag den Sommer nicht.«

»Dann sollten Sie rausgehen, denn es schüttet«, antworte ich.

»Ich freue mich schon darauf, nach Hause zu gehen«, sagt sie.

Ich bin mir nicht sicher, ob das vielleicht kroatischer Humor ist.

Jedenfalls buche ich ein annehmbares Zimmer mit Doppelbett und Oberlicht. Dann gehe ich nach draußen und setze mich auf eine Bank unter einem Efeu im Hof. Eine Zeit lang sehe ich zu, wie der Regen in eine große Pfütze spritzt. Dann sage ich mir, dass ich mich zusammenreißen und diese Hauptstadt erkunden sollte.

Das Zagreber Stadtmuseum befindet sich auf der anderen Seite eines menschenleeren kopfsteingepflasterten Platzes. »Montags geschlossen« steht auf einem Schild. Der Meštrović-Pavillon ist ebenfalls geschlossen. Das Mimara-Museum ist um die Ecke. Ebenfalls geschlossen. Es regnet in Strömen. Ich gehe deprimiert einen Hügel hinauf und komme zufällig zu einem Museum, das tatsächlich geöffnet hat.

Und was für ein Museum, wie sich herausstellt. Das Museum der zerbrochenen Beziehungen scheint vielleicht nicht der richtige Ort, um an einem trüben Tag im Balkan ein oder zwei Stunden zu verbringen. Doch unerwartet ist es ganz großartig.

Ausgestellt ist eine Reihe von Objekten mit ausführlichen Erklärungen der früheren Besitzer, warum jeder Gegenstand Erinnerungen an eine zerbrochene Beziehung birgt. Die Besitzer der Objekte scheinen sie in einem Akt romantischen Exorzismus an das Museum gesandt zu haben. Okay, das klingt vielleicht etwas negativ, aber die Geschichten sind wirklich spannend.

In der Nähe des Eingangs liegt ein Prosagedichtband von Bob Dylan mit dem Titel *Tarantula*. Die Geschichte dazu von einer anonymen Person, die in Sleaford in Lincolnshire lebt, geht so: »Das habe ich von einem amerikanischen ›Boyfriend‹ bekommen, als ich 17 war, mit der Widmung ›für …, die den wilden Wolf bezaubert hat‹.

Ich wusste nicht, dass er meine Eltern jahrelang verfolgen und nach einer Geschlechtsumwandlung ihren Namen für seine neue Identität stehlen würde.«

So ist es mit vielen der ausgestellten Objekte und den dazugehörigen Geschichten: ziemlich verrückt bis kurios, um ehrlich zu sein. Ein anderes ist von einer Niederländerin, die zwei Monate mit einem Peruaner zusammenlebte, den sie in einer Disco kennengelernt hatte. Eines Tages verschwand er und hinterließ mit dem Abschiedsbrief eine kleine Statue der Jungfrau Maria. Er sagte, er habe die Statue für eine »neue Liebe« gekauft, bevor er Peru verlassen habe. Aber die Frau hatte einmal einen Blick in seinen Koffer geworfen und eine Plastiktüte voll mit diesen Statuen entdeckt. Ihr peruanischer Beau war offenbar auf der Suche nach vielen »neuen Lieben«.

Ein anderes Objekt ist ein bisschen beunruhigender: eine Axt, die benutzt wurde, um die Möbel eines geliebten Menschen zu zerschlagen, der weggelaufen ist. Sie wird als »Ex-Axt« bezeichnet.

Das Museum läuft gut – es ist das meistbesuchte in Zagreb –, weil die Menschen sich einfach für solche Dinge interessieren. Am Eingang habe ich das Glück, Dražen Grubišić zu treffen, der das Museum der zerbrochenen Beziehungen zusammen mit seiner früheren Partnerin Olinka Vistica »2004, glaube ich« eingerichtet hat.

Er ist 48, hat ein breites Lächeln und die Einstellung, dass das Leben eine einzige Unglücksserie ist und wir uns nur daran gewöhnen müssen.

Ich frage ihn, ob er der Besitzer des Museums ist.

»Ich bin sein Erfinder. Nicht der Besitzer. Zusammen mit Olinka«, sagt er.

»Wie kam Ihnen die Idee zu dem Museum?«, frage ich.

»Bevor Olga und ich uns getrennt haben, haben wir natürlich darüber gesprochen, was wir mit den Dingen tun sollen, die mit unserer Beziehung zu tun haben. Wäre es nicht schön, einen Platz dafür zu haben? Es war schmerzlich, die Dinge zu sehen. Im 21. Jahrhundert verbrennen wir Dinge, werfen sie weg, vergessen alles und fangen von vorn an. Uns erschien das ziemlich gefühllos. Wir schufen dieses Museum, und dann geschah etwas: ein Reporter von Associated Press kam.« Die Geschichte des Museums wurde aufgegriffen, und um den ganzen Erdball wurde darüber geschrieben. »Wir hatten 110.000 Besucher. Wir wurden das beliebteste Museum in Zagreb, das ist wirklich verrückt. Für mich ist es eine Dokumentation über die Liebe. Für mich ist es eigentlich ein Liebesmuseum – eine Liebe nach der anderen vergeht. Die Menschen denken, Liebe ist wie bei Aschenputtel, für immer. Es ist besser, Liebe realistischer zu betrachten.«

Dražen fragt, was ich in Zagreb mache, und ich erkläre es ihm.

»Die Züge sind hier im Arsch«, sagt er. »Wir bauen Autobahnen, aber investieren nicht in die Bahn. Als ich jung war, bin ich mit dem Zug nach Istanbul, Bosnien und Makedonien gefahren. Ich glaube, die Hälfte der Bahnstrecken von damals gibt es nicht mehr.«

Ich erwähne Slavonski Brod.

»Oh, Slavonski Brod! Das war mal ein industrielles Zentrum – 35.000 Menschen waren beim Bau von Eisenbahnen und Panzern beschäftigt. Das war vor dem Krieg. Jetzt ist alles runtergegangen – nicht mehr so wie früher.«

»Was ist passiert?«, frage ich.

»Es nennt sich Privatisierung«, sagt Dražen. »Das ist passiert. Alles wurde privatisiert und geschlossen. Dasselbe wie in Russland. Es gab einen Ausverkauf. Deshalb gibt es Oligarchen in Russland. Hier war es genauso. Freunde bekamen etwas von Freunden geschenkt, und die verkauften es für nichts. Sie töteten die Kuh für ein Steak. Abwanderung ist ein großes Problem in Slawonien.« Das ist der östliche Teil Kroatiens. »Die Menschen gehen nach Irland und Deutschland. Meiner Ansicht nach haben wir selbst Schuld. Der Europäischen Union beizutreten war eine gute Idee, aber wir hätten Regeln einführen müssen. Wir hatten hohe Steuern: 50 bis 75 Prozent. Die Leute gingen lieber nach Irland, als sie zu zahlen. Das ist unser Problem. Eine Sache, die etwas mit dem Sozialismus zu tun hat. Vorher herrschte die Mentalität, dass die Regierung sich um alles kümmert. Diese Haltung gibt es immer noch.«

Nachdem Dražen einmal angefangen hat, sprudeln die Worte aus ihm hervor.

Ich danke ihm, dass er so offen war, wir verabschieden uns, und ich gehe wieder hinaus in den Regen – jetzt stärker denn je – und eine Straße hinauf zum Museum für Naive Kunst, das mir Dražen empfohlen hat. Das Museum hat ebenfalls geöffnet und beherbergt eine fantastische Sammlung von Gemälden in einem einfachen, dennoch lebendigen, außergewöhnlich ursprünglichen Stil, der in den 1930ern in Kroatien begann. Erntearbeiter auf den Feldern, Dörfler mit Musikinstrumenten, Männer, die Bäume fällen, und Bauern, die an Feuern tanzen. Mein Lieblingsbild ist eins mit Holzfällern: drei Männer in weißen Trachten und mit roten Hüten hängen gefährlich in Baumkronen und schwingen Äxte, während Frauen mit bunten Schultertüchern heruntergefallene Äste aufsammeln, eine Kuh erstaunt dreinblickt, als wundere sie sich, wie seltsam Menschen sind, und ein Pfau in der Ecke herumstolziert und seine ganze Schönheit zeigt. Der Himmel im Hintergrund ist von einem zarten Blau und voller Störche. Mein zweitliebstes Bild zeigt sanfte Hügel, übersät mit identischen erbsengrünen Bäumen, die Hügelkuppen rund wie ein halber Tennisball. Die Arbeiten im Museum für naive Kunst sind hauptsächlich Landschaftsbilder und von einer unkomplizierten, unwiderstehlichen Vollkommenheit.

Zwei großartige Museen an einem Tag.

Langsam die Save entlang
VON ZAGREB NACH LJUBLJANA IN SLOWENIEN

Es regnet immer noch. Nach den Museen bummele ich in dem Wolkenbruch über die kopfsteingepflasterten Straßen zurück ins Hostel.

BBC berichtet, dass David Miliband, Großbritanniens früherer Außenminister und Mitglied der Labour-Partei, Großbritannien dazu aufruft, im Europäischen Wirtschaftsraum zu bleiben und eine ähnliche Position zu Europa einzunehmen wie Norwegen. Großbritannien würde zwar die EU verlassen, aber im Europäischen Wirtschaftsraum bleiben, der alle EU-Staaten sowie Norwegen, Liechtenstein und Island umfasst. »Ich nehme das Ergebnis des Referendums nicht als Ende der Geschichte«, sagt Miliband. »Man kann nicht zulassen, dass Demokratie am 23. Juni 2016 endet, dass die Debatte endet.« Er weist darauf hin, dass ungefähr 60 Prozent des Handels von Großbritannien »unter europäischer Ägide« stattfindet.

Jacob Rees-Mogg, Vorsitzender der European Research Group, die für einen harten Brexit ist, sagt, dass es ein hoffnungsloser »letzter Versuch« sei, den Brexit zu verhindern.

Die Debatte geht weiter, und es bleibt unklar, was dabei herauskommt.

Es ist wirklich deprimierend.

Der Regen scheint auf meine Stimmung zu schlagen. Ich bummele wieder über kopfsteingepflasterte Straßen, werfe einen Blick in eine Kathedrale, wo Menschen für die Beichte Schlange stehen. Fenster mit Glasmalerei ragen im Dunkel in die Höhe. Ich gehe nach draußen und finde ein einfaches Café, wo ich einen Teller Gulasch esse (was meine Stimmung etwas verbessert). Auf einer langen Bahnreise gibt es Höhen und Tiefen, besonders bei starken Regenfällen auf dem Balkan.

Der Zug, mit dem ich weiterfahren will, fährt um 12.36 Uhr ab und kommt um 14.22 Uhr in Zidani Most an, wo ich Aufenthalt habe, bevor ich den 16-Uhr-Zug nach Ljubljana, Sloweniens Hauptstadt, nehme, der um 17.01 Uhr dort ankommt. Am nächsten Morgen gehe ich vom Hostel zum Dolac-Markt, um vor den andauernden Regenfällen in einem anderen Café Schutz zu suchen. Der Markt ist voller Obst- und Gemüsestände, jeder mit passenden roten Sonnenschirmen, die heute als Regenschirm dienen. An einem Ende des Marktes steht eine kleine Bronzestatue einer Frau, die einen Korb auf dem Kopf balanciert. Trotz des Regens wird viel gekauft. Erdbeeren, Kirschen, Aprikosen, Zitronen und Äpfel werden eingetütet. Händler machen laut schreiend Angebote.

Tatsächlich befinde ich mich nicht nur in einem Café. Es stellt sich vielmehr heraus, dass die Caffe Bar Zagorka die perfekte Stelle ist, um das Treiben auf dem Markt zu beobachten. Eine Gruppe älterer Männer mit Tellermützen, vielleicht ehemalige Händler, hat sich getroffen und trinkt um Viertel vor zehn morgens Weißwein und Bier. Sie scheinen jeden zu kennen und spielen offenbar die Rolle der Ältesten auf dem Markt. Mit einem Wink oder Zuruf zitieren sie verschiedene Leute zu sich herüber, um einige Worte zu wechseln. Als wären sie das inoffizielle Komitee, das für alles, was vor sich geht, verantwortlich ist.

Ich bestelle bei einem Kellner mit buschigen Augenbrauen einen Kaffee und lese ein bisschen in *Die Brücke über die Drina* von Ivo Andrić; ich konnte nicht widerstehen, in Belgrad in einem Buchladen eine Ausgabe mitzunehmen. Der Autor, nach dem der Zug von Budapest nach Belgrad benannt ist – und der den Nobelpreis für Literatur vor John Steinbeck und E. M. Forster bekam –, erzählt vom Leben in der Stadt Višegrad, jetzt in Bosnien-Herzegowina, anhand der Geschichte der Brücke. Am Anfang, als die Steinbrücke unter der Aufsicht eines psychopathischen Vorarbeiters gebaut wird, ist es spannend und blutig und voller interessanter Geschichten. Ich bezweifle, dass ich jemals von dem Autor gehört hätte, wenn ich nicht den 7.57-Uhr-Zug genommen hätte, trotz seiner offensichtlichen Bekanntheit in dieser Gegend.

Man fährt mit einem Zug … und liest dann das zugehörige Buch.

Die alten Männer bestellen weitere Getränke. Warum soll ich Kaffee trinken, wenn sie Wein trinken? Ich bestelle ein Glas beim Kellner nit den buschigen Augenbrauen und stelle fest, dass es eine angenehme Art ist, die Zeit bis zur Abfahrt des Zuges nach Zidani Most totzuschlagen. Ich ziehe ein Fleece an, um mich warmzuhalten, und überlege, was ich an einem Dienstagmorgen zu Hause um diese Zeit machen würde (mich an eine Reihe von Aufgaben in meinem Büro setzen, das bald mein ehemaliges Büro sein wird, ist die Antwort). Die Sonne kommt heraus. Die Sonne verzieht sich wieder. Ein o-beiniger Mann schiebt eine Kiste mit Erdbeeren am Café vorbei. Der Wind frischt auf, und der Standbesitzer direkt vor der Bar Zagorka deckt seine Kirschen ab, damit sie nicht wegwehen. Ein alter Mann schlurft in die Bar und schüttelt meinem Nachbarn die Hand. Eine Gruppe taubstummer Freunde trifft sich und kommuniziert mit Handzeichen. Es scheint nicht viel los zu sein, aber tatsächlich ist es ziemlich viel.

Nach einer Weile gehe ich zum Hauptbahnhof, um den 12.36-Uhr-Zug zu erreichen.

Es scheint mir eine gute Idee, im Train Caffe neben der Kapelle an Bahnsteig eins noch etwas zu trinken. Ich setze mich an einen Tisch neben zwei Bahnmitarbeitern mit HZPP-Abzeichen auf den Jacken, der Abkürzung für die kroatische Bahn, und genehmige mir noch einen Wein.

Der mit Graffiti übersäte 12.36-Uhr-Zug kommt pünktlich und verlässt quietschend den Zagreber Bahnhof, fährt an graffitibedeckten Gebäuden und dem Kühlturm einer Fabrik vorbei. Der Himmel sieht wie grau marmoriert aus, mit pfirsichfarbenen Streifen, wo die Sonne durchkommt. Sanfte grüne Hügel hinter Zagreb erinnern mich an die bezaubernden naiven Bilder im Museum gestern. Bald folgen wir der gemächlich dahinfließenden olivgrünen Save. Vielleicht liegt es daran, dass ich mit den alten Männern und dann am Bahnhof etwas getrunken habe, aber ich fühle mich im Einklang mit der Welt, als wir in Dobova einfahren, eine Grenzstadt zu Slowenien, wo Grenzer unsere Pässe kontrollieren.

Ein Pfiff ertönt, und wir folgen wieder dem sich dahinschlängelnden Fluss. Um 14.35 Uhr kommt der Zug in Zidani Most an, nur ein paar Minuten zu spät.

Ich habe keinen besonderen Grund, in Zidani Most auszusteigen, wie Vrbas und Slavonski Brod ist es einfach *da*. Doch es scheint ein wichtiger Bahnknotenpunkt in Slowenien zu sein, warum also nicht? Wenn Zidani Most ein gastlicher Ort ist, wo man eine Nacht verbringen kann, bleibe ich vielleicht hier und mache mein Balkan-Trio der abseits liegenden Orte komplett.

Der Bahnhof liegt an der Mündung des Flusses Savinja in die Save. Die Gleise verlaufen weiter entlang der Save in Richtung Ljubljana. Deshalb ist der Bahnhof besonders malerisch. Am Hauptbahnsteig befindet sich eine gemütlich aussehende Café-Bar mit Tischen auf Kunstrasen hinter einem Lattenzaun. Da ich heute schon zur Genüge in Cafés und Bars war, werde ich es später ausprobieren.

Zuerst werde ich mich in Zidani Most umsehen. Neben dem Bahnhof steht, wie so oft, eine alte Dampflokomotive. Sie trägt ein Metallschild, auf dem »Vulcan-Werke Stettin, 1913« eingraviert ist. Es gibt also offenbar auch in Slowenien Eisenbahnfans. Hinter der alten Lok an einer leeren Straße, die eine Kurve macht, sind eine geschlossene Bäckerei, eine geöffnete Bäckerei und ein Café. Soweit ich sehe, ist das die Stadt. Im Café genießt eine blonde Bedienung in schwarzen Leggings und schwarzer Lederjacke die ganze Aufmerksamkeit einiger Arbeiter in Overalls. Der Laden scheint gegenwärtig die Hauptattraktion in Zidani Most zu sein.

Ich gehe zurück zum Bahnhof in die Bar am Bahnsteig. Hier drückt sich eine neugierige weiße Katze mit einem sehr langen Schwanz herum. Die Bäume in einem Waldstück auf der anderen Seite des Flusses sehen aus wie riesige Brokkoli. Der Himmel ist immer noch grau marmoriert, aber jetzt kommen hin und wieder kleine blaue Flecken sowie goldene Streifen durch und erhellen die Oberfläche der Save. Die Kellnerin in der Bahnhofsbar trägt ein T-Shirt mit der Aufschrift: »Gott sei Dank sieht man uns nicht an, was wir

durchgemacht haben.« Sie bringt mir umgehend ein »Prager-Schin-
ken-Käse-Sandwich«, das ich an diesem hübschen Ort zufrieden ver-
speise. Zidani Most hat einen wunderschönen Bahnhof, der viele
Eisenbahnliebhaber begeistern wird.

Aber ich bleibe nicht hier. Der 16-Uhr-Zug nach Ljubljana fährt
langsam, aber sicher die Save entlang davon, und ich sitze drin. Beim
Anblick der geschlossenen Bäckerei, der geöffneten Bäckerei und
des Cafés mit einer Handvoll Arbeiter und der Kellnerin habe ich beschlossen, dass das Balkan-Trio der abseits gelegenen Orte vielleicht
vorerst besser ein Balkan-Duo bleiben sollte.

Ein Schaffner mit grün gestreiftem Hemd kontrolliert meinen
zerfledderten Interrail-Pass. Strudel wirbeln im schlammigen Wasser, und Stromschnellen schäumen über Steine. Der Zug hält in Za-
gorje an der Save. Hügel mit Kiefern tauchen auf. Der Himmel wird
dunkel, und es beginnt wieder heftig zu regnen. Der Zug tuckert
durch den kleinen Ort Laze.

Der Bahnhof von Ljubljana wurde 1848 errichtet. Die Eisenbahn kam früh nach Slowenien, da das Kaisertum Österreich eine
Verbindung zwischen Wien und dem wichtigen Handelshafen Triest
wollte. Im Oktober 1904 übernachtete auf dem Weg nach Triest ein
unerwarteter Besucher auf dem Bahnhof. James Joyce stieg auf seiner Reise nach Triest irrtümlicherweise hier aus, weil er glaubte, er
und seine Lebensgefährtin Nora Barnacle hätten ihr Reiseziel erreicht. Eine kleine Tafel auf Bahnsteig eins erinnert an seinen Irr-
tum. Als sie 2003 enthüllt wurde, las der irische Botschafter in Slowenien einen Auszug aus Joyce' Roman *Ulysses* (der noch nicht
geschrieben war, als James und Nora hier waren).

Nachdem ich mir die Gedenktafel angesehen habe, gehe ich in
die Bahnhofshalle mit dem wunderschön gefliesten Fußboden mit

der Darstellung eines grünen Drachens. Der Drachen ist das Wappentier von Ljubljana und steht in Verbindung mit der Sage von Jason und den Argonauten. Der Legende nach kehrte Jason mit dem goldenen Vlies an die Quelle des Flusses Ljubljana zurück und tötete dort einen Drachen. Überall in Ljubljana finden sich Darstellungen von Drachen, am bekanntesten ist die Drachenbrücke; von den kupfernen Drachen an jedem Ende heißt es, dass sie mit dem Schwanz wedeln, wenn eine Jungfrau sie überquert.

Auf einer Zugreise durch Europa schnappt man alle möglichen obskuren Geschichten auf.

Ich habe ein Zimmer in der Pension »A Writer's Place« in der Nähe des Bahnhofs gebucht. Ich umkreise ein Krankenhaus und verlaufe mich gründlich, bevor ich die Wohnung an einer graffitibeschmierten Straßenecke finde. Auf mein Läuten meldet sich eine Frau mit kurz geschnittenen roten Haaren namens Katarina, die mich in die Wohnung mit vier Zimmern und einer Küche am anderen Ende führt, in der sie gerade ihre Kinder füttert. Ich frage sie, wie es zu dem Namen der Wohnung kommt, und sie sagt: »Unser Ururgroßvater war ein berühmter Schriftsteller.« Sie schreibt mir seinen Namen auf: Janko Kersnik. Er war Politiker und ein führender Vertreter des literarischen Realismus in Slowenien (1852–1897). Eine Straße, nicht weit von hier, wurde nach ihm benannt. »Als wir in die Schule gingen, mussten wir seine Werke lesen«, sagt Katarina. Außerdem erzählt sie, dass sie Sängerin in einem afrikanischen Jazz Club ist und 2009 in London war.

Ich lasse meinen Rucksack in einem Zimmer mit einem niedrigen Bett und gehe in die Straße, die nach dem berühmten Vorfahren meiner freundlichen Gastgeberin benannt ist. Ich folge den Straßen hinunter zum Fluss, um mir die Drachenbrücke mit ihren Jugendstilelementen anzusehen sowie die Dreifachbrücke, eine kluge, dreiteilige Brücke über die Ljubljana. Hier ist das Stadtzentrum mit seinen großartigen, hoch aufragenden Kirchen, einladenden Restaurants am Fluss und kopfsteingepflasterten Straßen, die auf kopfsteingepflasterte Plätze führen.

Ljubljana ist ruhig am frühen Abend. Von allen Städten bisher erscheint Ljubljana am märchenhaftesten. Der Fluss schlängelt sich durchs Zentrum, gesäumt von Häusern im Art-déco-Stil, dazwischen klassizistische, gotische und moderne Gebäude; die Stadt ist eine wunderbare Mischung verschiedener Einflüsse und birgt immer wieder Überraschungen, in welche Richtung man auch blickt. Das Licht der vielen netten Bars und Restaurants tanzt in herrlichen Rot- und Goldtönen auf dem ruhigen Fluss. Viele Lokale haben einladende Terrassen mit Blick aufs Wasser. Auf einer gönne ich mir eine köstliche Suppe mit Krainer Wurst, dazu gibt es Senf und Meerrettich.

Vom Fluss führt eine Straße hinauf zu einer mittelalterlichen Burg auf einem Hügel, wo einst eine römische Siedlung war. Der Anblick der Festungsanlagen von unten reizt zum Aufstieg – je näher man kommt und je mehr man sieht, umso schneller geht man. Ich erreiche die Zinnen in 376 Meter Höhe kurz vor Sonnenuntergang. Die Stadt liegt ausgebreitet vor mir wie auf einer Landkarte. Die Dreifachbrücke ist ein guter Orientierungspunkt, überragt von der prächtigen rosa Fassade der Mariä-Verkündigungs-Kirche. Türme betonen die Dächer des dicht bebauten Stadtzentrums, die Bahnlinie zum Hauptbahnhof, wo Joyce die Nacht verbracht hat, markiert die nördliche Grenze der Altstadt. Auch die sich deutlich abzeichnende Nationalbibliothek aus Stein und Backstein ist leicht auszumachen. Dahinter erstreckt sich das weite Grün des Tivoli-Parks. Aber am meisten fällt mir auf, wie wichtig der schmale, sich windende Fluss für die Stadt ist. So vieles in der slowenischen Hauptstadt scheint auf diese bezaubernde Wasserstraße ausgerichtet, sie ist der Mittelpunkt von allem.

Ein Mann hat das Erscheinungsbild der Stadt besonders geprägt. Der Architekt Jože Plečnik wurde 1872 in Ljubljana, das damals Laibach hieß und zur Österreichisch-Ungarischen Monarchie gehörte, geboren. Er ist für die ins Auge springende Slowenische National- und Universitätsbibliothek verantwortlich, die teilweise an einen italienischen Palast erinnert, nur wie ein riesiges Quadrat geformt, für die Markthallen am Fluss mit Bogendurchgängen, die das Gebäude zum Fluss hin öffnen, die Schusterbrücke (eine hübsche Fußgängerbrücke flankiert von ionischen und korinthischen Säulen) und – natürlich – die faszinierende Dreifachbrücke, das architektonische Symbol der Stadt. Sein Stil ist eine einzigartige Interpretation des Jugendstils, bekannt als Wiener Recession, die mit klassischen Regeln der Architektur brach, auffallende Effekte zuließ und sich gleichzeitig vom antiken Athen inspirieren ließ. Man kann eine Architekturführung buchen (aber während meines Aufenthalts gibt es keine). Obwohl man auch in Wien und auf der Prager Burg Arbeiten von Plečnik findet, ist sein Einfluss in Ljubljana stärker zu spüren. Er ist verständlicherweise ein Nationalheld, und vieles von der märchenhaften Atmosphäre der Stadt ist seiner Vorstellungskraft zu verdanken.

Nach der wohlschmeckenden Suppe zum Abendessen in der Nähe der Dreifachbrücke und dem Aufstieg auf den Berg mache ich etwas, das ich selbst nicht erwartet hatte.

Ich gehe zu einer Tanzparty im Slowenischen Ethnographischen Museum.

Ich will schon Schluss machen für heute, als ich Musik aus dem Ethnographischen Museum in der Nähe meiner Pension höre. Ich gehe hinüber und betrete einen überfüllten Raum, wo sich Einheimische versammelt haben, um Wein und Bier zu trinken, während sie einem Mann in roter Samtschlaghose zuhören, der unter einem rosa Discolicht Gitarrensoli in Jimi-Hendrix-Manier spielt. Es ist schwül im Raum, und überall wird geredet, als wäre die Party schon einige Zeit im Gange. Vielleicht sind die ethnographischen Ausstellungsstücke entfernt und in ein Hinterzimmer geschafft worden, um für die Liebhaber elektrischer Gitarrenmusik Platz zu machen.

Slowenen sind, wie ich bald erfahre, extrem freundlich und lieben es zu plaudern. Schon bald nach meiner Ankunft bin ich im Gespräch mit Janko Rozio, einem slowenischen Architekten, der mit dem Projekt beauftragt ist, eine ehemalige Kaserne in der Nähe in ein Kunstzentrum mit einem Hostel umzuwandeln. Ich habe vor einem Jahrzehnt in dem Hostel übernachtet und frage ihn, warum es geschlossen wurde (ich hatte ursprünglich versucht, dort ein Zimmer zu buchen).

»Renovierungen! Renovierungen!«, sagt er. »Es ist eine große Aufgabe, es so hinzubekommen, dass es funktioniert. Das erste Mal war es nicht richtig. Aber wenn wir die Anlage nicht übernommen hätten, wäre sie abgerissen worden.« Er schreibt mir akribisch die Namen aller anderen auf, die damit zu tun haben.

Bei ihm ist eine Autorin namens Zalka. »Ich bin Sozialistin«, sagt sie gleich zu Anfang und fügt hinzu: »Aber es wird eine Weile dauern, um den Wahnsinn von Jugoslawien in Ordnung zu bringen.« Das heißt, dass es noch einige Zeit dauert, bis der Sozialismus wiederkommt, während sich das Land stabilisiert. (Aber möglicherweise habe ich das auch vollkommen falsch verstanden.)

Slowenien hat sich 1991 von Jugoslawien losgelöst und nach einem Zehn-Tage-Krieg mit der Jugoslawischen Volksarmee seine Unabhängigkeit erklärt. Verglichen mit anderen Ereignissen im Balkan in den 1990ern war es ein sauberer Bruch, was zum Teil daran liegt, dass der Staat überwiegend slowenisch ist. Nur zwei Prozent der Bevölkerung sind kroatisch, zwei Prozent serbisch und ein Prozent bosnisch. Deshalb gab es keine bedeutende Gegenreaktion im Land. Die Wirtschaft des neuen Staates wuchs stark, und viele zeigen auf Slowenien als eines der erfolgreichsten der neuen EU-Mitgliedsländer – es trat ihr 2004 bei –, hat aber seit der Schuldenkrise in der Eurozone 2009 gelitten.

Zalka ist davon überzeugt, dass Kunst etwas bewirken könnte. »Dichtung ist der Weg«, sagt sie etwas rätselhaft.

Sie hat dunkle Haare und eine ansteckende Begeisterung, was das Schreiben angeht. Während die Musik durchs Ethnographische Museum dröhnt, fährt Zalka fort: »Dichtung spricht mich auf zweierlei Weise an: Erstens erlebe ich eine Öffnung für eine frühe Erfahrung der Welt, die grundlegende Art, wie ich auf die Welt gekommen bin. Die Spuren davon sind immer noch lebendig; wenn ich sie in Worte fasse, werden sie deutlicher. Gleichzeitig ist da ständig die Notwendigkeit zur Übersetzung, so genau wie möglich zu übersetzen.«

Sie nimmt einen Schluck von ihrem Getränk. Der Gitarrist setzt zu einem anschwellenden Hendrix Solo an.

»Fonds berühren uns nicht«, sagt sie und verwirrt mich ein bisschen. »Wenn wir mit dem Kopf durch die Wand wollen oder so eine Regung in uns erwacht, dass wir beim Anblick von Schönheit zittern; dass sich etwas in unserer Brust zusammenzieht, wenn wir Ungerechtigkeit erleben; dass wir ergriffen sind von der Erfahrung von Liebe. Dieses anfängliche ›Ding‹, das vielleicht Gefühl wird, wandle ich um und versuche, es als eine Sensibilität zu erhalten. Das bedeutet die Bereitschaft, mit dem inneren Sensor wahrzunehmen, zu fühlen, zu erfahren und zu denken und den kleinsten Regungen in der Welt und in dir Bedeutung beizumessen, und dann, wenn es da ist, ist das Gedicht ein Geschenk.«

Ich nicke so weise, wie ich kann. Es ist toll, all diese Menschen zu treffen, die so viel zu sagen haben. Der Gitarrist in der roten Samtschlaghose schlägt eine hohe Note an.

»Ich nehme Dichtung sehr ernst«, sagt Zalka zu mir, »und jedes Gedicht, selbst wenn es im ersten Anlauf aus Inspiration geschrieben wurde, ist letztlich das Ergebnis von Filigranarbeit, die nicht unbedingt von außen sichtbar ist. Und ich hoffe sogar, dass es nicht so ist. Ich lasse meine Lieder reifen: zuerst in mir, sie klären sich für gewöhnlich, wenn ich spazieren gehe oder laufe, dann schreibe ich sie wiederholt mit einem sehr weichen Bleistift auf Papier und übertrage sie erst später auf den Computer und speichere sie ab.«

Ich bin vollkommen verwirrt, aber Zalka sagt das alles so freundlich, dass es angenehm ist, einfach nur ihrem Redefluss zuzuhören.

Ich trinke noch ein Bier.

Der Gitarrist spielt noch eine Zeit lang schmachtend, und Tänzer wiegen sich unter der Discokugel des Ethnographischen Museums. Wieder geht ein besonderer Tag zu Ende.

Das Eisenbahnmuseum der Slowenischen Eisenbahnen
LJUBLJNA

Katarina und ich unterhalten uns im Frühstücksraum über Politik. Bei der letzten Parlamentswahl hat die Slowenische Demokratische Partei, die gegen Einwanderung ist, ein Viertel der Stimmen bekommen – mehr als jede andere Partei. Die Gruppierung, deren Führer Verbindungen zu Ungarns Viktor Orbán hat, würde Verhandlungen mit anderen Parteien führen müssen, um eine regierungsfähige Mehrheit zu bilden. Insgesamt sitzen neun Parteien im Parlament, einschließlich der rechtsgerichteten Slowenischen Nationalen Partei. Die Slowenische Demokratische Partei ist entschieden gegen Pläne, in der Europäischen Union ein Quotensystem für Asylsuchende einzuführen.

Überall in Europa, das habe ich an fast jedem Ort meiner Reise festgestellt – von London bis Ljubljana –, scheint die Einwanderungsfrage ganz oben auf der politischen Agenda zu stehen.

Um Politik aus dem Kopf zu bekommen, tue ich, was jeder echte Eisenbahnliebhaber tun sollte, der Sloweniens Hauptstadt besucht: Ich gehe ins Eisenbahnmuseum der Slowenischen Eisenbahnen. Es ist vielleicht eines der schlimmsten Klischees von Reiseliteratur, »Geheimtipps« zu geben, aber dieses ist tatsächlich so ein weniger bekanntes Juwel – nicht einmal auf der Karte des Touristenbüros verzeichnet, die ich am Bahnhof mitgenommen habe. Katarina hat mich darauf gebracht (danke, Katarina).

Das Museum liegt unmittelbar nördlich des Bahnhofs in einem ehemaligen Kesselraum. Beim Eintreten in das Ticketbüro schlägt mir der Geruch von Öl und Diesel entgegen. Ein Mitarbeiter, Herr

Dusan, sagt, dass aus dem Kesselraum in den 1960ern ein Museum »entstanden« ist. Er führt mich hinein und zeigt mir eine Reihe von Dampflokomotiven. Aus einer Ecke, wo eine Lok restauriert wird, kommt ein Klirren. Einige der Lokomotiven sind betriebsbereit.

»Ich bin nur ein Eisenbahnliebhaber«, sagt Herr Dusan. »Haben Sie schon den Professor kennengelernt?«

Ich sage Nein.

»Dann bringe ich Sie jetzt zum Professor! Herrn Bogić! Er kann Ihnen alles erklären!«

Wir steigen eine Treppe hinauf zu einem Büro, und ich werde Herrn Bogić vorgestellt, einem fröhlichen Mann mit strähnigen grauen Haaren und Brille.

Herr Bogić übernimmt es jetzt, mir alles zu erzählen. Obwohl das Museum schon in den 1960ern *entstanden* ist, wurde es erst 1981 *eingerichtet* und 2004 *offiziell eröffnet*. »Wir gehören zu den Slowenischen Eisenbahnen und haben ungefähr 60 Lokomotiven, aber sie sind nicht alle hier.« Die, die ich in Zidani Most gesehen habe, ist eine der 60.

Herr Bogić hat sein ganzes Leben bei der Bahn gearbeitet, angefangen hat er 1977. Er ist enttäuscht, dass die jungen Leute heutzutage weniger Interesse an der Bahn haben, denn dadurch ist es schwierig, Leute zu finden, die die Maschinen restaurieren. »Die jungen Leute interessieren sich nur noch für Handys und Computer«, seufzt er.

Der Professor zeigt mir die verschiedenen Loks. Die Strecke von Wien nach Triest wurde 1857 fertiggestellt, sagt Herr Bogić, während die Strecke in der Gegend von Bohinj seiner Meinung nach durch die schönste Landschaft des Landes führt. Wir gehen auf einen Hinterhof, auf dem noch mehr Loks stehen. »Jetzt verstehen Sie sicher, warum ich mich nicht auf meine Rente freue«, sagt er und blickt die Loks liebevoll an.

Wir betreten einen Raum mit verstaubten alten Bahnhofsuhren – und zurück im Kesselraum zeigt mir Herr Bogić, wie seine Mechaniker »aus Weißmetall Kugellager machen«.

Der Professor und ich geben uns zum Abschied die Hand, und ich gehe noch einmal in den Hinterhof, um einen letzten Blick hineinzuwerfen. Dort ist Herr Dusan und ruft mich zu sich herüber.

»Haben Sie Herrn Bogić gefunden?«, fragt er.

Ich sage, dass ich den Professor jetzt kennengelernt habe. Darüber freut sich Herr Dusan. Er ist gerade dabei, eine kleine Schmalspur-Dampflokomotive zu starten, und hat die Maschine bereits angeheizt. »Sehen Sie hier«, sagt er und zeigt in die Maschine. »Man braucht weiches Wasser: Regenwasser. Jede andere Art von Wasser: Probleme!«

Er ist mit Kohlenstaub bedeckt. Er dreht an einem Zahnrad und es gibt ein zischendes Geräusch.

»Los, steigen Sie ein!«, sagt er und zeigt auf einen kleinen Wagen dahinter.

Ich setze mich in den Wagen.

»Wir fahren einmal herum. Es sind 700 Meter«, sagt Herr Dusan.

Die Lok gibt ein Pfeifen von sich, und los geht es, wir fahren um den alten Kesselschuppen des Eisenbahnmuseums der Slowenischen Eisenbahnen. Es ist der langsamste Zug bisher, und wir zuckeln eine Weile friedlich herum.

Danke, Herr Dusan.

Seltsam beschwingt gehe ich zum Hauptbahnhof, wo der Fahrkartenverkäufer die Website der Deutschen Bahn benutzt, um die Abfahrtszeit des Zuges nach Innsbruck herauszusuchen. Ich habe mir die Karte angesehen und gedacht, dass das bestimmt eine schöne Fahrt ist. Anschließend kann ich durch die Alpen hinunter nach Verona fahren und dort übernachten, bevor ich den letzten Zug nach Osten nach Venedig nehme. Wir stellen fest, dass die nächste Verbindung der 15.27-Uhr-Zug über Villach ist. Er kommt um 21.44 Uhr in Innsbruck an, später, als ich gehofft hatte.

Ups. Aber ich beschließe, an meinem Plan festzuhalten. Zur Feier, dass ich mit einem so extrem langsamen Zug fahren werde, trinke ich nicht weit vom Bahnhof in der Brauerei Kratochwill ein Bier mit Honiggeschmack und lese die Ausgabe von *The Coronet: The Journal oft the Friends of the Slovenian Railways Museum*, die mir Herr Bogić gegeben hat. Sie enthält die Beschreibung einer Reise von Jugoslawien nach Jerusalem 1977, eine Diskussion über »große Kesselreparaturen«, eine weitere Diskussion über Eisenbahnnamen und Links zu diversen YouTube-Videos von Fahrten. Sie ist auf Englisch geschrieben, von John Gulliver aus Barnstaple im Norden von Devon. Herr Bogić hat sie mir mit den Worten gegeben: »John Gulliver ist ein erstklassiger Mann.«

Ja, rund um den Erdball gibt es begeisterte Eisenbahnliebhaber, aber britische Eisenbahnliebhaber sind besonders leidenschaftlich.

Den Zug nach Villach um 15.27 Uhr erreiche ich nur knapp, weil ich in der Brauerei die Zeit vergessen habe.

KAPITEL 9

VON LJUBLJANA ÜBER INNSBRUCK NACH VERONA

Gulasch, Bahnhöfe und Feindschaften

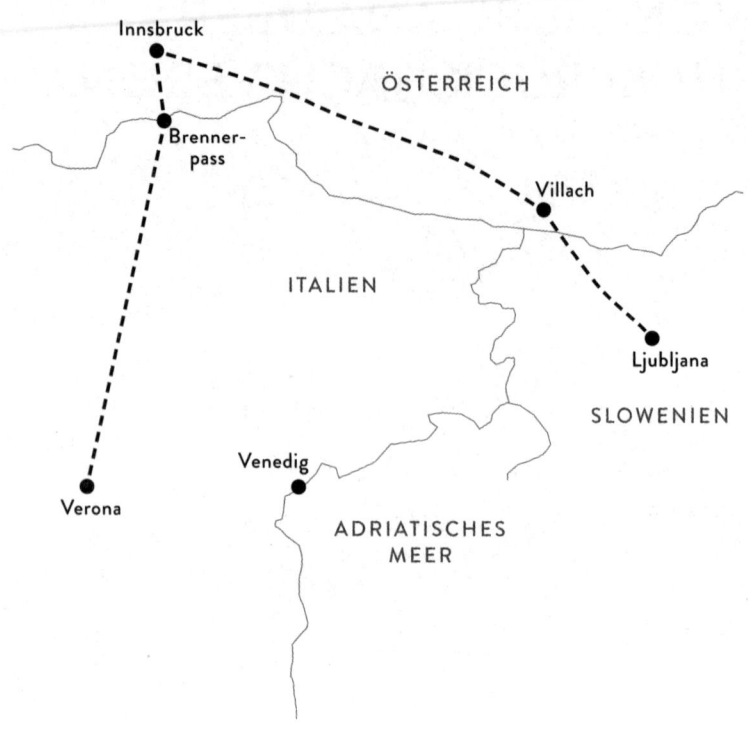

ÖSTERREICH

Innsbruck

Brenner-
pass

Villach

ITALIEN

Ljubljana

SLOWENIEN

Venedig

Verona

ADRIATISCHES
MEER

I m 15.27-Uhr-Zug nach Innsbruck mache ich es mir in einem Abteil mit sechs breiten lila Sitzen mit blauen Kopfstützen in verschiedenen Höhen bequem. Es scheint, dass Fahrgäste sich einen Sitzplatz mit einer passenden Kopfstütze wählen müssen. Das tue ich. Eine Frau mit Plastiktüten und einem kleinen hechelnden Hund ist die einzige weitere Mitreisende. Der Hund schnüffelt an meinen Turnschuhen und nimmt dann sein Hecheln wieder auf. Ich bemerke, dass ein hübsches Bergmotiv in einem anderen Lilaton auf die Sitze gestickt ist, passend, da wir uns in Richtung der Berge bewegen. Unser Abteil ist von anderen Fahrgästen durch eine schmutzige Glasschiebetür getrennt. Der Zug sieht heruntergekommen aus, als stamme er noch aus Titos Zeiten.

Wir fahren an einem Werbeplakat für McDonald's vorbei – »Ich liebe es«. Ein Schaffner in blauer Jacke kontrolliert die Fahrkarten. Hinter der Stadtgrenze fahren wir durch eine baumbedeckte Hügellandschaft, halten in Škofja Loka mit Topfpflanzen am Gleis und Bahnhofscafé. Die Landschaft wird schroffer. Nach Süden ragen pyramidenförmige Berge, in rauchgraue Wolken gehüllt, auf. Unter ständigem Rattern fahren wir in langen Kurven durch Kiefernwälder und an kleinen Bauernhöfen vorbei. Ich habe das Gefühl, wieder nach Westeuropa zu kommen. Wann war ich das letzte Mal dort? Irgendwo zwischen Bonn und Leipzig. Es scheint lange her zu sein.

Vom Bahnhof in Lesce-Bled hat man unglücklicherweise keinen Blick auf den wunderschönen See, für den die Stadt bekannt ist. Dahinter kommen weitere Berge im Nebel: der Rand der Julischen Alpen. Kirchen mit schlanken Türmen ragen aus winzigen Dörfern hervor. Eine Fabrik am Stadtrand von Jesenice nahe der Grenze zu Österreich pumpt Dampf in die Luft. Wir fahren in einen langen Tunnel, der kleine schwarze Hund hechelt und kratzt im Dunkel. Der Tunnel öffnet sich zu Feldern, die mit gelben und violetten Blumen übersät sind, gefolgt von Wald mit Kiefern wie Telegrafenmasten vor schneebedeckten Berggipfeln. Wir müssen jetzt in Österreich sein. Tatsächlich sind wir dort. Der Zug hält in Faak am See (ein

Ortsname, der sorgfältig ausgesprochen werden muss) in Kärnten im äußersten Süden Österreichs. »Willkommen in Österreich« lautet eine Textnachricht auf meinem Handy. Unsere Wagen durchqueren eine weite grüne Ebene. Die Frau mit dem Hund öffnet das Fenster, um kühle österreichische Luft hereinzulassen.

Am Bahnhof Villach stürze ich zu Bahnsteig vier und finde einen glänzenden schwarz-roten Zug vor. Die Umsteigezeit beträgt nur sieben Minuten. Endstation des Zuges ist München. Bald passieren wir wieder schneebedeckte Berge, und der Zug beginnt bergan zu fahren, über eine Brücke über einen gemächlichen grünen Fluss, immer weiter bergauf.

Dieser hat einen Speisewagen. Es gibt Köstlichkeiten wie Hähnchen Wiener Art mit Rosmarinkartoffeln und Preiselbeersoße, Gulaschsuppe mit Kaiserbrötchen und gekochtes Rindfleisch mit Rahmspinat und Bratkartoffeln. Ich bestelle das Hähnchen und trinke eine Flasche Wasser, auf der steht: »Nachricht an dich: Schäm dich nicht für das, was dich glücklich macht. Was es auch ist. Und gib nicht auf, was dir Freude macht. Egal, wie viel Zeit es kostet.«

Flüssigkeitszufuhr und Ratschläge für ein freies Leben.

Das Huhn ist zart, saftig und eine anständige Portion, die Preiselbeersoße süß und scharf zugleich. Der Zug fährt immer weiter bergan, durchquert Tunnel. Berge tauchen flüchtig aus dicken weißen Wolken auf. Ein hübsches Schloss mit Türmen und Türmchen residiert auf einem Gipfel in der Nähe von Bad Gastein. Wir fahren an einem schlammigen Fluss entlang und erreichen dann Bischofshofen.

Eine amerikanische Frau in gelbem Kleid und eine Frau ganz in Schwarz, die ich dem Akzent nach für eine Österreicherin oder Deutsche halte, setzen sich neben mich. Sie beginnen über Beziehungen zu reden.

Frau in Gelb: »Der Mann, mit dem ich zusammen war, hat zu viele Drogen genommen und zu viel getrunken. Ich sehe es an meiner Mutter und meinem Vater. Du machst immer weiter und beißt dir auf die Zunge – so geht es in menschlichen Beziehungen. Du bist im Meer und musst weit schwimmen. Oder du lässt es. Ich hatte einen Riesenrespekt vor ihm. Er konnte Dinge sieben Jahre vorausse-hen. Aber es hatte keine Zukunft. Man darf es nicht zu nah an sich heranlassen. Nicht wütend werden.«

Frau in Schwarz: »Wir haben uns kennengelernt, als wir 30 wa-ren, und waren 17 Jahre zusammen. Wir haben viel Geld verdient und hatten coole Jobs. Das Ganze beruhte aber nicht auf Liebe, es war eine rein rationale Entscheidung.«

Es kommt mir vor, als wäre ich wieder im Museum der zerbro-chenen Beziehungen in Zagreb.

Sie wenden sich dem Thema geschäftlicher Erfolg zu.

Frau in Schwarz: »Wenn ich über etwas stolpere, versuche ich eine Lösung zu finden. Man muss schnell überlegen und dann zum Nächsten übergehen.«

Frau in Gelb: »Ja, man muss wachsam und lösungsorientiert sein.«

Sie bestellen Hotdogs und Bier.

Wir halten in Salzburg und fahren weiter.

Frau in Gelb: »Man muss dafür sorgen, dass man online präsent ist. Es geht um Integrität. Mit Integrität fängt es an. Erfolg zu haben hat nicht nur etwas damit zu tun, auf Trends zu reagieren.«

Frau in Schwarz: »Ja, absolut.«

Sie bekommen ihre Hotdogs und Bier und machen sich darüber her.

Die Frau in Schwarz spricht von ihrem Sohn: »Er hat schon Sa-chen runtergeladen, als er drei war. Als er ungefähr fünf war, habe ich ihn einmal gefragt, wie man das macht, weil ich nicht so gut darin bin, und er sagte: ›Das habe ich dir schon einmal gesagt, und du hörst nicht zu! Ich werde es dir nur noch einmal sagen!‹«

Die Frau in Gelb erinnert sich an ihre internetfreie Kindheit und sagt: »Selbst 1996 war man noch nicht sicher, ob Websites ir-gendetwas bringen werden. Und jetzt ist es nur noch cool.«

Soweit ich es verstehe, scheinen sie Kolleginnen zu sein, die zusammen ein paar Tage nach München fahren. Sie bestellen noch ein Bier und Jägermeister dazu.

»Prost!«, sagt die Frau in Schwarz.

»Runter damit!«, sagt die Frau in Gelb.

Sie scheinen sich bestens zu amüsieren.

Eine schlechte Idee
INNSBRUCK

Ich bin zwar langsam nach Venedig gereist, habe aber einen Umweg gemacht, der mit viel Hin-und-her-Fahren verbunden war (wie man vielleicht bemerkt hat). Ich habe nicht viel Zeit an den Orten verbracht, die ich besucht habe, denn die Neugier hat mich immer weitergetrieben. Aber ich habe festgestellt, dass man an einem Tag die besten Dinge probieren kann – den Zeh ins Wasser halten, wenn man will, ohne das Gefühl zu haben, man müsse *alles* sehen. Die Fahrt für den nächsten Tag ist gebucht. Die Aussicht auf Weiterreise und einen neuen Ort, den es zu erkunden gibt, hat mich angetrieben. Stevensons Motto »es geht darum, in Bewegung zu sein« war auch meins.

Was Innsbruck angeht, muss ich zugeben: Ich habe es ein bisschen vermasselt.

Meine Idee, durch die Berge nach Süden nach Verona zu fahren, ist okay, aber ich habe nicht genügend Zeit, um mir Innsbruck auch nur annähernd richtig anzusehen, weil ich in zwei Tagen in Venedig sein muss, um Kasia zu treffen.

Die Vorstellung einer Fahrt durch die Berge war zu reizvoll. Ich bin inzwischen fast süchtig nach dem rhythmischen Geklacker der Schienen. Die Zugfahrt, nicht Innsbruck, hat mich hierhergeführt (sorry, Innsbruck). Ich wollte eigentlich nur die Fahrt durch die Alpen von Österreich nach Italien genießen.

So spät anzukommen und am nächsten Morgen weiterzufahren ist verrückt, ich weiß.

Der Zug aus Ljubljana kommt pünktlich in Innsbruck an. Mit Hilfe meines Handy-Navis gelange ich zum Inn und nehme den Fußweg entlang des eisig aussehenden grünen Wassers.

Das Hotel Garni Technikerhaus liegt in der Nähe des Flusses. Es sieht nicht besonders vornehm aus: graue Wände und ein Raster von Fenstern hinter einem Parkplatz. Es könnte ein Gefängnis mit geringer Sicherheitsstufe sein (es erinnert mich ein bisschen an das Première Classe in Calais). Mein Handy führt mich über den Parkplatz an die Rückseite des Hotels, sodass ich es nicht von vorne betrete. Drinnen befindet sich eine triste Rezeption mit einem Fenster für den Empfangsmitarbeiter, das geschlossen ist. Niemand zu sehen. Ich lese die E-Mail, die ich vom Garni Technikerhaus bekommen habe, gründlicher. Es heißt, dass die Rezeption um 22 Uhr schließt und Gäste, die später kommen, ihren Schlüssel in einem kleinen Kasten rechts am Eingang finden.

Links vom Fenster an der Rezeption ist ein kleiner Kasten. Ich sehe hinein. Nichts. Ich bin überzeugt, dass das der richtige Kasten ist, obwohl er sich auf der linken Seite befindet und nicht auf der rechten. Ich denke eine Weile darüber nach. Kein Mensch rührt sich im Garni Technikerhaus. Ich bin ratlos, was ich tun soll.

Nach einiger Zeit gehe ich durch den Vordereingang hinaus und entdecke einen anderen Kasten auf der rechten Seite der Tür, in der der Schlüssel ist. Man sollte immer den Anweisungen folgen! Ich steige eine Treppe ein paar Stockwerke hoch und betrete ein Zimmer mit orangefarbener Tür. Das Zimmer ist schlicht und wirkt kalt, es ist mit einem schmalen Einzelbett, einem Drehstuhl aus Holz und einem Schreibtisch ausgestattet. Aber alles ist gut durchdacht, und man könnte sagen, es hätte einen *Industrie-Stil*-Look. Außerdem ist es überaus ruhig, eigentlich gar nicht so kalt, und am Morgen habe ich einen schönen Blick auf das schneebedeckte Karwendelgebirge.

Ich schlafe gut und schwelge in einem Frühstück mit Schinken und Käse in einem Speisesaal mit orangefarbenen Wänden. Es sind noch andere Gäste da. Es gibt sie also. Der Kaffee ist gut, und ich höre den 8oer-Jahre-Hit *Gloria*.

Draußen ist es kälter als jemals zuvor auf meiner Reise. Vögel trällern an dem unheimlichen Fluss, als ich den Weg zurückgehe, den ich gestern Abend gekommen bin. Tief hängende Wolken bedecken einige Berge und sogar einige höhere Gebäude; Innsbruck liegt 574 Meter hoch.

Es ist ein frischer hoffnungsvoller Morgen, ich gehe mit großen Schritten und komme an ein bizarres Hinweisschild auf einer Informationstafel neben dem Fußweg. Das Schild gibt Ratschläge, wie man richtig läuft oder geht, für den Fall, dass die Passanten es vergessen haben. Detaillierte Schaubilder von einem Mann, der die Beine auf die richtige Weise hebt, sind unter der Überschrift auf Englisch »RUN AND WALK BASICS« zu sehen.

Ich frage mich, ob das österreichischer Humor ist.

Ich trete unter die Triumphpforte auf der anderen Seite des Flusses, einen großartigen Triumphbogen aus dem 18. Jahrhundert in prunkvollem Rokokostil mit der Erhabenheit eines römischen Stadttors. Der Bogen hat eine Geschichte. Er wurde von Kaiserin Maria Theresia anlässlich der bevorstehenden Hochzeit ihres Sohnes Erzherzog Leopold von Österreich-Toskana (später Kaiser Leopold II.) mit Prinzessin Maria Ludovica von Spanien in Auftrag gegeben. Da der Ehemann der Kaiserin, Kaiser Franz I., während der Hochzeitsfeierlichkeiten starb, wurden ein paar Änderungen vorgenommen, sodass der Bogen auf einer Seite an die Hochzeit und auf der anderen an den Kaiser erinnert. Ich sehe mir beide Seiten an und bewundere die unbestreitbare Pracht.

Das muss genügen, was Sightseeing in Innsbruck angeht.

Ich gehe schnell weiter zum Bahnhof.

Ja, ich sollte irgendwann noch einmal nach Innsbruck fahren. Dann könnte ich das Goldene Dachl mit seinen 2.657 feuervergoldeten Kupferschindeln, die größte Attraktion der Stadt, sehen, gebaut im Auftrag von Kaiser Maximilian I. (1459–1519). Eisenbahnliebhaber werden vielleicht darauf hinweisen, dass Innsbruck eine berühmte Seilbahn hat, die Hungerburgbahn, die beim Zoo startet und auf ein Plateau mit großartigen Ausblicken hinauffährt.

Der Zug, den ich von Innsbruck nehme, fährt auf einer Höhe von 1.371 Metern über den Brennerpass, bevor es nach Verona hinuntergeht. Es ist laut Gardner und Kries eine schöne Fahrt, und ich wollte schon immer die Stadt von Romeo und Julia besuchen. Ich lese, dass man den Balkon sehen kann, wo Julia vielleicht vor Jahrhunderten geflüstert hat: »O Romeo, Romeo! Warum bist du Romeo!« Es gibt dort auch ein römisches Amphitheater mit 45 Stufenrängen aus Marmor, die 22.000 Menschen Platz bieten, mittelalterliche Architektur und einen wunderschönen zentralen Platz, Piazza Brà.

Eine gute Idee

VON INNSBRUCK NACH VERONA

Der ursprüngliche Bahnhof von Innsbruck, der von Kaiser Franz Joseph I. 1853 in Auftrag gegeben wurde, wurde im Zweiten Weltkrieg zerstört. Dieser elegante Steinbau wurde anfangs für den Regionalverkehr in Tirol benutzt, aber als die Strecke über den Brennerpass 1867 eröffnet wurde, wurde er ein wichtiger Verkehrsknotenpunkt für Österreich-Ungarn, sowohl für Warentransporte als auch den Transport von Soldaten.

Es war nicht das erste Mal, dass die Österreicher eine Bahnlinie durch einen Gebirgszug gebaut hatten. Diese Ehre gebührt der Strecke über den Semmering-Pass auf dem Weg von Wien über Ljubljana nach Triest. Sie wurde 1853 vollendet, das letzte Stück nach Triest, wie schon erwähnt, 1857 fertiggestellt.

Der führende Eisenbahnhistoriker Christian Wolmar erzählt in seinem hervorragenden Buch *Blood, Iron and Gold: How Railways Transformed the World* eine interessante Geschichte über die Fertigstellung des Semmering-Passes. Otto von Bismarck war als deutscher Repräsentant geschickt worden, um die Strecke zu inspizieren, und kam fast zu Tode, weil eine Gangway über einer Schlucht einstürzte, als er den Berg hinaufging, um einen Tunnel zu besichtigen. Er musste sich an einem Felsvorsprung festhalten, um nicht abzustürzen. Der Unfall hätte die europäische Geschichte verändern können, stellt Wolmar fest. Die österreichischen Bergbahnen zu bauen war extrem gefährlich, und von den 20.000 Arbeitern am Semmering-Pass starben 700 an Unfällen und Krankheiten wie Cholera und Typhus. Jedes Jahr an Allerheiligen gedenken österreichische Eisenbahnarbeiter der Verstorbenen. Die Erfahrungen aus dem Bau des Semmering-Passes erleichterten den Bau des Brennerpasses, außerdem erforderte der Brennerpass keine Tunnel.

In einer Kantine in der schmuddeligen Bahnhofshalle im neuesten, 2004 generalüberholten Bahnhof von Innsbruck trinke ich noch einen Kaffee und ein Glas frisch gepressten Orangensaft. Der Bahnhof hat heute eine außerordentlich funktionale Form, mit einem langen rechteckigen Raum wie ein riesiger Schuhkarton. Zwei abstrakte Fresken über einem McDonald's, vom vorigen Bahnhof gerettete Arbeiten des berühmten österreichischen Künstlers Max Weiler (1910–2001), sorgen für ein bisschen Farbe. Sie sind erfrischend ungewöhnlich, zeigen Badende in Badeanzügen unter einer Palme, umgeben von tropischen Blumen auf der rechten Seite, einer geheimnisvollen Gestalt, die von einer Kanzel in der Mitte predigt, und weiteren normal gekleideten Figuren, die auf Stühlen sitzen und dem Prediger am Fuß eines Berges lauschen. Oben steht eine Art Ironman mit bloßem Oberkörper. Vielleicht bedeutet das Wandbild »Höre auf den Prediger, und das Paradies erwartet dich«, oder etwas in der Art. Was der Ironman bedeuten soll, weiß ich nicht. Vielleicht: »Hüte dich vor dem Ironman! Geh weiter ins Paradies! Aber tu Gutes auf dem Weg!«

Vielleicht interpretiere ich zu viel in diese Fresken hinein. Ich erinnere mich gut, dass sie eine Kontroverse auslösten, als sie enthüllt wurden, denn einige deuteten die zentrale Gestalt als Christus und verurteilten die Darstellung als Beleidigung. Jedenfalls stammen sie aus dem Jahr 1954, und es lohnt sich, einen Blick darauf zu werfen.

In der Cafeteria sind Uhren, die sowohl die lokale Zeit als auch die Zeit in Bangkok und Sydney anzeigen. Ich schaue zu, wie die Minuten vergehen, und gehe zu Bahnsteig sieben, um den 9.24-Uhr-Zug nach Verona zu erreichen, der um 12.56 Uhr dort ankommen soll.

Die Fahrt kostet zehn Euro Ticket-Reservierungsgebühr. Für viele Züge in Italien muss man extra zahlen, wenn man den Interrail-Pass hat.

Auf dem Bahnsteig lese ich ein Schild mit den Bahnhofsregeln. Unter der Überschrift »Wir schätzen Ordnung und Organisation genauso sehr wie Sie!« folgt eine lange Liste von Regeln. Dazu gehört, Gepäck und Kinderwagen so zu sichern, dass sie bei starkem Wind oder durch Züge verursachten Zug nicht auf die Gleise rollen, Kinder immer im Auge zu behalten, nicht zu rauchen, auch keine E-Zigaretten, nicht über die Gleise zu laufen, Wände oder Oberflächen nicht mit Graffiti zu beschmieren, keine Musik zu spielen, Hunden einen Maulkorb anzulegen, keinen Alkohol zu trinken, nur in den dafür vorgesehenen Bereichen zu essen, nicht zu betteln oder »den öffentlichen Anstand zu verletzen«, »niemanden zu behindern oder zu stören«, keine Tiere zu füttern, »besonders Vögel«. Es gibt noch viele andere Vorschriften, die alle vernünftig scheinen. Aber was für eine lange Liste! Jeder Fahrgast, der dagegen verstößt, wird strafrechtlich verfolgt und muss »mindestens 40 Euro« Strafe zahlen. Alle Anordnungen der Österreichischen Bundesbahnen (ÖBB) »müssen befolgt werden«. Die Hausregeln schließen mit: »Wir wünschen Ihnen einen angenehmen Aufenthalt und eine gute Fahrt.«

Ich stehe ganz still in sicherem Abstand vom Bahnsteigrand und meide die Gesellschaft anderer.

Der 9.24-Uhr-Zug, ein kirschroter Zug mit der Aufschrift ÖBB, fährt ein. Sein Ziel ist Bologna.

Los geht es, vorbei an einer riesigen Skisprungschanze (die olympischen Winterspiele 1964 und 1976 fanden in Innsbruck statt), über einen Bach und einen Berghang mit Weißbirken hinauf. Große Granitfelsvorsprünge tauchen auf beiden Seiten auf sowie winzige Bergdörfer, jedes mit einer Kirche und einer Ansammlung von Häusern. Der Wagen dieses modernen Zuges ist fast leer, und ich habe ein Abteil mit sechs Sitzplätzen für mich alleine. Der Zug führt um die Kurven, während wir steiler bergan fahren als jeder andere Zug bisher. Es hat etwas Befriedigendes, durchs Fenster die vorderen Wagen in der Kurve zu sehen. Ich weiß auch nicht genau, warum. Der Schaffner stempelt meinen Pass und sagt, dass in Trento wahrscheinlich viele Fahrgäste zusteigen.

Während der Zug bergauf zuckelt, gehe ich online und lese die neuesten Nachrichten. Sie sind interessant und betreffen Österreich.

Ein BBC-Reporter berichtet, dass Sebastian Kurz, der junge Kanzler (er wurde mit 31 Jahren gewählt) angeordnet hat, sieben Moscheen zu schließen und jeden Imam, der vom Ausland finanziert wird, auszuweisen. Es sind Bilder von einer österreichischen Moschee mit Kindern in türkischen Soldatenuniformen aufgetaucht, die die Schlacht von Gallipoli nachspielen, in der die alliierten Streitkräfte im Ersten Weltkrieg vom Osmanischen Reich besiegt wurden. Kurz' Anordnung ist eine Reaktion darauf. »Parallelgesellschaften, politischer Islam und radikale Strömungen haben in unserem Land keinen Platz«, sagt er. Viele der fraglichen Imame haben Verbindungen zu islamischen Organisationen, die mit der türkischen Regierung zusammenarbeiten. Die Türkei nennt die Vorwürfe »islamophob, rassistisch und diskriminierend«.

Kurz ist der Vorsitzende der Österreichischen Volkspartei, die eine Koalition mit der rechten Freiheitlichen Partei Österreichs eingegangen war, die gegen Einwanderung ist. Sie wurde von Heinz-Christian Strache, dem Vizekanzler des Landes, geführt, der als junger Mann an einer Protestkundgebung teilgenommen hatte, die von einer sich als Nachfolgeorganisation der Hitlerjugend verstehenden Gruppe veranstaltet worden war.

Wieder einmal zeigt die Angst vor Einwanderung und Fremden ihre hässliche Fratze. Österreich hat eine Regierung, die rechtsextrem auftritt. Das hinterlässt einen schlechten Geschmack im Mund. Ich versuche, nicht daran zu denken.

Denn es ist eine schöne Landschaft. Vorne tauchen Berge im Nebel auf, während smaragdgrüne Wiesen immer weiter unten liegen. Wir fahren in Tunnel, die für die ursprüngliche Eisenbahnstrecke 1867 gebohrt wurden. Dichter Wald führt zu einer Lichtung und einer größeren Anzahl von Gleisen. Das Outlet Center Brenner taucht mit dem Versprechen auf, »Das beste Outlet in den Alpen« zu sein. Wir haben *Brennero,* den Bahnhof Brenner, erreicht. Die Fahrt zum Pass hat ungefähr eine Stunde gedauert.

Ein paar junge Männer besetzen das Abteil neben meinem und beginnen Hip-Hop-Musik auf dem Handy zu spielen, nicht sehr laut. Ich bin sicher, das ist ein Verstoß gegen eine ÖBB-Vorschrift, aber es stört mich nicht – und der Schaffner scheint es auch gelassen zu nehmen. Wir kommen an einem Fußballplatz vorbei, und dann beginnt die Abfahrt nach Italien mit einem langen Tunnel. Hinter dem Tunnel liegen schneebedeckte Hänge, und hoch oben hängen Seilbahnen, die vermutlich nur im Winter von Skifahrern benutzt werden. Auf den Wiesen grasen rotbraune Pferde.

Der Zug erreicht Sterzing, wo Nazis wie Adolf Eichmann und Josef Mengele sich versteckt haben sollen, während sie auf gefälschte Pässe warteten, um nach Südamerika zu entkommen. Am Stadtrand befindet sich ein Holzlager, und dann kommt eine Burg auf einem felsigen Burghügel. Der Himmel ist milchig, und auf einem Fluss sind Wildwasserkanufahrer. Es geht abwärts, bis zur Talsohle, wo sich zu beiden Seiten der Gleise Weinberge zwischen den Granitfelsen erstrecken. Der Zug schlängelt sich eine ganze Weile durch die Schlucht. Die Felsen haben eine violette, metallisch glänzende Farbe. Der Wein schimmert gold-grün, der Himmel herrlich lilablau. Es ist, wie es in den Reisebeilagen der Zeitungen häufig heißt, eine *atemberaubende Landschaft*.

Die verrückte Fahrt nach Innsbruck hat sich gelohnt.

Die Jungs nebenan hören jetzt R&B. Der Zug rattert über eine Trägerbrücke über einen gewundenen Fluss. Wir halten im kleinen Ort Klausen (Chiusa). Eine weitere Burg auf einem Berg, die auf das Dorf herabblickt, in dem der deutsche Renaissancekünstler Albrecht Dürer (1471–1528) auf seiner Reise von Nürnberg nach Italien 1494 Halt machte. In dieser Umgebung schuf er Aquarelle von den Alpen, bevor er nach Venedig fuhr, wo er die Bekanntschaft des alternden Meisters Giovanni Bellini machte. Er kehrte im folgenden Jahr aus Italien zurück, und sein Stil war nachhaltig von der Reise beeinflusst. Es lohnt sich anscheinend, in Klausen rauszuspringen. Vielleicht nächstes Mal.

Einer der Jungs hat angefangen, zu der R&B-Musik zu tanzen. Ich sehe sein Spiegelbild in einem der Fenster, wenn wir durch einen Tunnel fahren. Er trägt ein orangefarbenes Polohemd, hat kurze Rastalocken und bewegt sich sanft zum Rhythmus wie eine Art Südtiroler *Godfather of Soul*. Wir kommen an weiteren Weinbergen vorbei, bevor wir Bozen (Bolzano) erreichen, wo die beiden coolen Musikliebhaber aussteigen.

Ein älteres italienisches Ehepaar kommt in mein Abteil: Der Mann liest eifrig den *Corriere Della Sera*, während seine Frau die Hände über ihrem Schoß faltet und die Augen schließt. Wir überqueren wieder die Eisack. Ein Solarfeld glänzt hell. Ein rötlich gefärbter Felsen ragt auf. Ich buche online ein Zimmer im Romeo & Juliet Non-

Hotel. Was für ein Name, aber dieses »Non-Hotel« liegt günstig in der Nähe des Bahnhofs, und das Nicht-Hotel-Konzept reizt mich. Sofern kostenloses EU-Roaming gilt, ist es höchst einfach, während einer langen Zugfahrt in Europa eine Unterkunft zu buchen, selbst in letzter Minute, selbst an so obskuren Orten wie Slavonski Brod in Kroatien.

Wir überqueren noch einmal den Fluss. Ich beobachte den Kopf eines Fahrradfahrers – nur den Kopf, der Rest seines Körpers ist von Wein bedeckt –, wie er durch die Landschaft radelt. Wir bummeln durch Mezzocorona und Zambana und erreichen Trento, wo tatsächlich viele Fahrgäste zusteigen.

Am Bahnhof von Trento erfolgt eine Ansage, dass der Speisewagen jetzt geöffnet ist. Ich gehe gleich hin und esse eine Gulaschsuppe mit Kaiserbrötchen. Auch die anderen vier Gäste im Speisewagen essen die Suppe, sie muss also ganz gut sein. Das ist sie wirklich. Das Gulasch ist kochend heiß und das Kaiserbrötchen kross und genau richtig. Es ist der vornehmste Speisewagen der ganzen Reise bisher, mit weißen Tischdecken, kleinen Tischlampen und schwarzen Lederstühlen, dem *Orient-Express* am nächsten kommend (zugegebenermaßen weit entfernt vom Luxus dieses Zuges, aber ein deutlicher Sprung von einigen der heruntergekommenen alten Wagen, in denen ich schon gefahren bin).

Während wir an einem großartigen Schloss vorbeigleiten, kommt der Kellner mit der Rechnung für das Gulasch. Ich zeige ihm meine Kreditkarte. Er sagt, dass das Kartenlesegerät nicht funktioniert. Ich gebe ihm einen 50-Euro-Schein – alles, was ich bei mir habe – und sage sorry.

»Es ist meine Schuld!«, sagt er mit einer leichten Verbeugung. »Sie müssen sich nicht entschuldigen!«

Er holt das Wechselgeld. Höflicher Service auf dieser Fahrt von Innsbruck nach Verona.

Ich werfe noch einmal einen Blick auf die Nachrichten online. Der Vater von Meghan Markle, die in zwei Tagen Prinz Harrys Ehefrau wird, nimmt nicht an der königlichen Hochzeit auf Schloss Windsor Castle teil. Grund sind irgendwelche gestellten Fotos. Versucht er, von der Hochzeit zu profitieren?, fragen »königliche Beobachter«. Diese Kontroverse ist das Top-Thema bei BBC. Ein Mann in Florida ist bedauerlicherweise nach der Explosion einer E-Zigarette, des sogenannten »Vape-Pens«, qualvoll gestorben. Eine Studentin in Alabama hat darum gebeten, dass ein Roboter sie bei der Abschlussfeier vertritt, weil sie zu krank ist, um daran teilzunehmen. Es gibt ein Video von der Erfindung in Abschlussrobe, wie sie auf Rädern über die Bühne rollt, mit einem Tablet auf dem Kopf, das einen Live-Stream der Reaktion der kranken Studentin im Krankenhaus liefert, wie sie auf die Übergabe des Abschlusszeugnisses reagiert. Präsident Donald Trump hat erklärt, dass er bis zu 250.000 Dollar an den Anwalt einer Pornodarstellerin gezahlt hat, die eine Affäre mit ihm gehabt haben soll. Und schließlich – mit Bezug zur Bahn – eine japanische Eisenbahngesellschaft hat sich überschwänglich dafür entschuldigt, dass ein Zug 25 Sekunden zu früh abgefahren ist. Ein Sprecher sagt, die »große Unannehmlichkeit, die wir unseren Kunden bereitet haben, ist wirklich unentschuldbar«. Sie ereignete sich nach einem ähnlichen Vorfall einen Monat früher, bei dem ein japanischer Zug 20 Sekunden zu früh abgefahren war. Japanische Züge sind für ihre Pünktlichkeit bekannt, und diese vorzeitigen Abfahrten werden in dem Land als ein großer Skandal behandelt.

Ein ganz normaler Tag im frühen 21. Jahrhundert.

Wir fahren in den Bahnhof von Verona ein.

In der Spielzeugeisenbahn
VERONA

Der Bahnhof ist nicht gerade klassisch. Wie der in Innsbruck wurde er im Zweiten Weltkrieg zerstört und bald danach wieder aufgebaut. Von außen sieht er aus wie eine flache Militärkaserne aus Betonplatten. Ein großer verkehrsreicher Busbahnhof im Vordergrund ändert daran nichts. Da es der Schnittpunkt der Brennerbahn aus Österreich und der Bahnstrecke zwischen Mailand und Venedig ist, kommen hier viele Fahrgäste durch: über 25 Millionen jedes Jahr. Im Innern des Bahnhofs geht es chaotisch zu, Menschen schwärmen in alle Richtungen zu den vielen *binari* (Bahnsteigen). Einige sitzen zusammengesunken mit Rucksäcken an Wänden. In den Cafés wird gar nicht erst versucht, eine Warteschlange zu bilden. Alle schreien und gestikulieren wild durcheinander, als ob die Cafégäste versuchen, einen Deal über viele Millionen Dollar an der New Yorker Börse abzuschließen.

Ich kämpfe mich durch die Menge zur Fahrkartenhalle, wo ich eine Nummer aus einem kleinen Automaten ziehe und darauf warte, dass meine Nummer auf einem Bildschirm erscheint. Dieses System gilt in Italien als deutliche Verbesserung an Ticketverkaufsstellen, bei denen früher immer gedrängelt wurde. Die Führung der italienischen Bahn hat lange versucht, dieses Problem in den Griff zu bekommen, und zuerst Warteschlangen eingeführt, bei denen die Menschen einzeln durchgeschleust wurden. Aber wie Tim Parks in seinem unterhaltsamen Buch *Italien in vollen Zügen* schreibt, war dieses System auch nicht geeignet, das Vordrängeln gänzlich zu verhindern. Es bestand immer die Gefahr, dass jemand besonders schlau war, lässig an einer Säule wartete, bis ein Kartenschalter frei wurde, und dann entschlossen hervortrat, bevor ein anderer reagieren konnte. Parks hat solche *furbos* an genau diesem Bahnhof erlebt und schreibt, wie sehr es ihn überraschte, dass kein anderer Fahrgast dagegen einschreitet. Er schließt daraus, dass die Fahrgäste in italienischen Zügen grundsätzlich die Vorschriften umgehen und drängeln können, solange sie ihre Unschuld beteuern, wenn sie zur Rede gestellt werden. Mit dieser Haltung kommen sie meistens davon, egal, was es ist. So läuft es in Zügen und auf Bahnhöfen in Italien.

Deshalb der Wechsel zu Nummernautomaten – sowie mehr Fahrkartenautomaten – an größeren Bahnhöfen. Über eine Nummer lässt sich nicht streiten, entweder du hast sie oder nicht. Die Vorschrift kann unmöglich umgangen werden, egal wie sehr ein *furbo* es auch versucht. Das System funktioniert diesmal gut. Meine Nummer erscheint ziemlich schnell, und eine freundliche Mitarbeiterin erklärt mir die möglichen *bigletti* (Fahrkarten). Wenn ich einen schnellen Zug nehme, dauert die Fahrt eine Stunde und zehn Minuten, und ich muss extra für eine Sitzplatzreservierung zahlen. Der langsamere Zug braucht zwei Stunden und 25 Minuten, und ich benötige keine Sitzplatzreservierung. Ich danke ihr und entscheide mich natürlich für die zweite Option.

In der Haupthalle herrscht immer noch Chaos. Der Bahnhof wurde erst kürzlich renoviert, aber die Marmorsäulen des Nachkriegsbaus sind geblieben, ebenso ein farbenprächtiges Wandbild mit Zugrädern, Viadukten und Bahnschranken. Bahnhöfe und Kunst scheinen überall in Europa zusammenzugehören.

Wieder draußen, überquere ich eine Straße und steige einige Stufen zur Casa Ferrovieri Porta Nuova hinauf (Straße der Eisenbahner).

Das scheint eine passende Straße für mich zu sein. Wie vielleicht nicht anders zu erwarten war, kann ich das Non-Hotel nicht finden.

Anscheinend bin ich in der richtigen Straße, aber an der Adresse, die für das Romeo & Juliet Non-Hotel angegeben ist, finde ich nur einen unauffälligen Apartmentblock. Ein Metallzaun mit ein paar Toren hält Eindringlinge von den Apartments fern, und ich bin ratlos, was ich tun soll.

Ich sehe mir die Buchungsbestätigung auf dem Handy an und rufe Tommy, den Inhaber, an, aber er nimmt nicht ab. Ich lehne am Zaun in der Nähe eines Eingangstors und überlege, was ich tun kann. Nach ungefähr fünf Minuten taucht eine Gruppe von vier Leuten auf, und ein großer Mann mit Kinnbart öffnet das Tor. Ich frage, ob ich mit ihnen hineingehen könne, denn ich müsse Apartment Nummer acht finden.

Der Mann mit dem Kinnbart fragt, ob ich Thomas sei.

»Ja«, antworte ich, irgendwie verdutzt.

»Ah! Ich bin auch Thomas«, sagt er. »Und hier ist noch ein Thomas.« Er zeigt auf eine dünnere Teenie-Version von sich ohne Kinnbart. »Mein Sohn! Drei Thomasse!« Er kichert kurz und sagt: »Wir haben dich erwartet. Folge mir!«

So geht es in einem Nicht-Hotel zu.

Der Mann mit Kinnbart ist Tommy. Er führt zwei chinesische Touristen zu einem Apartment in dem einen Block, und sein Sohn, der ein Stück Pizza erst halb aufgegessen hat, bringt mich zu einem Apartment in einem anderen. Mein Zimmer in einem pfirsichfarbenen Apartmentblock ist über Treppen zu erreichen, hat ein weiteres Schlafzimmer, eine kleine Küche und ein Badezimmer. Mir wurde das Zimmer mit den beiden Einzelbetten zugeteilt, das andere hat ein Doppelbett und bleibt heute Nacht frei, sagt Thomas. Eine kleine Holzfigur von einem Mann, der in Gedanken versunken ist, beherrscht den Flur. Abgesehen davon ist es ziemlich schmucklos. Thomas isst sein Stück Pizza auf, gibt mir den Schlüssel und verschwindet. Ich stelle meinen Rucksack in das pfirsichfarbene Zimmer – beim Romeo & Juliet Non-Hotel scheinen Innen und Außen aufeinander abgestimmt. Ich werde in einem Pfirsich schlafen.

Dann breche ich auf, um Verona zu erkunden.

Vom Bahnhof zum Zentrum sind es ungefähr 15 Minuten zu gehen, am Busbahnhof, vielbefahrenen Straßen und einem Kreisel vorbei, an dem sich die Porta Nuova befindet, nach der der Bahnhof benannt ist. Eine italienische Fahne flattert über dem massiven Steinbau aus der ersten Hälfte des 16. Jahrhunderts – kurz bevor Shakespeare, der für den Tourismusboom der Stadt sorgte, 1564 geboren wurde. Eine Rampe führt zu drei großartigen Torbögen; die beiden äußeren wurden von den Österreichern im 19. Jahrhundert hinzugefügt. Das südliche Tor zur Stadt erfüllte bis 1912 seinen Zweck, dann wurden Durchbrüche in der Mauer für Straßen vorgenommen.

Es sticht auf jeden Fall heraus – und es ist interessant, den Verlauf der alten Stadtmauern auf der Karte, die ich am Bahnhof mitgenommen habe, zu verfolgen. Eine der Mauern machte einen Bogen und schützte ein nach Norden von der Etsch umgebenes Stück Land, das Zentrum der Altstadt mit dem römischen Amphitheater an der Piazza Brà. Ein anderes Stück Land nördlich der Etsch besitzt ebenfalls Festungsanlagen und Stadttore. Was für eine großartige Stadt muss das einmal gewesen sein!

Und sie ist es noch. Die Straße von der Porta Nuova ist lang und verläuft geradlinig direkt zum römischen Amphitheater, sodass es unmöglich ist, sich zu verlaufen. Auf halbem Weg mache ich Halt, um in einem Café ein Stück ölige, scharfe Thunfisch-Zwiebel-Pizza zu essen mit einem Aperol Spritz dazu. Sie bieten auch Aperol Spritz *da asporto* (zum Mitnehmen) an, als hätte man einen Cappuccino oder Orangensaft bestellt.

Ah, la dolce vita!

Der Romeo-und-Julia-Balkon ist in der Via Capello 23, »der Geschichte nach« Julias Elternhaus. Ich gehe die lange Straße entlang und komme zur Piazza Brà und dem Amphitheater. Für einen Moment oder zwei bleibe ich staunend stehen. Von allen Sehenswürdigkeiten, die ich auf meinen Bahnreisen gesehen habe, ist dies die faszinierendste (und ich habe viele gesehen). Das Amphitheater ist das drittgrößte in Italien: 140 Meter lang und 110 Meter breit, zwei Stockwerke mit Bögen stammen aus dem 1. Jahrhundert und wurden bis 404 n. Chr. benutzt, als Kaiser Honorius Gladiatorenkämpfe verbot.

Ich kaufe mir eine Eintrittskarte, setze mich auf eine Marmorbank und bewundere die Größe des Bauwerks, das in der Renaissance wieder aufgebaut wurde, nachdem es in den Jahrhunderten nach 404 als Steinbruch gedient hatte. An einem Ende befindet sich eine Bühne, in der Mitte sind Sitzplätze und oben Scheinwerfer. Die Sommerkonzertsaison beginnt. Opern werden regelmäßig aufgeführt – die Akustik soll hervorragend sein –, und hin und wieder finden auch Popkonzerte statt: Pink Floyd, Paul McCartney, Whitney Houston und Radiohead sind hier schon aufgetreten. Blutige Kämpfe haben hier stattgefunden, göttliche Musik hat die Arena erfüllt.

Die Via Capello ist um die Ecke, ein paar kleine Straßen mit Häusern aus dem 16. Jahrhundert und Bars, in denen Aperol Spritz getrunken wird, entlang. Und da ist er: Julias Balkon, auf einem kopfsteingepflasterten Hinterhof voller Touristen. An der einen Seite steht eine Julia-Statue. Die Menschen drängen sich um sie herum und machen Fotos von der Statue und dem steinernen Balkon. Da oben hat Julia damit gehadert, eine Capulet zu sein, und Romeo hier unten damit, ein Montague zu sein. Sie haben sich gegenseitig ihre Liebe gestanden. Irgendjemand hat beschlossen, dass es an dieser Stelle war. Eine Million Fotos und mehr später ist dieser Hinterhof ein Veroneser Goldgrube.

Es ist schon lange eine Touristenattraktion. Charles Dickens war 1844 und 1845 in Italien und ließ sich in Genua nieder, um sich vom Romanschreiben zu erholen, das war zwischen *Martin Chuzzlewit* und *Dombey und Sohn*. Während dieser Zeit reiste er viel im Land herum und notierte seine Gedanken für ein Reisebuch, *Bilder aus Italien*.

Dickens besuchte sowohl Verona als auch Venedig und war von beiden äußerst angetan. Romeo und Julia standen im Zentrum seines Besuchs in Verona, die Stadt, die er für einen »so phantastischen, entzückenden und malerischen Ort [hält], mit einer so großen Vielfalt herrlicher Gebäude, dass diese romantische Stadt, Schauplatz einer der schönsten und romantischsten Geschichten, kein besseres Herz haben könnte«.

Aber als Dickens die Via Cappello besucht, ist er nicht gerade begeistert. Er schreibt, dass das Haus der Capulets »jetzt zu einem höchst elenden kleinen Gasthof herabgesunken« ist, mit schmutzigen Marktkarren, die am Hof vorbeiziehen, wo »knöcheltiefer Kot« liegt. Weiter beschreibt er »einen grimmig aussehenden Hund, der in einem Torbogen bösartig die Zähne fletscht und sicherlich Romeo am Bein gepackt hätte, wenn er über die Mauer gestiegen wäre«.

Dickens besichtigt das Amphitheater – das »so gut erhalten und gepflegt ist, dass jede Sitzreihe da ist, unbeschädigt« –, bevor er stundenlang die Straßen abklappert: »Ich streifte den Rest des Tages durch die Stadt, und ich glaube, ich könnte sie immer noch durchstreifen.« Er liest »an diesem Abend in meinem Zimmer im Gasthaus *Romeo und Julia* – natürlich hat es noch kein Engländer dort gelesen« (selbst damals sind die Menschen schon ziemlich viel durch Europa gereist). Sein Gesamteindruck von Verona? »Mit seinem schnell dahinfließenden Fluss, seiner malerischen alten Brücke, seinem großartigen Schloss, seinen zitternden Zypressen und der so schönen, erquickenden Aussicht! Freundliches Verona!« Ihm gefällt die Stadt *ziemlich gut*.

Unter all den Touristen um das Haus der Capulets, wenn auch nicht in knöcheltiefem Kot und mit grimmig aussehenden Hunden, kommen mir Erinnerungen an Brügge. Aber unweit von der Via Capello, auf der Piazza delle Erbe, ist es vollkommen ruhig, nur eine Handvoll Marktstände und eine Säule mit einem Löwen obendrauf, das Symbol Venedigs. Großartige Palais und mittelalterliche Kaufmannshäuser säumen den Platz, noch genauso wie zu Dickens' Zeiten.

Piazza Erbe ist das verborgene Herz der Stadt, viele Straßen zweigen von hier arteriengleich ab und verschwinden in geheimnisvolle Richtungen. Ich biege in eine ein und finde mich in einer langen Reihe glitzernder Modeläden wieder: Blazer, Pelze, Sommerkleider mit goldenen Gürteln, High Heels, T-Shirts mit lauten Slogans (LOVE LIFE, EAT THE RICH und BE A BITCH), Seidenschals, Slipper und Miniröcke. Verona ist der perfekte Ort für Eisenbahnliebhaber, männlich wie weiblich, die ihre Anoraks an den Haken hängen und etwas Schickeres oder zumindest anderes probieren wollen.

Wieder auf der Piazza Brà, bezahle ich ein paar Euro und nehme in der Touristen-»Bahn« der Stadt Platz. Ich konnte nicht anders. Sie ist golden und cremefarben, sieht vorne aus wie eine altmodische Dampfeisenbahn und hat zwei »Wagen«, die 40 Leuten Platz bieten. Wir parken neben einem gepanzerten Fahrzeug, bei dem Soldaten mit schwarzen Baretts, schusssicheren Westen und Sonnenbrillen stehen und alles im Auge behalten. Sie scheinen sich durch uns nicht allzu gestört zu fühlen.

Dies ist ein weiterer sehr langsamer Zug: ein bisschen lächerlich, das gebe ich zu, aber eine einfache Möglichkeit, um sich zu orientieren. An Bord ist eine Handvoll französischer Touristen. Klassische Musik spielt, während wir noch eine Weile warten, aber es kommen keine weiteren Touristen. Mit zwei Pfiffen fahren wir los auf eine halbstündige Tour, erfahren, dass die Stadt 260.000 Einwohner hat und UNESCO-Weltkulturerbe ist. Ein aufgezeichneter Kommentar wird in vier Sprachen abgespielt, die Romeo-und-Julia-Geschichte mehr oder weniger im ersten Atemzug erwähnt. Unsere Bahn kann nicht zu dem berühmten Hinterhof fahren, hören wir, aber es wird empfohlen, sich den »Schauplatz der berühmtesten Liebesgeschichte in der Geschichte« anzusehen.

Touristen machen Fotos von uns – wir sind selbst eine Attraktion –, während wir an einem Backsteinkastell, Castelvecchio, aus dem 14. Jahrhundert vorbeifahren, wo früher wahrscheinlich eine römische Festung war, wie wir erfahren. Das Kastell wurde von der Familie der Skaliger erbaut. Wir sehen einen wunderschönen römischen Torbogen. Die »Bahn« überquert eine Brücke über die schnell dahinfließende Etsch mit Blick auf einen sonnigen, mit Zypressen bedeckten Hügel in der Ferne. Es spielt wieder klassische Musik, und die Ansage endet.

Wieder machen Touristen Fotos von uns. Wir überqueren den Fluss über eine andere Brücke (alle Brücken wurden von den deut-

schen Faschisten gesprengt, als sie aus Verona flüchteten, und mussten wiederaufgebaut werden). Wir biegen in eine Straße ein, die zu
einer eleganten mittelalterlichen Kathedrale führt. Auf die gotische
Fassade der Kirche von St. Anastasia folgt Piazza Erbe. Wir fahren
wieder zum Fluss, während klassische Musik läuft. »Maria Callas, die
berühmte Opernsängerin, lebte viele Jahre in diesem Viertel«, sagt
der Sprecher, bevor wir wenden und an der Kirche San Fermo Mag-
giore vorbei zur Piazza Brà zurückkehren und neben dem gepanzerten Fahrzeug und den Soldaten halten.

Ich bezweifle, dass das etwas für richtige Eisenbahnfans wäre.

Mir hat es jedenfalls Spaß gemacht.

Zurück im Romeo & Juliet Non-Hotel mache ich ein Nickerchen, und
als ich aufwache, höre ich Donnerschläge und heftigen Regen. Es ist
eine Sintflut, der Himmel hat seine Schleusen geöffnet. Auf keinen
Fall werde ich jetzt hinausgehen. Aber allein der Gedanke, den ganzen
Abend in einem Zimmer mit zwei Einzelbetten im Romeo & Juliet
Non-Hotel herumzuhängen, ist unerträglich.

Eine Weile halte ich es aus. Zum Zeitvertreib lese ich die im
Stadtplan für Touristen aufgeführten Regeln, die in Verona zu be-
achten sind. Genau wie am Bahnhof von Innsbruck gibt es viele.
Man soll nicht »in den Brunnen baden« (eine Abbildung zeigt eine
Figur, die in einen Brunnen springt, die Arme in der Luft), noch soll
man etwas »beschädigen und beschmieren« (ein Bild mit einer Figur,
die Wände mit Farbe besprüht, ist neben dieser Regel abgebildet).
Bei Denkmälern zu essen ist verboten, ebenso wie »nackt herumzu-
laufen« (eine Abbildung von einem Mann ohne Hemd und einer Frau
im Bikini). Verstöße »können Ordnungsstrafen« zur Folge haben,
doch der Mindestbetrag wird nicht genannt.

Ich glaube, ich muss dringend einen Spaziergang machen. Ich lese Vorschriften auf Stadtplänen. Ich muss dringend an die frische Luft.

Der Wolkenbruch endet abrupt. Ich wage mich an vielen Pfützen vorbei bis zur Piazza Brà vor und esse in einem Café mit roten Tischdecken und Blick auf den Platz ein – wahrscheinlich zu teures, aber gutes – Nudelgericht mit einer Art Ragout. Ich bestelle ein Glas Rotwein und lese lieber ein Buch statt den Stadtplan. In *Die Brücke über die Drina* von Ivo Andrić sterben jetzt weniger Menschen auf schreckliche Weise – aber schon noch einige. Ein österreichischer Wachmann, groß von Statur, aber einfältig, hat gerade Selbstmord begangen, nachdem er von einer jungen Türkin, in die er sich verliebt hatte, getäuscht wurde. Sie hat ihm vorgemacht, dass sie ihre alte Großmutter über die Brücke bringt, tatsächlich aber ist die verhüllte, schlurfende Gestalt ein von den Behörden gesuchter Flüchtling. Seine Vorgesetzten hatten seinen Fehler entdeckt und ihn zu einem Geständnis bewegt. Er kommt vors Kriegsgericht (denn er hat sowohl seine Pflicht vernachlässigt als auch gegen eine Anordnung verstoßen, die Beziehungen zwischen Christen und Muslimen verbietet), wird aber nicht richtig bewacht, während er noch sein Gewehr hat. Die Beschreibung, wie er sich das Leben nimmt, ist ziemlich anschaulich.

Nicht gerade eine heitere Lektüre. Vielleicht sollte ich eine Weile ganz aufhören zu lesen.

Das tue ich, blicke über die Piazza Brà und trinke noch ein Glas Rotwein.

Das klingt vielleicht schrecklich, aber es stimmt: Ein großer Vorteil von Zugreisen ist, *dass man etwas trinken kann*, wann immer man will. Man braucht sich keine Sorgen um Alkoholtests (oder Parkplätze) zu machen. Man rollt einfach dahin, bestellt eine Flasche wovon auch immer, betrachtet durchs Fenster die vorbeiziehende Landschaft oder wie sich die Dinge am Ziel entwickeln. Eine lange Bahnreise zu unternehmen kann in vielerlei Hinsicht entspannend sein.

Die Straßen, in denen bei Shakespeare die Capulets und Montagues aneinandergerieten, wirken gespenstisch, als das Licht schwindet. Hier beschimpfen sich die Familien und streiten im ersten Akt von *Romeo und Julia*, sie zwingen den Fürsten von Verona einzuschreiten:

Aufrührerische Vasallen, Friedensfeinde,
Die ihr den Stahl mit Nachbarblut entweiht –
Wollt ihr nicht hören? Männer, wilde Tiere,
die ihr die Flammen eurer schnöden Wut
Im Purpurquell aus euren Adern löscht.
Zu Boden werft, bei Buß an Leib und Leben
die missgestählte Wehr aus blutiger Hand.

Das alles ereignete sich irgendwo hier in Verona in der Nähe des Amphitheaters. Shakespeare hat den Plot von *Romeo und Julia* nicht erfunden, das Verdienst der Touristen-Euros gebührt also nicht ihm allein. Die Geschichte war in Italien schon populär, bevor er seine Version niederschrieb. Die unmittelbare Quelle für Shakespeares Stück war *The Tragicall Historye of Romeus and Juliet* von Arthur Brooke, eine Verserzählung, die er 1562 veröffentlichte, zwei Jahre bevor der Dichter geboren wurde. Shakespeares Fassung, die um 1597 veröffentlicht wurde, verlieh der Geschichte zweifellos mehr Lebendigkeit, Originalität und Brillanz. Bald nachdem es aufgeführt worden war, wurde darüber in einer Quarto-Ausgabe geschrieben, dass es »oft (unter großem Beifall) öffentlich gespielt worden sei«. Brooke starb ein Jahr nach Vollendung seines Werkes bei einem Schiffsunglück bei der Überquerung des Ärmelkanals.

Ich bestelle noch ein Glas Rotwein.

Ich komme zu dem Schluss, dass mir Verona sehr gut gefällt, trotz der Massen bei Julias Balkon. Es ist eine entspannte Stadt, sobald sich die Touristenhorden des Tages verzogen haben. Einheimische machen Abendspaziergänge, und das Amphitheater brütet unter einem tiefschwarzen Himmel. Unter den Spaziergängern gehen vielleicht auch ein paar unglücklich Liebende Hand in Hand. Das ist die Zeit, um Verona zu sehen, wenn Romeo und Julia miteinander turteln.

Romeo:
Sie spricht. O, sprich noch einmal, holder Engel,
Denn über meinem Haupt erscheinst du
Der Nacht so glorreich, wie ein Flügelbote
Des Himmels dem erstaunten, über sich
Gekehrten Aug' der Menschensöhne, die
Sich rücklings werfen, um ihm nachzuschaun,
Wenn er dahinfährt auf den trägen Wolken
Und auf der Luft gewölbtem Busen schwebt!

Julia:
Dein Name nur ist mein Feind. Du bliebst du selbst.
Und wärst du auch kein Montague. Was ist
Denn Montague? Es ist nicht Hand, nicht Fuß,
Nicht Arm noch Antlitz. Noch ein andrer Teil
Von einem Menschen. Sei ein anderer Name!!
Was ist ein Name? Was uns Rose heißt
Wie es auch hieße, würde lieblich duften.

Ich trinke noch ein Glas aufs Glück.

Morgen nehme ich den letzten langsamen Zug – nach Venedig.

KAPITEL 10

VON VERONA NACH VENEDIG

Che Bella Corsa! (Was für eine Fahrt!)

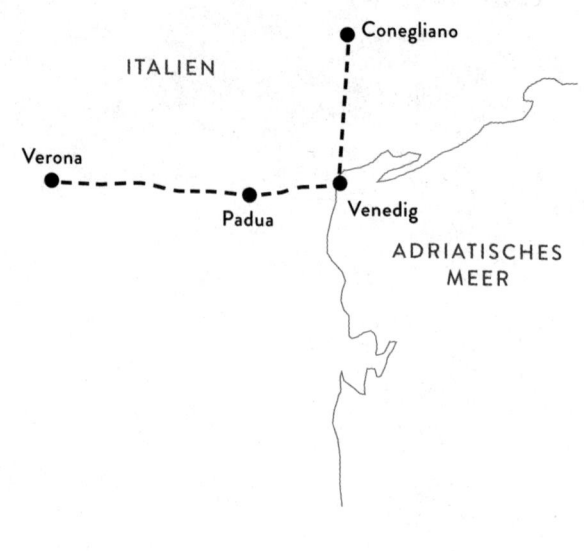

In Italien sagt man, Mussolini habe »dafür gesorgt, dass die Züge pünktlich fahren«. Aber diese Aussage kann man unterschiedlich interpretieren. Eine Deutung: Trotz Mussolinis faschistischer Politik hat der Diktator zumindest eine Sache hinbekommen. Eine andere: Welcher vernünftige Mensch würde die Grausamkeiten der Faschisten akzeptieren, nur damit der 13.30-Uhr-Zug von Verona nach Venedig pünktlich abfährt?

Ich bevorzuge die zweite Interpretation.

Aber stimmt es überhaupt: War die Bahn wirklich besser?

Die Antwort ist nicht eindeutig.

In *Italien in vollen Zügen* schreibt Tim Parks, dass der lange Niedergang der italienischen Eisenbahn während des Faschismus begann. Vor dem Marsch auf Rom 1922, als Mussolini an die Macht kam, war eine Menge Geld ins italienische Bahnnetzwerk investiert worden, denn es wurde als wichtig für den Erhalt der Einheit des neu gegründeten Nationalstaats erachtet. Tatsächlich reisten viele an diesem Marsch teilnehmende »Schwarzhemden« in speziell eingesetzten Zügen an.

Mussolini übernahm also eine gut funktionierende Eisenbahn, und es kann ihm nicht als Verdienst angerechnet werden, was vorher schon aufgebaut wurde. Aber sobald er an der Macht war, machte der Duce die Leistungsfähigkeit der Bahn zu seinem zentralen Anliegen und führte die *treni populari* mit billigen Fahrkarten und einfachen Wagen ein, damit auch die Arbeiterklasse in den Ferien ans Meer oder in die Berge fahren konnte. Er sorgte für die Elektrifizierung der Schienen, um die Abhängigkeit von teurer Importkohle zu verringern. 1937 brach ein solcher Zug den Weltgeschwindigkeitsrekord, indem er auf 170 Kilometer in der Stunde kam. Aber gleichzeitig wurden viele Bahnarbeiter entlassen (denn die Gewerkschaften waren eine Bedrohung), die Wirtschaft schwächelte, und das Fahren auf den neu gebauten Straßen wurde populär. Endgültig zerstört wurde die Bahn natürlich im Zweiten Weltkrieg. Danach fuhren zunächst keine Züge mehr.

Heute schätzen die Italiener die Effektivität ihrer Bahn sehr, und das Bedürfnis nach Geschwindigkeit in Italien, das auf den Rekord im Jahr 1937 zurückgeht, ist in den Vordergrund getreten. Die Fahrt von Rom nach Venedig dauert bestenfalls 3 Stunden und 45 Minuten, von Rom nach Florenz ist es nur 1 Stunde und 32 Minuten und von Rom nach Neapel 1 Stunde und 10 Minuten. Die von Trenitalia eingesetzten Frecciarossa-Züge (Roter Pfeil) sausen mit einer Geschwindigkeit von bis zu 300 Kilometern pro Stunde durchs Land, mit Speisewagen, Kellnern und bequemen Sitzen, und das zu vernünftigen Preisen. Es gibt auch Frecciargento-Züge (Silberpfeil) mit einer Höchstgeschwindigkeit von 250 Kilometern pro Stunde. Sie haben eine Café-Bar statt eines schicken Restaurants. Italien verfügt über 16.000 Kilometer staatseigenes Schienennetz, und es ist ziemlich einfach, im Land herumzukommen.

Die Italiener haben ihre Bahn immer geliebt.

Die erste Eisenbahnstrecke oder *ferrovia* (Eisenbahn) wurde 1839, nur neun Jahre nach der ursprünglichen Manchester-Liverpool-Strecke, mit Lokomotiven aus England eröffnet und brachte Fahrgäste in elf Minuten die 7,6 Kilometer von Neapel nach Portici im damaligen Königreich beider Sizilien. Die Strecke wurde bald um die Bucht von Neapel auf 35 Kilometer ausgebaut und kam gut an, nicht zuletzt bei König Ferdinand II., der oft und gerne ans Meer fuhr. Im ersten Monat wurde eine Fahrgastzahl von 58.000 erreicht. Es wurde so viel Geld eingenommen, dass die Besitzer die Fahrpreise für »Damen ohne Hut, Diener in Livree und Unteroffiziere« herabsetzten. Was sehr nett von ihnen war.

Eine regelrechte Eisenbahnmanie erfasste das Land, das Streckennetz wurde ausgebaut, inklusive der Nord-Süd-Verbindungen auf beiden Seiten des Apennins. Die Strecke zwischen Mailand und Venedig, auf der ich fahren werde, wurde 1857 fertiggestellt und erforderte einen gut drei Kilometer weiten Viadukt mit 222 Bögen, der sich über eine Lagune erstreckt. Historiker schätzen, dass mehr als die Hälfte der öffentlichen Ausgaben für Infrastruktur zwischen der italienischen Vereinigung, auch bekannt als Risorgimento (die Wiederauferstehung), und dem Ersten Weltkrieg für die Eisenbahn ausgegeben wurde.

Wie schon erwähnt war dies eine wichtige Zeit. Genau wie Belgien und Deutschland wurde das Land im späten 19. Jahrhundert vereint – und die Eisenbahn erlangte zentrale Bedeutung.

Prossima fermata (Nächster Halt)
VON VERONA NACH VENEDIG

Nachdem ich im Romeo & Juliet Non-Hotel gründlich ausgeschlafen habe und durch Verona gebummelt bin, gehe ich den Hügel hinauf an der Porta Nuova vorbei zum Bahnhof. In der Fahrkartenhalle herrscht wie immer hektisches Gedränge. Im größten Café kämpfe ich mich mit Euros winkend durch und ergattere schließlich ein vor Mozzarella, Parmesan und Pesto triefendes Stück Pizza. Es war den Ellbogeneinsatz wert: absolut fantastisch, das Beste, was ich bisher an einem Bahnhof gegessen habe.

Jemand hat *La Gazzetta dello Sport* auf dem Tisch liegen gelassen, und auf der Titelseite erfahre ich, dass der berühmte Torwart Gianluigi Buffon Juventus verlässt. Ich bleibe noch ein bisschen sitzen und lese den neuesten italienischen Fußballklatsch, so gut ich kann. Da ich zu früh hier bin und nichts anderes zu tun habe, erkunde ich den Bahnhof, steige einige Stufen hoch und entdecke zu meiner Überraschung ein *ristorante birreria bavarese* (bayrisches Restaurant und Bierhalle) am Bahnsteig oben. Am Eingang steht eine Pappfigur von einer drallen Kellnerin mit einem riesigen Bierglas. Drinnen trinken Leute aus ähnlich riesigen Gläsern Bier. Es geht sehr fröhlich zu.

Nach einiger Überlegung komme ich zu dem Schluss, dass eine bayrische Bierhalle irgendwie nicht ganz angebracht ist. Der Bahnhof Porto Nuova von Verona ist vielleicht nicht der beste Standort für ein deutsches Bierlokal.

Schließlich war der Bahnhof im Zweiten Weltkrieg nach der Kapitulation Italiens in den Händen der Nazis. Bevor die Deutschen alle Brücken zerstörten und Verona verließen, wurde der Bahnhof für Deportationen mit Güterzügen in Todeslager benutzt.

Der Auschwitz-Überlebende Primo Levi, der im Dezember 1943 festgenommen wurde, wurde einige Wochen später zusammen mit 649 anderen »Ladungsstücken«, wie die Nazis ihre Gefangenen verbuchten, in Carpi in der Provinz Modena, hundert Kilometer südlich von Verona, auf einen dieser Güterzüge mit einem Dutzend Wagen verfrachtet. Der Zug fuhr nach Norden durch Verona, durchs Etschtal und über den Brennerpass. Levi und die anderen im Zug hatten Durst, froren und litten unter den Schlägen der Wachmänner. Am Brennerpass standen alle 45 Insassen von Levis Waggon schweigend da, nicht wissend, ob sie jemals zurückkehren würden. Durch Schlitze im Waggon sah Levi die Namen österreichischer, tschechischer und schließlich polnischer Orte und Städte an den Bahnhöfen. Im Februar 1944 kam der Zug nach viertägiger Fahrt in Auschwitz an. Wachmänner wählten die Arbeitsfähigen aus. Von den 650 Menschen im Zug starben 525, die nicht als gesund eingestuft wurden, kurz darauf. Von den 45 Menschen in Levis Waggon kehrten nur vier nach Hause zurück. Die Insassen seines Waggons waren am besten weggekommen, erklärt Levi in seinen erschütternden Erinnerungen *Ist das ein Mensch?*

Wie gesagt, ein bayrisches Bierlokal erscheint am Bahnhof von Verona eindeutig deplatziert, wenn nicht vollkommen falsch.

Der 12.30-Uhr-Zug zum Bahnhof Santa Lucia in Venedig fährt an Bahnsteig vier ein.

Ich steige in einen Doppelstockwagen mit blauen Plüschsitzen. Ein glatzköpfiger Schaffner mit roter Krawatte und buschigem Schnauzbart kontrolliert meinen fast vollkommen zerfledderten Interrail-Pass, während der Zug sich langsam in Bewegung setzt und schon bald am nächsten Halt, *prossima fermata*, am Bahnhof Verona Porta Vescovo, stoppt, wo weitere Fahrgäste zusteigen. Auf einem Fernsehbildschirm in der Ecke wird für eine Ausstellung in Treviso mit Werken des französischen Bildhauers Auguste Rodin geworben. Wir halten in Caldiero, um noch mehr Fahrgäste einzusammeln. Wir fahren ab. Werbung für eine Ausstellung über den englischen Schriftsteller, Maler und Kunstkritiker des 19. Jahrhunderts John Ruskin im Dogenpalast in Venedig läuft über den Bildschirm. Ruskin war ein entschiedener Gegner der fortschreitenden Mechanisierung und des Materialismus und liebte die mittelalterlichen Gebäude Venedigs, heißt es in der Werbung. Also kein Liebhaber von Eisenbahnen. Ich lese ein kleines Faltblatt, das am Bahnhof Porta Nuova in Verona verteilt wurde, in dem es ausschließlich um tolle Restaurants zwischen Verona und Venedig geht, dazu ein Zitat des deutschen Dichters Johann Wolfgang von Goethe: »Auf den Plätzen ist es an Markttagen sehr voll, Gemüse und Früchte unübersehlich, Knoblauch und Zwiebeln nach Herzenslust.« Ziemlich bildungsbeflissen, dieser Zug.

Mohnblumen säumen die Gleise nahe Lonigo. Der Zug kommt jetzt in eine ländliche Gegend mit Weinbergen und Obstgärten, gelegentlich eine Fabrik. Jeder Zentimeter Land scheint produktiv genutzt zu werden. Auf den Hügeln bei Montebello Vicentino schweben Häuser mit Terrakottadächern am Horizont. Die Landschaft ist sonnenbeschienen und warm. Bei Altavilla gleiten wir an einem Marmorplattenlager vorbei und an Wohnungen mit Balkonen, auf denen Wäsche hängt.

Ich lese einen Online-Artikel über die gegenwärtige italienische Politik. Wahrscheinlich wird die populistische Fünf-Sterne-Bewegung bald eine Regierung mit der rechtsextremen Lega bilden. Diese beiden Parteien haben zusammen kürzlich bei der Wahl über die Hälfte der Wählerstimmen bekommen. Sie wollen härter gegen Einwanderung vorgehen. Italien war natürlich das Ziel der vielen Bootsflüchtlinge aus Nordafrika. Die *Financial Times* hat die Führer der Fünf-Sterne-Bewegung und der Lega kürzlich wegen ihrer rechtsextremen Positionen als »moderne Barbaren« bezeichnet. Matteo Salvini, Parteivorsitzender der Lega, reagierte auf diesen Angriff mit den Worten: »Es ist besser, barbarisch zu sein als ein Sklave, der Italiens Würde, Zukunft, Wirtschaft und Grenzen verkauft.«

Ein weiteres Land, das schwierige Zeiten durchmacht.

Ich komme mit einem Mann ins Gespräch, der auf der anderen Seite des Gangs sitzt. Er ist in den Vierzigern, gebräunt und schick gekleidet in lässigem Stil mit Pullover, Jeans und schwarzen Turnschuhen. Italiener scheinen einfach zu wissen, wie man sich kleidet. Er strahlt auch *Bildung* aus. Ich frage ihn, ob er Englisch spricht, denn ich will ihn fragen, was er von Fünf-Sterne und Lega hält.

»Ja, natürlich!«, sagt er, als wäre er einigermaßen überrascht, dass jemand denken könnte, es wäre nicht so.

Giacomo ist Professor an der Universität von Bologna, der, fügt er eilig hinzu, »ältesten Universität in Europa!«.

Die Universität wurde 1088 gegründet und ist bis heute ein beliebter Studienort. Dies ist wirklich ein Kulturzug.

Er bittet mich zu raten, was er lehrt, und ich probiere es mit *Politik*.

»Nein, nein! Wirtschaft und Jura!«, antwortet er, wie es scheint, vollkommen ungläubig, dass jemand etwas anderes denken könnte.

Ich lag nicht so weit daneben. Jedenfalls spricht er gerne über Politik.

»Sie wissen nicht, wie man einer komplexen Gesellschaft wie der Italiens gerecht wird. Sie sind populistisch: Sie sprechen den Bauch an, nicht den Verstand«, sagt er als Eröffnungssalve. Währenddessen kommt er zu mir herüber. Wenn er spricht, wedelt er mit den Händen vorm Gesicht wie ein typischer Italiener und beugt sich vor, als würde er mir ein wohlgehütetes Geheimnis verraten. Mit »sie« meint er Fünf-Sterne und Lega.

»Zum Beispiel sind sie für eine pauschale Steuer, nicht eine progressive. Sie reden von 15 Prozent. Aber das ist überhaupt nicht realistisch. Wir haben in Italien eine hohe Staatsverschuldung.« Er beugt sich noch weiter vor, gestikuliert, als würde er ein Orchester dirigieren, das gerade eine schwierige Musikpassage bewältigt. »So ist es nun mal, wir leben in einem Staat. Wenn wir keine Steuern erheben, gerät der Staatshaushalt unter Druck. Nicht *realistisch*!«

Giacomo liebt das Wort realistisch.

Wir sprechen über Migranten aus Afrika.

»Ihre Vorschläge zur Zuwanderung! Nicht realistisch!«, sagt er. »Die Lega würde gerne viele dieser Menschen zurückschicken. Aber es ist ein historisches Phänomen. Also nicht *realistisch*!« Er macht eine Pause, um Luft zu holen. »Der einzig realistische Weg ist, sich damit auseinanderzusetzen. Man kann einen Fluss nicht am Fließen hindern. Ein bewusster Umgang damit sollte nicht nur das Ziel italienischer Politik sein. Es muss europaweit das Ziel sein. Wir haben es nicht nur mit Afrika zu tun, sondern auch mit Rumänien und dem Mittleren Osten.«

Giacomo ist überzeugt, dass Italien als Paradigma für die Probleme gelten kann, die gegenwärtig ganz Europa belasten.

»Wir haben in Italien ein sehr großes Problem zwischen dem Süden und dem Norden«, sagt er und gestikuliert weiter. »Süditalien ist nicht reich. Dasselbe in Europa. Norditalien ist mit Deutschland, Österreich und Frankreich vergleichbar. Der Süden mit Griechenland und dem Süden Spaniens. Wir sind eine kleine Ausgabe Europas! Wir haben es alles in einem Land – und das ist das Problem. Im Norden sind bessere Eisenbahnverbindungen, Straßen und Schulen.«

Er kommt wieder auf die letzten Wahlen zurück. »Es ist total *unrealistisch*!«, sagt er. »Die Fünf-Sterne-Bewegung und die Lega. Sie werden sich ändern müssen. Wirtschaftliche Kräfte sind stärker als sie!«

Er kommt wieder auf Zuwanderung.

»Wie Ihr Mann Farage«, sagt Giacomo und meint den früheren Führer der UK Independence Party. »Sie wollen Europa verlassen, damit keine Menschen mehr ins Land kommen. Aber das geht in Italien nicht!«

Er erwähnt den Vertrag von Rom von 1957, der – neben dem Vertrag von Maastricht – die konstitutionelle Grundlage für die Europäische Union ist. Italien gehörte zu den sechs Ländern, neben Westdeutschland, Frankreich, Belgien, den Niederlanden und Luxemburg, die den Vertrag unterschrieben haben. »Italien war eines der Gründungsländer der EU«, sagt er. »Aber Italien war das einzige Land, das genauso am politischen wie am wirtschaftlichen Aspekt interessiert war. Deutschland und Frankreich waren hauptsächlich an ihren wichtigsten Absatzmärkten für Stahl und Kohle interessiert. Die Niederlande, Belgien und Luxemburg waren aus finanziellen Gründen an der Vereinbarung interessiert.«

Italien verstand die politische Bedeutung des Zusammenschlusses so kurz nach dem Krieg, erklärt Giacomo. »Ja, wir sehen, dass Großbritannien sich entschlossen hat, die EU zu verlassen«, sagt er mit den Armen rudernd. »Und jetzt scheint es, als könnten wir dasselbe versuchen. Letztendlich ist es nur eine politische Bewegung.« Er meint die Fünf-Sterne-Bewegung und die Lega. »In der Realwirtschaft wird sich nichts ändern. *Unrealistisch*! Das ist alles *unrealistisch*!«

Mit diesen Worten gibt Giacomo mir die Hand und steigt am Bahnhof Vicenca aus, bemerkenswert wegen der Palmen und Mohnblumenbeete am Bahnsteig. Eisenbahnen scheinen wirklich Zungen zu lösen.

Der Zug fährt weiter nach Grisignano di Zocco, wo ein Mann den Rand eines Springbrunnens neben dem Bahnhofsgebäude grob mit einer Spitzhacke bearbeitet. Schwer zu sagen, warum er das macht. Wir kommen nach Mestrino und Padua, überqueren auf dem Weg nach Busa di Vigonza einen kleinen grünen Fluss und fahren an kürzlich gepflügten Feldern vorbei. Auf dem Fernsehbildschirm sind jetzt Videoaufnahmen des Zuges zu sehen. Wir erreichen Pianiga, wo Wände aus Holzpaneelen in der Nähe des Bahnhofs errichtet sind, um den Zuglärm von den Häusern abzuhalten. Die Paneelen sind hier und da mit Bildern von Vögeln bemalt, vermutlich um zu verhindern, dass richtige Vögel dagegenfliegen.

Zwei Männer in den Dreißigern mit riesigen Koffern sitzen jetzt in der Nische, in der zuvor Giacomo gesessen hat.

Sie kommen aus Toronto in Kanada und sind zwei Wochen mit dem Zug durch Italien gereist. Bohdan – blaues Hemd und lockige Haare – arbeitet in der Personalabteilung einer Bank. Tyler – geblümtes Hemd, coole Sonnenbrille – ist Tierarzt. Sie sind zum ersten Mal in Italien, und dem Paar gefällt besonders die Toskana. Rom gefällt ihnen nicht.

Bohdan: »Zu viele Touristen, und es war schmutzig: überall Müll.«

Sie fahren zurück nach Venedig, nachdem sie einen Schnellzug von dort nach Rom genommen haben.

Tyler: »Das Beste an italienischen Zügen ist die Geschwindigkeit.«

Obwohl wir gerade in einem langsamen Zug sitzen.

Tyler sagt, es sei »allgemeiner Konsens«, dass es ein Fehler sei, dass Großbritannien die EU verlasse.

Bohdan hat dazu keine Meinung und sagt, dass er einen englischen Freund habe, der dazu auch keine Meinung habe.

Weiter geht unsere Unterhaltung nicht. Kanadier in langsamen Zügen nach Venedig scheinen nicht ganz so rechthaberisch und gesprächig zu sein wie Italiener.

Sie steigen am Bahnhof Mestre mit vielen anderen Fahrgästen aus. Der Zug hat Venedig erreicht! Aber wir sind auf der Festlandseite, das zählt noch nicht richtig. Wir fahren langsam an einem Telekommunikationsdienstleister und einem geheimnisvollen verfallenen Haus mit zerbrochenen Fenstern und Gras in der Dachrinne vorbei. Wir überqueren die Lagune auf dem drei Kilometer langen Damm.

Schnellboote zischen die Kanäle entlang. Wir werden von einem scheußlichen, rasend schnellen Hochgeschwindigkeitszug überholt. Das Wasser öffnet sich. Ruderer in Drachenbooten rasen vorbei (es scheint eine Art Wettbewerb im Gange zu sein). Großartige Palazzi mit Terrakottadächern tauchen am Horizont auf und links der Glockenturm des Markusplatzes. Blassblaues Wasser schimmert. Jede Menge Glockentürme ragen in die Höhe. Weitere majestätische Palazzi tauchen auf, sie scheinen auf dem Wasser zu treiben.

Die Heitere, La Serenissima, wartet.

Links taucht ein Schild auf: Venedig Santa Lucia. Wir haben den Bahnhof erreicht. Der Zug kommt quietschend an Bahnsteig 16 zum Halten, zwei Minuten zu spät. Alle steigen aus. Ein Hipster macht freundlicherweise ein Foto von mir vor dem rot-grau-blauen Zug. Nach vielen, vielen Kilometern bin ich schließlich in Venedig.

Magnifico!

Che bella corsa! Was für eine tolle Fahrt!

Ein Glas Schampus oder zwei
VENEDIG UND CONEGLIANO

Es ist jedoch noch nicht meine letzte Bahnfahrt auf dieser Reise. Zwei weitere werden noch folgen.

Wenn ich dachte, auf dem Bahnhof Puerto Nuova in Verona wäre viel Betrieb gewesen, so ist das nichts im Vergleich zum Bahnhof Santa Lucia in Venedig. Auszusteigen ist schon eine Herausforderung. Touristen drängen sich in chaotischem Lärm, dagegen erscheint Verona wie eine friedliche Oase. Ich folge den Schildern zum Canal Grande. Horden mit Rucksäcken und Rollkoffern versperren den Weg. Sie schieben und rempeln. Sie gucken auf ihre Smartphones. Es muss ein Paradies für Taschendiebe sein. Niemand scheint zu wissen, wo er hinwill oder was er gerade tut. Aber die Vorfreude ist riesig. Ich will den Canal Grande sehen. Ich will ihn unbedingt sehen. Venedig ist trotz des vielzitierten Übertourismus eine meiner Lieblingsstädte.

Ich war noch nie mit dem Zug in Venedig, aber ich habe die Stadt schon einmal mit dem Zug verlassen. Das war mit dem ersten Orient-Express, der über Dresden und Krakau nach Osteuropa fuhr, mit Dutzenden von osteuropäischen Eisenbahnfans, die Fotos entlang der Strecke schossen, während die Pullmanwagen sich in unbekannte Gegenden vorwagten.

In der Schalterhalle des Bahnhofs Venedig Santa Lucia bilden *bigletti*-Automaten den Mittelpunkt, und ein Mosaik mit Sternen und Planeten ziert die Wände. Inmitten des Wahnsinns spielt ein Teenager mit strähnigen Haaren auf einem verstimmten Klavier in der Ecke (nicht besonders gut). Dies ist der hektischste Bahnhof bisher. Ich erreiche einen der Ausgänge, und da ist es – für mich die beste Aussicht, die man am Ende einer Zugreise haben kann: Venedig! Herrliches Venedig.

Entschuldigung, wenn ich ins Schwärmen gerate.

Gegenüber am Canal die hübsche Kupferkuppel und die Säulen der Kirche San Simeone Piccolo. *Vaporettos* (Wasserbusse) schippern vorbei. Glänzende schwarze Gondeln mit Gondolieri und Paaren, die sich im Arm liegen, gleiten vorbei ... Liegen Anträge in der Luft? Sonnenlicht erhellt eine Reihe pfirsich-, ockerfarbener und hellgelber Häuser am gegenüberliegenden Ufer. Der Canal hat eine magische, lichtdurchlässige Beschaffenheit, als würde er von tief unten leuchten. Es ist wunderschön und herrlich und aufregend.

Entschuldigung, ich schwärme schon wieder (zum zweiten Mal).

Lackierte Schnellboote pflügen gemächlich vorbei. Ich sitze oben auf den Stufen des Bahnhofs Santa Lucia und beobachte sie. Diese Endstation ist ein gutes Ziel für eine lange Zugreise durch Europa. Ich drehe mich um. Das Bahnhofsgebäude hat ein niedriges Dach und ist aus Beton im modernen Stil gebaut, mit den Buchstaben »FS« über der Mitte, was für *Ferrovie dello Stato* (Staatliche Eisenbahngesellschaft Italiens) steht. Die Kirche Santa Lucia und ein Kloster wurden für das Gebäude abgerissen. Es basiert auf einem Entwurf von 1934, wurde aber erst 1952 fertiggestellt.

Man würde denken, der Bahnhof passt nicht in die Renaissancepracht. Die Fassade mit einem Dutzend Betonstufen zu der dunklen, rechteckigen Öffnung zur Schalterhalle ist ein bisschen unheimlich. Aber es passt. Es ist ein Ehrfurcht gebietender Ort zum Ankommen.

Schiffe verschiedener Formen und Größen schaukeln vorbei, einige mit Touristen, andere mit Vorräten für Hotels und Restaurants, auf einigen türmen sich schwankend Stapel von Kanistern, weitere sind mit Kränen versehen oder langen tiefen Laderäumen, die darauf warten, mit was auch immer befüllt zu werden. Es gleicht einem Bienenhaus und scheint unmöglich, dass die Gondeln weiter so ruhig inmitten der Strudel und Wellen der konkurrierenden Kielwasser fahren. Doch mittendrin in diesem großartigen Wahnsinn stimmt ein Gondoliere ungerührt ein trauriges, aber erhebendes Lied an.

Ich blicke gebannt geradeaus. Ich glaube, der Bahnhof Venedig Santa Lucia gefällt mir ein bisschen besser als der in Katowice in Polen.

Entschuldigung, wenn ich ins Schwärmen komme (zum dritten Mal).

Ein Mann versucht vergeblich, mir einen Selfie-Stick zu verkaufen. Eine Reihe von Gepäckträgern versucht ebenso vergeblich, meinen Rucksack zu nehmen und zu tragen. Viele Leute essen Eis. Taschen und Koffer mit Rädern rumpeln über den weiten kopfsteingepflasterten Bahnhofsvorplatz. Ich wende mich nach links und gehe durch das nördliche Cannaregio mit dem Canal Grande rechts. Mein Ziel? Das Quintessential Venetian Apartment, angeboten von Petro, das ich für drei Tage gebucht habe. Kasia kommt heute Nachmittag mit dem Flugzeug.

Ich habe den Namen des Besitzers und den genauen Wortlaut seines Angebots geändert, als ich folgenden langen Text von Pietro bekommen habe: »In Venedig vermieten wir nicht für kurze Zeit. Wenn Sie jemand fragt, sind wir Freunde, und ich nehme Sie auf und schlafe selbst im Sessel.« Die Behörden in Venedig haben kürzlich weitere Touristenunterkünfte im Stadtzentrum untersagt, weil Wohnraum für Einheimische knapp ist, und ich glaube, die Nachricht hat etwas damit zu tun. Pietro hat auch gewarnt: »Waschmaschine höchstens 500 Umdrehungen. Wenn höher ganzer Palazzo [sic] Erdbeben. Und bitte Vorsicht, beim Öffnen ist es ein bisschen kaputt.« Außerdem: »Bitte benutzen Sie nicht Waschmaschine und Geschirrspüler zur selben Zeit.« Und: »Mein Schrank ist auf der rechten Seite vom Bett, abgeschlossen, Sie können den auf der linken Seite benutzen.« Und: »Vermeiden Sie Lärm in der Wohnung.« Und dann noch ein Rat, wo man Abfall entsorgen kann – in »dem Gemeinschaftsbecken vor dem Haus ist es am praktischsten«. Mit »Gemeinschaftsbecken« meint er vermutlich den öffentlichen Abfalleimer.

Mit dem Zug zu reisen und in billigen Zimmern (mit ein paar Eigenheiten) zu übernachten, macht viel mehr Spaß, als in normalen Hotels abzusteigen, selbst wenn es manchmal ein bisschen frustrierend ist.

Der Schlüssel liegt an der Rezeption eines Hotels in der Nähe, mit dessen Inhaber Pietro befreundet ist. Zum Quintessential Apartment geht es eine winzige Straße hinunter und eine schmuddelige Treppe hinauf ins oberste Stockwerk. Das Erste, was ich sehe, nachdem ich ein altmodisches Schiebeschloss überwunden habe, ist eine Wasserpfeife. In einem schwach beleuchteten Zimmer mit einem Glaskronleuchter, der von einer Balkendecke hängt. An einem Kleiderständer hängen ein schwarzes Cape und eine unheimliche weiße Maske. Es gibt kein Toilettenpapier, Küchenpapier (obwohl im Spender eine leere Rolle ist), Spülmittel oder Geschirrspültabs. Es gibt, das ist positiv zu vermerken, ein Weinglas. In der kleinen Küche steht ein kleiner Tisch, ein Zigarrenkasten mit ein paar Zigarren, Whiskey- und Wodkaflaschen und ein Satz Kristallgläser auf einem hohen Regal, eine Karaffe und ein Sessel. Ein gerahmtes Foto von einem dunkelhäutigen Mann, der auf einem Quad durch die Wüste fährt, hängt neben der Haustür. Ich vermute, das ist Pietro, Cape-tragender Besitzer der Wasserpfeife und des Quintessential Apartment.

Das Beste ist der kleine Balkon mit Blick auf einen Kanal und eine Kirche mit Kuppeldach. Es ist herrlich, in einem ruhigen Wohnviertel von Venedig inmitten von Terrakottadächern mit einem eigenen sonnigen Plätzchen zu wohnen. Ich kaufe ein paar Dinge, die fehlen, und einige Lebensmittel ein. Auf dem Weg werde ich von einem älteren Mann aus einem Fenster in der Gasse auf Italienisch beschimpft. Vielleicht fragt er, ob Pietro auf dem Sessel schläft. Ich zucke auf italienische Art die Achseln, öffne die Handflächen, sodass sie nach oben zeigen. Dann bringe ich die Einkäufe ins Apartment und mache mich auf den Weg, um Kasia vom Bahnhof Santa Lucia abzuholen.

Kasia ist schon da und wartet unter dem »FS«. Nach all den Kilometern auf Schienen und den vielen Begegnungen mit Fremden auf dem Weg ist es schön, sie hier in Venedig zu sehen. Welcher Ort wäre geeigneter, um sich nach einer Zeit des Getrenntseins an einem Bahnhof zu treffen, angesichts der im Sonnenschein vorbeigleitenden Gondeln? Das letzte Mal haben wir uns an einer staubigen Bushaltestelle in Krakau gesehen. Wir gehen zurück ins Quintessential Apartment, kochen Spaghetti Bolognese mit reichlich Parmesan und trinken eine Flasche Pino Grigio. Wir legen auf dem Balkon von Pietros Quintessential Apartment die Füße hoch, lauschen dem abendlichen Glockengeläut und blicken über die Dächer und Türme.

»Du hast es geschafft!«, sagt Kasia, blickt hinaus auf die Lagunenstadt und nippt an ihrem Wein. Sie hatte einige Zweifel, als ich im tiefsten Transnistrien und später in Vrbas und Slavonski Brod war. »Ich war mir nicht sicher.«

Es war schon schwierig gewesen, die Rückreise nach Italien richtig zu timen.

Wir heben die Gläser und sehen zu, wie die Sonne in einem orangeroten Wirbel untergeht, er wird zuerst lila, dann violett und dann kohlrabenschwarz, mit funkelnden Sternen und dem Mond, der milchiges Licht auf den Kanal unten wirft. Der Steinbalkon hält noch die Wärme des Tages. Eine Frau, die auf einer Terrasse gegenüber ihre Topfpflanzen gießt, summt leise. Irgendwo in der Ferne singt ein Gondoliere ein Lied, das zwischen den engen, alten Gebäuden widerhallt. Oh Venedig, oh Venedig!

Entschuldigung, dass ich schwärme (zum vierten Mal).

Am nächsten Tag besichtigen wir wie richtige, pflichtbewusste Übertouristen die Sehenswürdigkeiten.

Wir reihen uns in den verrückten Ansturm von Besuchern ein, die durch die Gassen zur Rialtobrücke und zum Markusplatz strömen. Es ist ein schreckliches Gedränge ... heute Morgen eher ein Fall von »Oh nein, Venedig!«.

Wir bleiben bei Plakaten stehen, die eine Veranstaltung ankündigen. Im nächsten Monat ist ein weiterer Protest gegen das geplant, was wir gerade erleben. Ein Bild der Kanäle zeigt einen Themenpark, der im Hintergrund neben einem riesigen Kreuzfahrtschiff zu sehen ist. Dazu der Text: »COME TO DISNEYLAND!« »SVENDIAMO TUTTO!« (Totalausverkauf) »PIÙ HOTELS PER TUTTI!« (Mehr Hotels für alle) »MEGA OSTELLO!« (Mega Hostel!) »LASCIATE OGNI PERANZA VOI CHE ABITATE!« (Gebt alle Hoffnung, hier zu leben, auf!)

Ich glaube nicht, dass die Verfasser des Plakats wirklich wollen, dass das passiert. Unten auf der Aufforderung, am Protest teilzunehmen, steht eine letzte Botschaft: »TUTTI INSIEME PER UNA CITTA PIÙ DEGNA!« (Alle zusammen für eine lebenswertere Stadt!) Es gibt weitere Forderungen nach einem *nachhaltigen Tourismus*. Das Ziel des Marsches? »CIAO POVERTY!« (Tschüs Armut!) Wer könnte dagegen etwas sagen?

Brügge, das »Venedig des Nordens«, leidet vielleicht unter Übertourismus, Venedig scheint an dem Punkt zu sein, an dem es zusammenbricht.

Wir überlegen, in die Ruskin-Ausstellung zu gehen, aber die Schlange ist zu lang. Stattdessen nehmen wir ein *vaporetto* und verlieren uns abseits der ausgetretenen Pfade in Gassen. So muss man es machen. Abseits der Hauptsehenswürdigkeiten sind stille Plätze, menschenleere Gänge und winzige Restaurants, die hauptsächlich von Einheimischen besucht werden. Wir kehren in einem ein, Trattoria Bandierette im Stadtteil Castello, östlich des Markusplatzes. Drinnen sind einfache Holztische, verblasste gelbe Wände, unverputzte gemauerte Säulen und eine Handvoll gut gekleideter älterer Gäste (Männer in Jacketts und Krawatten), die Linguine mit Muscheln essen und Wein trinken. Staubige Flaschen auf Regalen säumen die Fenster, halten die Sonne ab und tragen zu der abgeschiedenen, beinahe geheimen Atmosphäre bei. Verblasste Schwarz-Weiß-Bilder von Venedig erzählen von den Tagen, bevor die Massen mit riesigen Kreuzfahrtschiffen und easyJet kamen. Die Tagesangebote sind ordentlich auf eine kleine Kreidetafel geschrieben. Dies ist das Gegenteil von Übertourismus. Ein Kellner mit Schnauzbart nimmt unsere Bestellung auf, schwarzer Tintenfisch mit Risotto nach venezianischer Art und Seebrasse. Beides ist köstlich (obwohl meine Zähne schwarz werden). Wir verbringen eine Stunde oder so an diesem angenehmen Zufluchtsort vor den Massen. *Bellissimo!* Oh Venedig, oh Venedig! *Bellissimo, bellissimo!*

Schwärme ich schon wieder (zum fünften Mal)?

Es ist schwer, es nicht zu tun. Dickens, der Verona so liebte, war von Venedig noch stärker beeindruckt und beschreibt es in *Bilder aus Italien* in dem Kapitel *Ein italienischer Traum*. Er ist so fasziniert von der Lagunenstadt, dass es ihm vorkommt, als befinde er sich in einem Traum, so unglaublich erscheint ihm, was er sieht. Nachdem er mit dem Boot bei Dunkelheit und Stille (damals gab es wenige Touristen oder Cafés und Bars für Touristen) vom Festland auf »Geisterstraßen« (die Kanäle) zum Markusplatz gefahren ist, wacht er am nächsten Morgen auf: »Der Glanz des Tages, der in diesem Traum über mich hereinbrach, seine Frische, Bewegung und Lebendigkeit, das Funkeln der Sonne auf dem Wasser, den klaren blauen Himmel und die knisternde Luft – das kann man im wachen Zustand nicht mit Worten beschreiben. Aber von meinem Fenster aus sah ich hinab auf Boote und Barken, auf Masten, Segel, Taue, Flaggen; auf Gruppen von geschäftigen Seeleuten, die mit den Ladungen dieser Schiffe beschäftigt waren; auf breite Kais voller Ballen, Fässer und Waren aller Art, auf große Schiffe, die nicht weit von mir in stolzer Ruhe ankerten, auf Inseln mit prächtigen Kuppeln und Türmen gekrönt, wo in der Sonne goldene Kreuze schimmerten, hoch oben auf wunderbare Kirchen, die aus dem Meer emporstiegen.«

Dickens verliebte sich rettungslos in Venedig. Er stellt sich vor, wie die Geister des »alten Shylock hin- und hergehen auf der Brücke«, Shakespeare in der Lagune herumgeistert und an den Kanälen entlangschleicht. Er schwelgt in den purpurroten Sonnenuntergängen, die »die ganze Stadt auf dem Wasser in goldene und purpurne Streifen auflösen«. Und als er die Stadt verlässt, um seine große Reise durch Italien fortzusetzen, ist er immer noch von Ehrfurcht ergriffen über den »wunderbaren, seltenen Traum«, immer noch ungläubig, was er gesehen hat.

Die Geister an den »Gespensterstraßen« scheinen nicht verschwunden zu sein. Nach unserem ausgezeichneten Mittagessen in der Trattoria Bandierette streifen Kasia und ich durch die leeren Seitenstraßen von Castello, überqueren kleine gewölbte Brücken über verlassene Kanäle an unheimlichen Durchgängen, die sich seit Dickens' Zeit nicht viel verändert haben können. Ja, die Touristenhorden haben den Markusplatz und die Rialtobrücke eingenommen, aber in seinen stillen Ecken ist Venedig immer noch traumhaft. Das wird sich nie ändern, egal, wie viele desinteressierte Kreuzfahrtpassagiere sich über die Landungsstege ergießen und wie Lemminge zu den Hauptattraktionen streben (vorausgesetzt, die Stadt bleibt über dem auf Grund des Klimawandels ansteigenden Meeresspiegel).

Kasia hat anscheinend das Bahnfieber gepackt – und sie hat einen Plan. Sie hat gelesen, dass die Stadt Conegliano, ungefähr 55 Kilometer nördlich von Venedig, im Herzen des Weinbaugebiets liegt, aus dem der Prosecco stammt. Warum nicht morgen mit dem Zug eine Tagestour dorthin unternehmen und ein Glas Sekt trinken, bevor wir nach Hause fliegen? »Es wird Spaß machen«, sagt sie, »und wir müssen uns nicht vor den Kreuzfahrern verstecken.« Kasia hasst Menschenmengen.

Keine schlechte Idee.

Wir werden La Serenissima für einen Tag entkommen – und den Schwärmen von Passagieren mit einem Armband aus Plastik als Tageskarte, von denen selbst Dickens nicht geträumt haben kann – und begeben uns auf ein letztes Eisenbahnabenteuer.

So kommt es, dass wir uns wieder zum Bahnhof Santa Lucia aufmachen, um den 10.05-Uhr-Zug nach Conegliano zu erreichen, der um 11.05 dort ankommen soll. Aber zuerst erlebe ich Übertourismus noch einmal hautnah.

Vor dem zentralen Café in der Schalterhalle hat sich eine Schlange gebildet. Das ist eine Verbesserung gegenüber dem Gerangel am Bahnhof Porto Nuova in Verona, aber das Café ist ziemlich eng. Eine äußerst große Amerikanerin in der Schlange mit einem äußerst großen Rollkoffer hat gerade zwei große Becher Kaffee zum Mitnehmen gekauft. Sie balanciert die beiden Kaffeebecher übereinander, schafft es irgendwie, sich umzudrehen, nimmt den äußerst großen Koffer in die andere Hand und versucht, das Café zu verlassen. Sie macht einen Schritt. Der obere Kaffeebecher fällt herunter und spritzt über den ganzen Fußboden, aber wie durch ein Wunder bekommt niemand etwas ab. Genau diesen Moment nutzt ein Mann – ich glaube, er ist Italiener, und ich habe bereits bemerkt, dass er versucht hat sich vorzudrängen.

Er ist, könnte man sagen, ein erstklassiger *furbo* (ein gewiefter Mensch) – wie ein Formel-1-Fahrer, der wagemutig die Gelegenheit ergreift, in einer engen Kurve zu überholen. Ich trete leicht vor, um sein Manöver zu verhindern, und gleichzeitig macht eine andere Amerikanerin vor mir einen Schritt zurück, sodass sie mir auf die Füße tritt. »Treten Sie doch zurück!«, schreit sie mich unerwartet entrüstet an. Im Gegensatz zu der Amerikanerin mit dem Koffer ist sie klein, sieht aggressiv aus und schäumt eindeutig vor Wut. Ich entschuldige mich widerstrebend, denn schließlich ist sie *mir* auf die Füße getreten. Danach sieht sie mich noch wütender an, als wäre ich die Quelle allen Übels auf der Welt, sollte an die Wand gestellt werden und ohne viel Federlesens im Stile Mussolinis bekommen, was mir zusteht. In diesem Moment drängt sich der *furbo* natürlich an uns dreien vorbei und bestellt einen Espresso. Gegen einen *furbo* kommt man eben nicht an.

Kasia, die meine Verärgerung spürt, sagt: »Schlechte Infrastruktur. Das Café ist zu klein. Die Leute wollen was essen, Wasser, Kaffee, keine Kosmetikprodukte.« Wir hatten ein paar Kosmetikläden im Bahnhof bemerkt. »Jedenfalls kann man hier keinen Koffer mit reinnehmen – das ist einfach verrückt«, sagt sie. Die große Amerikanerin hatte alles ausgelöst, aber der *furbo* und die wütende kleine Amerikanerin hatten die Sache nicht gerade besser gemacht. Warum hatte die große Amerikanerin ihren Koffer nicht bei demjenigen gelassen, dem sie den zusätzlichen Kaffee geholt hat? Oder brauchte sie vielleicht zwei Kaffees, da sie so groß ist?

Manchmal gibt das Leben unlösbare Rätsel auf.

Das ist Venedig, und es ist völlig überfüllt. Zu viele Touristen an einem Ort: Übertourismus in Aktion.

Wir beschließen, das zentrale Café zu verlassen. Ohne Kaffee steigen wir in den 10.05-Uhr-Zug nach Conegliano.

Der Zug ist proppenvoll mit Urlaubern. Wir finden zwei Sitzplätze neben einer Frau mit einem weinenden Baby. Ihr Mann empfindet das Kind offenbar als Störung, verlässt Frau und Kind und geht in die Lücke zwischen den Wagen, um zu telefonieren. Noch eine Art *furbo*. Es gibt sie überall.

Wir fahren über die wunderschöne Lagune, erreichen kurz darauf Treviso, wo der Vater zurückkommt und alle drei mit der Mehrzahl der Fahrgäste in unserem Wagen aussteigen. Sie wollen wahrscheinlich zum Flughafen.

In angenehmem Schweigen fahren wir durch Ackerland und Weinberge auf nebelverhangene Berge in der Ferne zu. Bei Spresiano ragt ein klassischer italienischer Glockenturm auf, und wir überqueren den wirbelnden Fluss Piave. Kurz bevor wir in Conegliano sind, merkt Kasia, dass sie ihre Fahrkarte nicht an einem Automaten am Bahnsteig in Venedig entwertet hat. Die wütende kleine amerikanische Frau hatte uns abgelenkt. Wir halten eine Weile nach dem Schaffner Ausschau, wie *furbos*, aber es ist keiner zu sehen. Der Zug fährt in einen stattlichen Bahnhof aus der Mitte des 19. Jahrhunderts mit einer imposanten Fassade und Bogeneingängen ein. Wir sind in Conegliano, ohne Strafe zahlen zu müssen, weil wir eine Fahrkarte nicht entwertet haben.

Es ist eine ruhige Stadt mit 35.000 Einwohnern. Eine Straße vom Bahnhof führt direkt zu einem malerischen Platz. Was für ein himmlischer Platz!

Entschuldigung fürs Schwärmen (zum sechsten Mal).

Der Platz wird von einem klassizistischen Theater beherrscht, das von Sphingen mit Mädchenköpfen flankiert ist, die riesige Brüste mit hervorstehenden Brustwarzen haben. Auf der rechten Seite des Platzes befindet sich noch ein klassizistisches Gebäude mit Denkmälern von Giuseppe Garibaldi, dem wichtigsten militärischen Führer während der italienischen Vereinigung, und Vittorio Emanuele II., dem ersten König des vereinigten Italien. Über dem Platz auf einem Hügel ragen Mauern und Turm einer Burg aus dem 10. Jahrhundert über Zypressen auf. Der Renaissancekünstler Cima da Conegliano (1459–1517), dessen Bilder in der National Gallery in London hängen und der das Altarbild im Dom der Stadt von Madonna und Kind gemalt hat, stammt aus der Stadt.

Gerade beginnt ein kulinarisches Fest, aber kaum jemand ist zu sehen. Soweit wir erkennen können, sind wir die einzigen Fremden. Trenitalia hat uns in weniger als einer Stunde von den verrückten Gassen Venedigs in ein beschauliches Provinznest befördert, in dem gerade eine Art jährliches Fest beginnt. Ein Kartenverkauf ist im Gange. Besucher des Festes kaufen Karten und gehen damit zu einem Stand mit einer Bar, um Prosecco zu probieren. An einem anderen Stand gibt es Pasta mit verschiedenen Soßen, an einem weiteren Eis und Gebäck. Eine Musikanlage spielt James Brown. Sie wird von zwei Teenagern bedient, die zum Rhythmus tanzen, als wären sie DJs in einem Mega-Club auf Ibiza, aber die Musik ist nicht besonders laut, und die Zuhörer sind noch nicht eingetroffen.

Wir steigen den Hügel zur Burg hinauf, ohne eine Menschenseele zu treffen, und stellen fest, dass der Turm ein Museum beherbergt, das geschlossen ist. Turm und Mauern sind mehr oder weniger alles, was von der Burg übrig ist, jetzt ist es ein gepflegter Garten mit einem Rasen, Blumenbeeten, Zypressen, Statuen klassischer Figuren und einer einzelnen Palme. In einer Ecke ist ein Café-Restaurant mit Blick über Terrakottadächer. Wir sitzen im kühlen Schatten der Zypressen und trinken darauf, welche Vorzüge es hat, mit Bummelzügen durch Europa zu reisen. Ich will nicht noch mehr schwärmen, aber diese Burg und diese herrliche Umgebung mit einem Glas Prosecco in der Hand bieten reichlich Anlass.

Als wir wieder unten sind, wird James Brown ein bisschen lauter gespielt, und Kinder tanzen zusammen mit den DJs zur Musik. Einheimische essen an langen Klapptischen Gnocchi mit Fleischsoße. Das machen wir auch, bevor wir Karten kaufen, um die unterschiedlichen Arten von Prosecco zu probieren (ich wusste nicht, dass es auch einen nicht schäumenden Prosecco gibt). An einem Tisch auf der Terrasse des Rathauses neben der Büste Garibaldis zu sitzen und stillen Prosecco zu trinken ist eine nette Art, den Nachmittag in Italien zu verbringen.

Eine Frau schiebt einen Kinderwagen, in dem sich ein ziemlich verwöhnter Hund befindet. Kinder spielen Fangen. Eine Opernsängerin geht mit einem Mikrofon von den DJs zu den Stufen des Rathauses und singt »O Sole Mio«, ihre Stimme zittert, und die Musikanlage hat Probleme mit ihren hohen Tönen.

»Oh Gott, meine Ohren tun weh«, sagt Kasia.

Meinen geht es auch nicht so gut.

Aber dann sind die Probleme mit der Musikanlage behoben, und die Ohren schmerzen nicht mehr, als eine Truppe Tänzer in traditionellen roten Kostümen mit ungewöhnlichen spitzen Hüten die Stufen betritt und auf Saiten- und Schlaginstrumenten spielt. Sie tanzen eine Weile wild. Der Vespa-Club von Conegliano trifft nach einer Art Rennen auf dem Platz ein. Sie parken ihre glänzenden klassischen Roller in einer Seitenstraße – dabei sehen sie aus wie eine Comedy-Version der Hell's Angels – und gehen dann zu dem Stand mit Gnocchi und Fleischsauce.

Wir lesen ein Faltblatt, auf dem erklärt wird, dass Prosecco ursprünglich die Bezeichnung einer Rebsorte, Giera, ist und dass es verschiedene Qualitätsstufen – DOCG (kontrollierte und garantierte Herkunftsbezeichnung), DOC (kontrollierte Herkunftsbezeichnung, aber anscheinend nicht garantiert) – und Herstellungsmethoden gibt, darunter die Tankgärung in großen druckfesten Behältern und das *talento*-Verfahren, bei dem die Gärung in Flaschen stattfindet. Wer Superior DOCG trinkt, sollte das im Jahr nach der Ernte tun, um in den höchsten Genuss der »fruchtigen, blumigen, organo-leptischen Eigenschaften« des Weines zu kommen. Wir schlagen »or-ganoleptisch« nach und finden heraus, dass es bedeutet: »die Sinne und Organe berührend«. Leute, die Superior DOCG trinken, sollten nicht nur auf die organoleptischen Eigenschaften achten, sondern ihn unbedingt auch aus »Kelchgläsern statt weiten Gläsern trinken, und Tulpengläser oder Tassen mit einer Temperatur von 9 Grad ver-meiden«. Kelchgläser sind etwas weiter als Champagnerflöten, und offenbar trinken wir aus welchen. Was man alles wissen muss, wenn man italienischen Sekt trinkt.

Kasia und ich kehren zum Bahnhof zurück und nehmen den 14.50-Uhr-Zug zurück nach Venedig. Als wir die Lagune überqueren, sehen wir auf der rechten Seite vier riesige Kreuzfahrtschiffe fest-machen. Jedes muss tausend Passagiere an Bord haben. Aus der Fer-ne sehen sie wie schwimmende Parkhäuser über den pastellfarbenen Palazzi aus. Kein Wunder, dass es bald weitere Protestkundgebungen geben wird. So viele Menschen. So wenig Platz.

Der Zug, mein allerletzter Zug, gleitet dahin. Der Wahnsinn des Bahnhofs Santa Lucia erwartet uns.

Auf einem Balkon in Cannaregio
VENEDIG

Die langsamen Züge nach Venedig, die Tagestour nach Conegliano eingeschlossen, ergeben zusammen eine Strecke von fast 6500 Kilo-metern (6420, um genau zu sein).

Auf dem sonnigen Balkon von Pietros Quintessential Apart-ment versuche ich, mir diese Entfernung klarzumachen. Sie ent-spricht ungefähr der Luftlinie von London nach Chicago in westli-cher Richtung, in östlicher nach Afghanistan, in südlicher nach Uganda und irgendwo um die Spitze von Grönland in nördlicher

Richtung. Es war wirklich eine sehr lange Reise, und ich habe fast jeden Augenblick genossen.

Es gab Höhepunkte verschiedenster Art, was das Zugfahren angeht: die schiere Aufregung loszufahren auf der Bummelstrecke durch Kent; die Flucht aus Frankreich (um nicht festzusitzen); die freundlichen, gesprächigen belgischen Schaffner; die erstaunliche Effizienz der Deutschen Bahn; die polnische Landschaft von der polnischen Staatsbahn aus zu betrachten, gefolgt von den wunderbar rumpelnden Schlafwagen in der Ukraine; auf der Fahrt mit dem Ivo Andrić nach Nordserbien das Gefühl, ins Nirgendwo zu fahren. Im Schneckentempo durch den Balkan nach Kroatien zu fahren war ein Vergnügen. Die Fahrt mit der Dampfeisenbahn mit Herrn Dusan im slowenischen Eisenbahnmuseum in Ljubljana war lustig. Der Anblick der Berge auf der Fahrt von Österreich nach Verona über den Brennerpass war berauschend, der erste Anblick der Lagune in Venedig atemberaubend.

Und das sind nur die Fahrten.

Ein weiteres Vergnügen waren, wie schon erwähnt, die Bahnhöfe. Was für eine Vielfalt, vom einfachen Vorort-Bahnsteig in Mortlake zur Grandeur des Bahnhofs Lille in Flandern, zur bloßen Größe des Leipziger Bahnhofs und dem bewegenden Holocaust-Mahnmal am Dresdner Bahnhof. In Polen habe ich Kasia am Bahnhof von Wrocław getroffen, der anmutet wie der Palast eines Maharadschas, und die zurückhaltende Eleganz des Bahnhofs von Opole Glowne mit der schönen alten Dampfeisenbahn hat mir auch sehr gefallen. Die Lounge mit erhöhtem Komfort in Lwiw war eine Kuriostät. Von Odessa bleiben die Militär-Videos in der Schalterhalle in Erinnerung, gefolgt von den Denkmälern von Stephenson und James Watt an der herrlichen Fassade des Bahnhofs Budapest Keleti; das verschlafene Vrbas, Slavonski-Brod aus der Tito-Ära, die Kapelle in Zagreb, die James-Joyce-Plakette in Ljubljana, das auffällige Wandgemälde in Innsbruck, der Wahnsinn von Verona Porta Nuova und der noch größere Wahnsinn von Venedig Santa Lucia.

Dann sind da die Menschen, im Zug und entlang der Schienen. Die Bahnhofsmitarbeiter in Dover, die Flüchtlingskoordinatoren in Calais, die Regierungsvertreter in Maastricht, die Kommunisten in Bonn, Backpacker in Polen, versessene Flugmeilenfans in der Ukraine, Mitreisende in Schlafwagen in Ungarn, Cafébesitzer in Serbien, ein Museumsdirektor in Kroatien, der Professor für Wirtschaft und Recht von der Universität Bologna.

Es ist nicht nur das Rumpeln der Schienen, das anscheinend Geschichten hervorrüttelt, obwohl Züge sicherlich diese Wirkung haben. Vielmehr sind auch andere an Geschichten über das Zugfahren interessiert. Jemand, der weit mit dem Zug gereist ist, hat etwas zu erzählen. Man rollt nach langer Fahrt in eine Stadt, und das allein kann, wie ich immer wieder festgestellt habe, Türen öffnen, denn die Menschen interessieren sich dafür, wie um alles in der Welt man dort hingekommen ist. Das ist etwas, was Flugreisende nicht haben: eine Geschichte. Genau genommen *will* ein Flugreisender *keine* Geschichte haben: Verspätungen, Angst vor Turbulenzen, Nachbarn, die sich übergeben, kreischende Kinder, Umleitungen, schlaflose Nächte, schlechter Service und schlimmer, wenn es richtig schief läuft. Als Antwort auf die Frage: »Wie war dein Flug?«, würden die meisten Menschen am liebsten sagen: »Prima, danke.« Und das war's.

Aber dadurch wird höchstwahrscheinlich das Eis zwischen Fremden nicht gebrochen. Zudem gibt es an Bord keinen Speisewagen, in dem man andere Reisende trifft. Man sucht seinen Sitzplatz, setzt sich hin und macht im Allgemeinen, was einem gesagt wird. Paul Theroux beschreibt die Zeit, die man in einem Flugzeug verbringt, als »abgeschnitten« und verplant, sodass der Kopf leer wird, während man darauf wartet, dass die Räder wieder den Boden berühren. Dem Flugreisenden geht es darum, irgendwo *hinzukommen*, nicht darum, *wie* er hinkommt.

T. S. Eliot soll einmal gesagt haben: »Die Reise, nicht die Ankunft ist von Bedeutung.« Das stimmt bis zu einem gewissen Punkt, was Zugreisen angeht. Die Reise ist sicherlich sehr wichtig, aber das Ankommen auch.

Geschichte entdecken, interessante Leute treffen und einfach nur woanders übernachten – das alles gehört zur Reise. Ich habe nicht den Anspruch, alle Orte, an denen ich war, vollständig kennenzulernen. Ich habe nur Schnappschüsse gemacht, das wusste ich schon, als ich in London losgefahren bin. Das gehört zum Reisen mit dem Zug und macht den Reiz aus: Man kommt irgendwo an und fährt weiter. Macht Schnappschüsse aus einem beliebigen Blickwinkel.

Vom Flüchtlingslager und Second World War Museum in Calais zu den mittelalterlichen Plätzen und der Morgenmesse in Lille, dem Übertourismus in Brügge, dem Tisch, an dem der Maastricht-Vertrag unterschrieben wurde, und danach habe ich es so gemacht. Ein Zugreisender muss nicht unbedingt alle Sehenswürdigkeiten sehen, er oder sie braucht sich bloß anzusehen, was ihn besonders interessiert, bevor der nächste Zug fährt. Es geht vor allem um den Zug (also fast).

Ein weiterer Vorzug des Bahnreisens ist die Gelegenheit zu lesen. Tim Parks schreibt, dass Zugreisen das Lesen fördert, und er hat recht. Man kann nicht 6420 Kilometer lang aus dem Fenster gucken, es sei denn, die Landschaft lädt zu so manchem Nickerchen ein (aber dann könnte man seinen Zielbahnhof verpassen). Man hat reichlich Zeit, in die dramatische Handlung von Agatha Christies *Mord im Orient-Express* einzutauchen, in den verrückten, aber faszinierenden Roman *Das tote Brügge* von George Rodenbach, John le Carrés Thriller *Das Vermächtnis der Spione* und Ivo Andrić' fesselndes Buch *Die Brücke über die Drina*. Bücher und Züge passen genauso zusammen wie Bahnschienen und Schlafwagen.

Eisenbahnen bieten auch Gelegenheit zum Nachdenken. Man kann die Arbeit eine Weile liegen lassen, einfach fahren, wohin die Schienen einen führen. Wie ein deutscher Eisenbahnfan am Bahnhof Budapest Keleti sagte: Sobald man eingestiegen ist, war's das, man fährt, wohin der Zug fährt, muss keine Entscheidungen treffen. Lass dich treiben, genieße das Unerwartete und denk über Dinge nach. Das habe ich getan, und das Gefühl, alles hinter sich zu lassen, hat mich schnell infiziert. In Dover habe ich einen Schritt getan, den ich schon einige Zeit hatte tun wollen. Die Freiheit der Schienen und der Gedanke, dass Europa darauf wartet, entdeckt zu werden, waren anscheinend der Anstoß dazu.

Wir leben in einer Zeit des massenhaften Flugtourismus und des Abhakens von Zielen, die man meint gesehen haben zu müssen. Reisen ist für viele anscheinend eine Art Sport, Orte zu sehen, die die Menschen am Anfang des 20. Jahrhunderts nur aus Büchern oder Filmen kannten. Reite auf Kamelen um die Pyramiden, staune über das Taj Mahal, trinke Wein mit Blick auf Ayers Rock und sieh dir überhaupt so viele Sehenswürdigkeiten wie möglich an, bevor du stirbst. Das klingt vielleicht verlockend – guck dir die Welt an, solange du es noch kannst! –, aber man könnte denken, dass der Spruch von jemandem stammt, der Selbstmord begeht, indem er einen Eimer wegtritt und sich an einem Balken erhängt. Nicht so verlockend.

Was du auch tust, vergiss nicht, es in den sozialen Medien zu posten, damit deine Freunde eifersüchtig sind.

Eine Studie der Internationalen Luftverkehrsvereinigung hat kürzlich ergeben, dass die Menschen heute zweimal so viel fliegen wie vor 18 Jahren an der Wende zum 21. Jahrhundert. Mehr als vier Milliarden Menschen haben letztes Jahr ein Flugzeug benutzt und als Grund dafür genannt, dass Fliegen im Zeitalter der Billigfluglinien so erschwinglich sei. Ryanair ist mit 130 Millionen Passagieren im Jahr die meistgenutzte Fluggesellschaft in Europa, gefolgt von easyJet mit 83 Millionen Fluggästen. Einen einfachen Flug über den Atlantik bekommt man für 160 Euro. Fliegen ist so billig – und wird wahrscheinlich noch billiger –, dass viele nicht einmal in Erwägung ziehen, die Welt mit dem Zug zu erkunden. Mit Zügen verbindet man endlose, langweilige Fahrten in überfüllten Pendlerzügen. Welcher vernünftige Mensch verbringt seine Ferien damit, sich mit Verbindungen auf Nebenstrecken zu beschäftigen, wenn man schneller für weniger Geld und weniger umständlich dort hinkommen kann, wo man hinwill?

Das verfehlt jedoch vollkommen Eliots Gedanken und ignoriert auch die Tatsache, dass Flugzeuge Kohlendioxid in die Erdatmosphäre ausstoßen und nicht gut für den Planeten sind. Züge belasten die Umwelt erwiesenermaßen viel weniger als Flugzeuge, ein Punkt, auf den ich bisher nicht eingegangen bin, da viele andere ihn schon vorgebracht haben.

Der Interrail-Pass, der 1972 eingeführt wurde, hatte seine Blütezeit im letzten Jahrhundert. Lange, bis 1998, galt eine Altersgrenze von 25 Jahren, die aber aufgehoben wurde, sodass er nun für alle erhältlich ist. Die Preise sind angemessen. Für den Preis von drei Billigflügen über den Atlantik kann man ein 22-tägiges Abenteuer in Europa erleben. Aber der Reiz eines langen Wochenendes in Barcelona, Athen, Rom und – ja – Venedig ist immer da. Man fliegt los und hakt den Parthenon oder das Colosseum auf einem Kurztrip von Freitag bis Montag ab.

Das ist offenbar eine ganz andere Art zu reisen, weit entfernt von der Zugreise, die ich mit diesen 38 Fahrten unternommen habe.

Die Sonne brennt auf die Terrakottadächer von Cannaregio. Gegenüber auf der anderen Seite des Kanals neben der Kirche mit der Kuppel treffen sich Einheimische auf einer behelfsmäßigen Terrasse, während aus der Richtung des Bahnhofs Santa Lucia Glocken läuten. Nicht ein einziger Tourist ist bei Sonnenuntergang zu sehen (außer uns). Geschützt durch den Dachvorsprung ist dies der perfekte Platz, um auf die vergangenen paar Wochen zurückzublicken.

Ich habe diese Reise mit der Bahn auch gemacht, weil ich wissen wollte, wie es ist, Europa in dieser Zeit großer Veränderung von den Schienen aus zu sehen. Der Kontinent ist offenbar im Wandel begriffen. In solchen Zeiten geraten Eisenbahnen häufig ins Blickfeld. Auf dem Bahnhof Budapest Keleti mit seinem verblassten Glanz und den köstlichen Omeletts hat sich ein zentraler Moment in der Flüchtlingskrise abgespielt. Und diese Krise hat ein Licht auf die Prioritäten der rechtsextremen Regierung eines zentraleuropäischen Landes geworfen. Die ungarische Regierung hat Zuwanderer aus einem vom Krieg zerrissenen Land im mittleren Osten abgewiesen und sich gleichzeitig von der Komplizenschaft des Landes mit den Deutschen im Zweiten Weltkrieg distanziert, manche sagen, die Geschichte neu geschrieben.

Ähnliche Versuche hat es in Polen gegeben, wo es gerade eine starke Gegenreaktion gegen Zuwanderung gibt. So wie in Deutschland, wo ich kurz nach der Ankunft in Bonn antifaschistische Aktivisten getroffen habe, und in Österreich, wo ich die Strecke, auf der Primo Levi und so viele andere in Nazi-Todeslager deportiert wurden, in entgegengesetzter Richtung gefahren bin.

In Calais habe ich Eritreer getroffen, die bei der Flucht übers Mittelmeer ihr Leben riskiert haben und mit dem Zug bis zum Kanal gekommen sind. In Italien, wo einst der eisenbahnbesessene Mussolini herrschte, ist die extreme Rechte kurz davor, wieder an die Macht zu kommen. Im Balkan war ich in Ländern, die erst kürzlich einen Konflikt beendet haben, bei dem es einen Genozid gab. Es herrscht immer noch Verbitterung und Groll, wie der große Mann in Schwarz in Vrbas in Serbien und die Inhaberin der Pension in Kroatien offenbart haben. Ich war an einem sandigen Badeort in der Ukraine nur 160 Kilometer entfernt von russischen Truppen auf der anderen Seite des Schwarzen Meeres. Seit 2014 tobt im Osten des Landes kaum bemerkt ein Krieg.

Europa hat große Probleme. Auf einer langen Zugreise fühlt man seinen Puls von den Schienen aus.

Wie passt Großbritannien da hinein? Nun, es scheint wild entschlossen, auf die eine oder andere Art auszusteigen. Ob das tatsächlich passiert und, wenn ja, ob es funktionieren wird, wird sich zeigen. Am Anfang des Buches habe ich Winston Churchills Hoffnung auf eine Art »Vereinigte Staaten von Europa« zitiert. Aber die Träume des Mannes, der Großbritannien gegen Hitler angeführt hat, sind begraben worden. Die 51,9 Prozent, die 2016 im Referendum für *Leave* gestimmt haben – 26 Prozent der Bevölkerung des Landes –, haben ihre Meinung gesagt, und sie haben »gewonnen«. Vorerst. Wer weiß, was wirklich kommt? Unsicherheit scheint die einzige Gewissheit – egal, wie die Dinge sich weiterentwickeln.

Ich bin mit dem Zug vom nächstliegenden Bahnhof losgefahren und konnte ungehindert fast 6500 Kilometer durch den Kontinent reisen. Ich hoffe, solche Bahnabenteuer sind auch kommenden Generationen möglich. Aber jetzt kauf dir eine Fahrkarte! Setz dich in den nächsten Zug! Venezia Santa Lucia ist ein gutes Ziel und ein oder zwei Gläser Prosecco eine passende Belohnung. Kasia und ich nehmen eine Flasche, die wir in Conegliano gekauft haben, aus dem Kühlschrank. Sie ist perfekt gekühlt, und er schmeckt richtig fruchtig, blumig und organoleptisch.

Saluti!

Arrivederci! Ciao!

NACHWORT

Es ist jetzt dreieinhalb Monate her, seitdem ich mit einem easyJet-Flug aus Venedig zurückgekehrt bin. Ich bin zu Hause in Mortlake, den Schienen, die mich nach Dover gebracht haben, ganz nah. Wenn ich an die vielen Zugfahrten denke, die mich auf zum Teil verschlungenen Wegen schließlich in die Serenissima gebracht haben, muss ich mich kneifen, um zu glauben, dass ich den ganzen Weg wirklich zurückgelegt habe.

So viele Züge, so viele Länder, so viele Kilometer. Große Landstriche Europas zogen an meinem Zugfenster vorbei. Faszinierende Städte kamen und gingen. Die Züge ratterten um Kurven, durch Berge und Wälder, über Flüsse und durch weite Ebenen. Kurz entschlossene Planänderungen führten mich in abgelegene Orte, die ich sonst wahrscheinlich nie gesehen hätte. Aber J. R. R. Tolkiens Spruch »Nicht alle, die umherwandern, sind verloren« hat sich bestätigt: Die Schienen haben mich dort hingebracht, wo ich hinwollte, Venedig, der berühmte Halt auf der Südroute des Orient-Express (ohne die luxuriösen Pullmanwagen).

Seitdem ich zurück bin, ist mein Interesse an den Ländern, die ich besucht habe, stärker, das ist natürlich so, wenn man im Ausland war. Es ist vielleicht ein Klischee, aber Reisen erweitert tatsächlich den Horizont. Wenn ich jetzt die Auslandsseiten der Zeitung durchblättere oder die Nachrichten im Fernsehen schaue, richtet sich meine Aufmerksamkeit besonders auf Ereignisse an der Route meines Umwegs ans Schwarze Meer und zurück durch den Balkan und die Alpen. Alles in allem führte dieses kurvenreiche Abenteuer durch 13 Länder, plus zwei, die unwiderstehlich nah an meiner Route lagen, aber mit dem Zug nicht erreichbar waren: Moldawien und Bosnien-Herzegowina (über die Stahlbrücke über die Save in Slavonski Brod in Kroatien).

Langsame Züge haben mich an viele Orte gebracht, aber in der kurzen Zeit, in der ich wieder zu Hause bin, überstürzen sich die Ereignisse. Verstörende Ereignisse. In Deutschland sind in der sächsischen Stadt Chemnitz Proteste rechtsextremer Neonazis eskaliert, nachdem ein Deutscher auf einem Fest erstochen wurde und ein Syrer und ein Iraker wegen Mordverdachts festgenommen wurden. Die Stadt liegt ungefähr 65 Kilometer westlich von Dresden. Die Polizei hat Wasserwerfer und gepanzerte Fahrzeuge eingesetzt, um die Gewalt in den Griff zu bekommen, da Tausende auf der Straße waren. Rechtsextreme Gruppen haben dem Bericht eines Reporters zufolge den Hitlergruß gezeigt und jeden angegriffen, der »nicht deutsch aussieht«. Eine der Gruppen befahl ihren Anhängern zu zeigen, »wer hier das Sagen hat«. Die Botschaft: »Wir sind das Volk! Dies ist unsere Stadt!«

Die Gewalt wird als Reaktion auf Merkels liberale Flüchtlingspolitik gewertet, die 2015 ungefähr eine Million Zuwanderer ins Land ließ. Kurz nachdem ich aus Venedig zurück war, drohte ein bayrischer Innenminister seinen Rücktritt an, wenn keine harte Grenze zwischen Deutschland und Österreich errichtet werde. Merkel weigerte sich zunächst, stimmte angesichts eines möglichen Zusammenbruchs ihrer Regierungskoalition jedoch in der Folge härteren und schnelleren Asylverfahren zu.

Indes hält die Gewalt in Chemnitz an. Ein koscheres Restaurant wurde von schwarz Vermummten überfallen, die riefen: »Raus aus Deutschland, ihr Judenschweine«, und Steine warfen. Unruhen gab es auch in der Stadt Köthen nördlich von Leipzig, nachdem zwei Afghanen in Verbindung mit dem Tod eines 22-jährigen Mannes festgenommen worden waren. Als Reaktion veranstalteten Neonazis einen Protestmarsch, riefen: »Auge um Auge, Zahn um Zahn«, und forderten: »Nationalsozialismus – jetzt! Jetzt! Jetzt!« Ein Bundestagsabgeordneter in Berlin, Mitglied der rechtsextremen Partei Alternative für Deutschland, sagte dazu: »Wenn der Staat nicht mehr in der Lage ist, seine Bürger zu schützen, gehen die Menschen auf die Straße und schützen sich selbst. So einfach ist das!«

In Italien haben Fünf-Sterne-Bewegung und Lega zur Zeit meiner Reise tatsächlich eine Regierungskoalition gebildet. Zu den ersten Maßnahmen der damaligen Regierung gehörte die Räumung eines illegalen Roma-Lagers in der Hauptstadt mit der Begründung, dass es ein öffentliches Gesundheitsrisiko sei. Weitere solcher Lager sollen im ganzen Land geräumt werden, ungefähr 130.000 Roma leben in Italien. Die Bewohner des Lagers in Rom hielten ihre Habseligkeiten umklammert und sahen zu, wie die Polizei eingerückt ist, denen sie »Rassisten!« zuriefen.

Gleichzeitig weigerte sich die Regierung, Flüchtlingsbooten aus Nordafrika die Erlaubnis zum Anlegen zu geben. Insgesamt 629 Flüchtlinge auf dem von Ärzte ohne Grenzen und der französisch-deutschen Hilfsorganisation SOS Méditerranée betriebenen Rettungsschiff Aquarius wurden abgewiesen und aufgefordert, nach Malta zu fahren, wo man sich ebenfalls weigerte, sie an Land zu lassen. Unter den Passagieren waren 123 unbegleitete Kinder und sieben schwangere Frauen. Als schließlich die Lebensmittel zu Ende gingen und die Menschen an Bord an Unterkühlung und Verätzungen durch Benzin im Wasser von umgekippten Beibooten litten, fand die Aquarius schließlich ein Land, das sie aufnahm: Spanien.

Ein Sprecher von Ärzte ohne Grenzen sagte: »Wir prangern jedes europäische Land an, das politisches Kalkül über die Rettung von Leben im Meer stellt. Die Menschen drohten während eines Zwischenstopps zwischen Italien und Malta ins Wasser zu springen, weil sie Angst hatten. Sie sagten: »Wenn wir sterben müssen, sterben wir lieber im Meer als in Libyen.«

Die Todesrate derjenigen, die versuchen, von Nordafrika das Mittelmeer zu überqueren, wie die beiden Eritreer, die ich in Calais getroffen habe, ist seitdem gestiegen. Die neueste Zahl ist 1 : 18 gegenüber 1 : 42 im Jahr zuvor.

Der Führer von Italiens fremdenfeindlicher Partei Lega sagt, er will nicht, dass das Land »Europas Flüchtlingslager« wird, und weist darauf hin, dass in den letzten vier Jahren 600.000 Flüchtlinge gekommen seien. Ungarns Ministerpräsident Orbán hat die Lega für ihre harte Haltung gelobt. Weniger Flüchtlinge in Italien bedeutet weniger Flüchtlinge am Bahnhof Budapest Keleti.

Orbán hat Ungarn so weit nach rechts gerückt und beweist einen solchen Mangel an Respekt für Menschenrechte und Rechtsstaatlichkeit, dass das Europäische Parlament – genau wie im Fall Polens – dafür gestimmt hat, ein Verfahren nach Artikel 7 zum Schutz der Grundwerte einzuleiten. Sanktionen und ein Ausschluss aus der EU sind möglich. Sein Konzept der »illiberalen Demokratie« und die Bezeichnung Asylsuchender als »ein Gift« und »muslimische Eindringlinge« beginnen den ungarischen Führer einzuholen.

Woanders, in Frankreich, kann illegale Einwanderung mit bis zu einem Jahr Gefängnis bestraft werden. In Österreich sagt Sebastian Kurz von der Österreichischen Volkspartei, dass die einzige Hoffnung für ein grenzenloses visafreies Europa eine stärkere Sicherung der Außengrenzen sei. »Ein Europa ohne Binnengrenzen kann es nur mit funktionierenden Außengrenzen geben.« Kurz hält sich selbst für »progressiv«.

Der seit 1995 bestehende Schengen-Raum umfasst 26 Staaten und 4,3 Millionen Quadratkilometer Land ohne Grenzen. Über 400 Millionen Menschen leben darin. Als ich am Ende des letzten Kapitels gesagt habe, dass es jetzt Zeit sei, eine lange sorglose Reise durch Europa zu machen, habe ich es ernst gemeint. Schon da stand im Raum, dass die Briten möglicherweise ein 60 Euro teures Visum brauchen, wenn sie in den Schengen-Raum wollen, nachdem das Vereinigte Königreich die EU verlassen hat. Das scheint vorerst für Aufenthalte von weniger als 90 Tagen aufgegeben worden zu sein.

Aber nichts ist absolut sicher.

Wie gesagt, wer weiß, was die Zukunft bringt?

In Großbritannien haben Verwirrung und Unruhe wegen des Brexits dafür gesorgt, dass wichtige Firmen entschlossen sind, das Land zu verlassen, egal, was bei den endlosen Gesprächen herauskommt, die mich aus dem Land getrieben haben, um Europa von den Schienen aus zu sehen. Airbus, der Luftfahrtgigant, sieht sich angesichts bevorstehender Grenzkontrollen möglicherweise gezwungen, Produktionsstätten aus Großbritannien in die Europäische Union zu verlegen. Lloyd's of London, der Versicherungsmarkt, verlegt seinen Sitz von London nach Brüssel, um »im Herzen Europas« zu sein. Obendrein haben britische Regierungsvertreter ihre Sorge bezüglich der zukünftigen Lebensmittelversorgung ausgedrückt. »Wir werden uns ausführlich mit dem Thema beschäftigen und sicherstellen, dass die Lebensmittelversorgung gesichert ist«, sagte Dominic Raab, der Brexit-Minister (kurz vor seinem Rücktritt). Wenn Politiker doch nur die Wahrheit sagen würden.

Die Frage der Zuwanderung wird trotz des Siegs der Leave-Befürworter im Referendum 2016 bleiben. Liberale Zeitungskolumnisten weisen darauf hin, dass die Migration aus der Europäischen Union nach Großbritannien zwar zurückgeht, die Zuwanderung aus Nicht-EU-Staaten aber zugenommen hat. Nach diesem Hinweis fährt Max Hastings fort, dass das Wunschbild der Brexit-Anhänger einer »1950er Miss-Marple-Gesellschaft« eben genau das ist. Das Thema Zuwanderung bleibe ein zentrales der Politik, schreibt er, und es sei die Zuwanderung aus Nicht-EU-Staaten, mit der man sich beschäftigen müsse.

Mathew Parris überschrieb einen Artikel in *The Times* »WE MUST BE CRUEL TO BE KIND OVER MIGRATION« und nimmt Bezug auf die Genfer Flüchtlingskonvention von 1951, die den Schutz von Flüchtlingen innerhalb Europas regelt, und ein Protokoll von 1967, das diesen Schutz auf Flüchtlinge weltweit ausdehnt. In der Zeit nach dem Zweiten Weltkrieg sei Ersteres verständlich gewesen, hätte aber eine zeitliche Begrenzung haben sollen, schreibt Parris. Aber das Protokoll sei ein schrecklicher Fehler gewesen und habe nicht vorausgesehen, wie leicht es sei, mit Flugzeug und Eisenbahn herumzukommen. Einige Länder wie Italien (das Schiffe abweist) und Ungarn missachteten die Konvention bereits. Großbritannien müsse sich seine nächsten Schritte im Hinblick auf die Realität einer Massenzuwanderung überlegen, die die »westliche Demokratie zerstören« könne, schreibt Parris.

Es ist alles ein hoffnungsloses Durcheinander. Der Wunsch nach stärkerer Kontrolle der Zuwanderung war der Ursprung von Großbritanniens Entscheidung, sich von Europa zu trennen. Aber so wie die Dinge liegen, wird es nicht funktionieren.

Wenn man mit dem Zug durch Europa reist, kommen viele dieser Themen stärker in den Blick. Und wenn man so weit nach Osten fährt wie ich, kommt eine weitere Dimension hinzu: Russland.

Während Europa sich über die Flüchtlingsfrage streitet, ist die Gefahr russischer Militäraktionen sehr real. Nach der Annexion der Krim geht der Krieg in der Ostukraine weiter. Gerade hat das Land alle öffentlichen Verkehrsverbindungen mit Russland abgebrochen und es unmöglich gemacht, von Moskau nach Kiew zu reisen wie meine glücklose Mitreisende Leila im Schlafwagen von Lwiw nach Budapest.

In Litauen, wo Russen ein Drittel der Bevölkerung ausmachen, ist man sehr besorgt darüber, was passieren könnte, und enttäuscht über die Äußerung des amerikanischen Präsidenten Donald Trump, dass die NATO »überholt« sei. Indessen haben polnische Politiker Amerika gebeten, eine Militärbasis zu etablieren, um eine russische Aggression zu verhindern, und sogar angeboten, zwei Milliarden US-Dollar dafür zu zahlen. In einer polnischen Erklärung heißt es: »Eine ständige Präsenz einer US-Panzerdivision würde dazu beitragen, dieses Ziel [größere Sicherheit] zu erreichen. Eine solche Stärke ist nötig als unmissverständliche Absage und Abschreckung gegen Russlands zunehmend dreiste und gefährliche Haltung, die Europa bedroht ... Nach den russischen Einmärschen in Georgien und der Ukraine sind Länder in Zentral- und Osteuropa besorgt, dass sie die Nächsten in Moskaus Fadenkreuz sind.«

Russische Einmischung reicht weit. In Großbritannien geht man jetzt davon aus, dass Russland hinter dem Nervengiftangriff auf einen ehemaligen Spion und seine Tochter in Salisbury in Wiltshire steckt. Russland streitet es trotz überwältigender Beweise vehement ab.

Europa steckt in der Krise – taumelt am Rand von *wer weiß was*. Aber es ist auch schön, und es ist wunderbar, es mit dem Zug zu bereisen. Der Zug bringt einen zu Sehenswürdigkeiten und an historische Schauplätze. Mich zumindest hat beides interessiert. Eine Art Verständnis für die komplizierten Verhältnisse zu gewinnen war ein wichtiger Teil meiner Zugreise.

Damit will ich sagen, dass der Zusammenhalt in Europa notwendig ist, wie Churchill in Zürich und Kennedy in Bonn nachdrücklich formulierten. Das macht die Entscheidung Großbritanniens 2016 zu einem Alleingang umso trauriger. Eine Umfrage hat kürzlich ergeben, dass 80 Prozent der unter 25-Jährigen für einen Verbleib in der Europäischen Union sind, eine höhere Zahl als zur Zeit des Brexit-Referendums. Es gibt einen massiven Generationenkonflikt. Es hat sich gezeigt, dass sehr viele ältere Wähler für *Leave* gestimmt haben, sodass die hauchdünne Mehrheit von 51,9 Prozent rapide schrumpft und bald ganz verschwindet. Während das Land an der Schwelle zu einer ungewissen Zukunft steht, mit noch vielen Debatten (und jeder Menge Streit), wird der »Wille des Volkes« in Kürze wahrscheinlich sein: *Verbleib in Europa*. Aber wie es auch ausgeht, eines steht fest: Es wird bittere Schuldzuweisungen geben, und das noch jahrelang. Da haben wir uns eine schöne Suppe eingebrockt, wie Oliver Hardy zu Stan Laurel sagen würde.

Meine Empfehlung? Begib dich auf die Schienen Europas, nimm eine Zeit lang die Geschwindigkeit raus und lass alles hinter dir. Du weißt nie, was auf dich wartet. Für mich war die Reise befreiend, angefangen bei den Kreidefelsen von Dover: ein Schritt in eine neue Phase des Lebens, mit der ganzen Aufregung, die mit der Unsicherheit und einer Abkehr von alten Gewohnheiten verbunden ist.

Oh ja, und falls du dich fragst: Die belgischen Schaffner haben mir tatsächlich eine Krawatte und einen Gürtel der Belgischen Bahn geschickt. Ein paar Monate nach meiner Rückkehr klopfte ein Postbote an meine Tür und händigte mir einen Pappkarton aus. Darin waren eine orangefarbene Krawatte mit einem »B«-Muster und ein Gürtel mit einer Schnalle mit einem »B«.

Vielen Dank, Louis und Lucas.

DANK

Zu einer Reise durch Europa aufzubrechen, ohne genauen Plan, nur mit einem Ziel, bedeutete, dass die Geschichte darüber ebenso viel mit den Menschen, die ich treffen würde, wie mit den Orten, an die ich kommen würde, zu tun haben müsste. Es wäre sinnlos zu schreiben: »Und dann kam der Zug in XX an, und dann fuhr ich nach XX, XX war interessant und XX sah vom Zugfenster hübsch aus.« Zum Glück habe ich eine Reihe interessanter Leute getroffen, die Leben in das Abenteuer gebracht haben, und ich möchte allen danken, die mir ihre Zeit geschenkt haben. Die meisten sind im Buch erwähnt. Besonders danken möchte ich meinen Eltern Robert Chesshyre und Christine Doyle, dass sie mir zugehört haben, wenn ich so viel über die Zugfahrten erzählt habe. Außerdem möchte ich Jamie Fox, Ben Clatworthy, Danny Kelly, Kate Chesshyre, Edward Chesshyre, Alasdair MacTavish, Kate Quill, Laura Ivill, Kate McWilliams, Mike Atkins, Damian Whitworth, Nicola Jeal, Stephen McClarence, Alex Frater, Alice Tomic, Julia Brookes und Zsuzsa Simko für ihre Unterstützung danken. Kasia war eine wunderbare Begleiterin und hatte viele großartige Ideen für die Kapitel über Polen und Venedig. Besonderer Dank auch noch einmal an Denise Kelly für ihre Hilfe beim Cover. Frank Barrett, der frühere Reiseredakteur der *Mail on Sunday*, hat mir kluge Ratschläge gegeben. Helena Caletta von *Open Book* in Richmond war unglaublich hilfreich, so wie Stanfords, Karten- und Reisebuchladen, in Covent Garden. Dank auch an Amanda Monroe von Voyages-sncf.com für Hilfe und Rat sowie an die Mitarbeiter von Costa Coffee in der Warschauer Universitätsbibliothek, die mir erlaubt haben, während der Überarbeitung ohne Ende *Americanos* zu trinken.

Die ungeheure Begeisterung von Claire Plimmer, Verlagsleiterin von Summersdale, hat mich vorangetrieben und dieses Buch möglich gemacht. Ich möchte auch Sophie Martin danken, die für die Herstellung des Buches verantwortlich ist, Dean Chant für die Öffentlichkeitsarbeit, Debbie Chapman für das erstklassige Lektorat, Lucy York für sorgfältige Schlussredaktion und Hamish Braid für die Karten.

BENUTZTE ZÜGE

1. Von Mortlake nach Clapham Junction (South Western Railway), 11 Minuten, 8 Kilometer
2. Von Clapham Junction nach London Victoria (Southern Railway), 6 Minuten, 5 Kilometer
3. Von London Victoria nach Dover Priory (Southeastern), 2 Stunden 3 Minuten, 124 Kilometer
4. Von Calais nach Lille (SNCF), 1 Stunde 20 Minuten, 101 Kilometer
5. Von Lille nach Kortrijk (Belgische Bahn), 37 Minuten, 27 Kilometer
6. Von Kortrijk nach Brügge (Belgische Bahn), 57 Minuten, 46 Kilometer
7. Von Brügge nach Liège-Guillemins (Belgische Bahn), 2 Stunden 4 Minuten, 192 Kilometer
8. Von Liège-Guillemins nach Maastricht (Belgische Bahn), 33 Minuten, 30 Kilometer
9. Von Maastricht nach Liège-Guillemins (Belgische Bahn), 33 Minuten, 30 Kilometer
10. Von Liège-Guillemins nach Köln (Deutsche Bahn), 1 Stunde 1 Minute, 114 Kilometer
11. Von Köln nach Bonn (Deutsche Bahn), 23 Minuten, 29 Kilometer
12. Von Bonn nach Köln (Deutsche Bahn), 23 Minuten, 29 Kilometer
13. Von Köln nach Hannover (Deutsche Bahn), 2 Stunden 40 Minuten, 286 Kilometer
14. Von Hannover nach Leipzig (Deutsche Bahn), 2 Stunden 42 Minuten, 240 Kilometer

15. Von Leipzig nach Dresden (Deutsche Bahn), 1 Stunde 24 Minuten, 111 Kilometer

16. Von Dresden nach Wrocław (Trilex Express), 3 Stunden 47 Minuten, 257 Kilometer

17. Von Wrocław nach Opole (PKP, Polnische Staatsbahnen AG), 1 Stunde 2 Minuten, 85 Kilometer

18. Von Opole nach Gliwice (PKP, Polnische Staatsbahnen AG), 1 Stunde 5 Minuten, 74 Kilometer

19. Von Gliwice nach Katowice (Schlesische Eisenbahnen), 29 Minuten, 24 Kilometer

20. Von Katowice nach Krakau (PKP, Polnische Staatsbahnen), 2 Stunden 3 Minuten, 88 Kilometer

21. Von Bochnia nach Przemyśl (PKP, Polnische Staatsbahnen), 2 Stunden 29 Minuten, 201 Kilometer

22. Von Przemyśl nach Lwiw (Ukrsalisnyzja, Ukrainische Eisenbahn), 1 Stunde 52 Minuten, 98 Kilometer

23. Von Lwiw nach Odessa (Ukrainische Eisenbahn), 10 Stunden 31 Minuten, 776 Kilometer

24. Von Odessa nach Lwiw (Ukrainische Eisenbahn), 10 Stunden 31 Minuten, 776 Kilometer

25. Von Lwiw nach Budapest (Ukrainische Eisenbahn und Ungarische Staatsbahnen), 12 Stunden 20 Minuten, 607 Kilometer

26. Von Budapest nach Vrbas (Ungarische Staatsbahnen und ŽS, Eisenbahnen Serbiens), 6 Stunden 11 Minuten, 265 Kilometer

27. Von Vrbas nach Novi Sad (Serbische Eisenbahn), 48 Minuten, 43 Kilometer

28. Von Novi Sad nach Belgrad (Serbische Bahn), 1 Stunde 30 Minuten, 93 Kilometer

29. Von Belgrad nach Slavonski Brod (Serbische Bahn und HŽ, Kroatische Bahnen), 4 Stunden 56 Minuten, 220 Kilometer

30. Von Slavonski Brod nach Zagreb (Kroatische Bahn), 2 Stunden 45 Minuten, 202 Kilometer

31. Von Zagreb nach Zidani Most (Kroatische Bahn), 1 Stunde 25 Minuten, 80 Kilometer

32. Von Zidani Most nach Ljubljana (Slowenische Eisenbahnen), 1 Stunde 2 Minuten, 62 Kilometer

33. Von Ljubljana nach Villach (Slowenische Eisenbahnen), 1 Stunde 42 Minuten, 123 Kilometer

34. Von Villach nach Innsbruck (Österreichische Bundesbahnen), 2 Stunden 32 Minuten, 367 Kilometer

35. Von Innsbruck nach Verona (Österreichische Eisenbahnen), 3 Stunden 32 Minuten, 275 Kilometer

36. Von Verona nach Venedig (Trenitalia), 2 Stunden 25 Minuten, 119 Kilometer

37. Von Venedig nach Conegliano (Trenitalia), 55 Minuten, 56 Kilometer

38. Von Conegliano nach Venedig (Trenitalia), 55 Minuten, 56 Kilometer

Anzahl der bereisten Länder: 13 (plus Ausflüge nach Transnistrien in Moldawien und Bosnien-Herzegowina, die nicht mit dem Zug unternommen wurden)

Gesamtstrecke: 6420 Kilometer

(Nur ungefähre Entfernungs- und Zeitangaben)

ÜBERNACHTUNGEN

- Hôtel Première Classe Calais Centre-Gare, Calais, Frankreich
  www.premiereclasse.com
- Hôtel Première Classe Lille Centre, Lille, Frankreich
  www.premiereclasse.com
- Charlie Rockets Youth Hostel, Brügge, Belgien
  www.charlierockets.com
- Botel, Maastricht, Niederlande
  www.botelmaastricht.nl
- Max Hostel, Bonn, Deutschland
  https://max-hostel.de
- Hentschels Apartments, Leipzig, Deutschland
  www.hentschels-leipzig.de
- Apartamenty Kościuszki, Breslau, Polen
  www.booking.com
- Apartamenty Mlyńska 15, Katowice, Polen
  http://mlynska15.pl
- Lubomirskiego Apartments, Krakau, Polen
  www.booking.com
- Plazma Hotel, Lwiw, Ukraine
  http://plazma-hotel.lviv.ua
- Black Sea Hotel, Odessa, Ukraine (nur tagsüber)
  https://blacksea-hotels.com
- Schlafwagen von Lwiw nach Odessa in der Ukraine und zurück
  www.uz.gov.ua
- Schlafwagen von Lwiw in der Ukraine nach Budapest
  www.uz.gov.ua
- Locomotive Hostel, Budapest, Ungarn
  www.locomotive-hostel-budapest.com
- Hotel Baćka, Vrbas, Serbien
  www.hotelbacka.rs

- Hostel Play, Belgrad, Serbien
  www.play-hostel.hotels-in-belgrade.com/en/
- Unterkünfte in Slavonski Brod, Kroatien s. www.booking.com
- Hostel Kaptol, Zagreb, Kroatien
  www.hostelkaptol.com.hr
- A Writer's Place, Ljubljana, Serbien
  www.booking.com
- Garni Technikerhaus, Innsbruck, Österreich
  www.garni-technikerhaus-bed-breakfast.allinnsbruckhotels.com
- Romeo & Juliet Non-Hotel, Verona, Italien
  http://romeo-juliet-non.hotelsverona24.com
- Für Unterkünfte in Venedig: www.airbnb.com

NÜTZLICHE WEBSITES

- The Man in Seat 61: bietet hervorragende Informationen über die meisten Strecken in Europa
  www.seat61.com
- Interrail: zum Kauf eines Interrail-Passes (für einen Monat kostet er ungefähr 515 €, für 10 Tage innerhalb eines Monats 308 €)
  www.interrail.eu
- OUI SNCF: Bahnverbindungen in Frankreich
  https://en.oui.sncf/en
- Deutsche Bahn: für Verbindungen in Deutschland und Europa
  www.bahn.com
- Trainline: günstige Zugverbindungen in Europa
  www.trainline.eu
- Rail Europe (früher Loco2) ist ein Online-Buchungsservice für Bahnreisen in Großbritannien und Europa
  www.raileurope.com
- Eurostar: wenn man schnell wegkommen (und dann langsam weiterfahren) will
  www.eurostar.com
- Rail.cc: eine Gruppe von Freunden bietet Beratung bei der Planung individueller Zugreisen in Europa
  www.rail.cc
- OpenRailwayMap: praktische Website mit Bahnstrecken auf der ganzen Welt
  www.openrailwaymap.com

THE TOP OF EUROPE: ANMERKUNGEN ZU SCHWEIZER ZÜGEN

Über Züge in Europa zu schreiben, ohne Schweizer Züge zu erwähnen, erscheint irgendwie nicht richtig. In der Schweiz spielen Züge seit den 1880ern, als der Tunnel durch den St.-Gotthard-Pass gebaut wurde, eine große Rolle. Durch diese bemerkenswerte technische Meisterleistung wurde eine Verbindung zwischen Deutschland und Italien geschaffen, die aus ökonomischen Gründen für beide Länder notwendig war: für den Export von Kohle in den Süden. Italien wollte Kohle. Deutschland wollte sie verkaufen. Die Schweiz verfiel schnell der Eisenbahnmanie. Ein Land, das zuvor in den verschneiten Wintermonaten abgeschnitten war, begann ein Netz von Strecken durch bergiges Terrain zu bauen. Die Schweiz hatte nun auch im Winter geöffnet.

Dass ich auf der Reise nach Venedig nicht mit Schweizer Zügen gefahren bin, hatte zum Teil mit dem Streik der französischen Bahn zu tun. Dadurch war der Weg versperrt, das war eine Enttäuschung. Durch die Schweizer Berge zu fahren ist aufregend, ich habe es in meinem vorigen Buch *Ticket to Ride: Around the World on 49 Unusual Train Journeys* beschrieben. Die Fahrt zwischen den schneebedeckten Gipfeln in Pontresina in der Schweiz und Tirano in Italien mit dem Bernina Express ist besonders schön. Man fährt in einer Höhe von 2253 Metern, es ist die höchste Bahnstrecke durch Berge in Europa.

Aber es ist nicht die höchste Zugfahrt in Europa. Nicht im Entferntesten.

Die Jungfraubahn erreicht eine schwindelerregende Höhe von 3454 Metern.

Nur einen Monat, nachdem wir aus Venedig zurück sind, buchen Kasia und ich eine Fahrt. Wir machen eine Wanderung vom Eiger zum Matterhorn und haben in dem malerischen Ort Wengen Halt gemacht. Wengen befindet sich in der Nähe des Bahnhofs Kleine Scheidegg (auf einer Höhe von 2061 Metern), von dem die Jungfraubahn auf einer Länge von 9,34 Kilometern in einer halben Stunde durch Tunnel von Eiger und Mönch hinauf zum Jungfraujoch fährt, 1393 Höhenmeter überwindend. Diese Zahnradbahn ermöglicht den Zugang zum Aletschgletscher und einer Sternwarte – plus Geschäfte, Restaurants und Bars. Die Bahn wurde 1912 nach 16 Jahren Bauzeit eröffnet und war die Idee eines exzentrischen Schweizer Industriemagnaten namens Adolf Guyer-Zeller.

Zum Glück gibt es Exzentriker. Es klingt vielleicht langweilig, durch einen langen Tunnel in einen Berg zu fahren, aber das ist es absolut nicht. Wir wandern von Männlichen, das wir mit der Seilbahn von Wengen erreicht haben, zur Kleinen Scheidegg und genießen die umwerfende Aussicht auf die Eiger Nordwand (1938 bezwungen). An der Station steigen wir in den tomatenroten 11-Uhr-Zug zum Gipfel.

Der Zug fährt steil bergan, am Hotel Bellevue des Alpes (1840 erbaut, der Film *The Eiger Sanction* mit Clint Eastwood wurde hier gedreht) und einem kleinen See vorbei, bevor wir an der Station Eigergletscher halten. Hier steigen weitere Fahrgäste zu. Kurz darauf kommen wir in einen Tunnel, und ein seltsames Gefühl macht sich breit: dass wir einen Berg von innen besteigen.

Der Wagen ist voller japanischer Touristen, von denen eine direkt vor uns pausenlos ihr Handy benutzt, von der Kleinen Scheidegg bis zum Jungfraujoch, das in dem kleinen »Reisepass«, den wir mit dem Ticket bekommen haben, als »*Top of Europe*« bezeichnet wird. Auf halber Strecke halten wir im Berg fünf Minuten an der Station »Eismeer« an. Viele der Fahrgäste – nicht die Japanerin mit dem Handy – steigen aus, um von einer Plattform die Aussicht auf die Berge zu genießen, die sich hier bietet. Aber wir befinden uns in dicken Wolken und sehen nichts.

Wir stürzen zurück zur Bahn und fahren weiter aufwärts, bis wir eine Art alpines Disneyland erreichen. Wie angewiesen folgen wir den Wegweisern »TOUR«. Sie führen uns an verschiedenen Läden mit Nudeln, Tissot- und Omega-Uhren, Taschenmessern, Lindt-Schokolade und Sauerstoffflaschen (für die, die unter der dünnen Luft leiden) vorbei. In einem Raum sehen wir einen 360-Grad-Film über die Berge. An einer Bar wird Brandy und Scotch Whisky verkauft. Wir gehen einen Gang entlang zu einer Aussichtsplattform neben der Sternwarte und sehen: *fast nichts.* Die Gipfel sind in dichte Wolken gehüllt. Wir können ein bisschen was vom Aletschgletscher erkennen, aber nicht viel. Die Temperatur beträgt laut einem Display neben einer zerfetzten Schweizer Fahne 1,5 Grad. Wir sehen uns zusammen mit den japanischen Touristen eine Weile um. Ein Bereich der Plattform ist wegen »herabfallender Eiszapfen« gesperrt. Niemand benutzt eine Sauerstoffflasche.

Der TOUR folgend gehen wir einen weiteren Gang entlang an körnigen Schwarz-Weiß-Fotos vorbei, die die Menschen zeigen, die den Tunnel gebaut haben. 1899 kamen sechs Männer auf tragische Weise bei einer Dynamitexplosion ums Leben. Kurz darauf gab es Streiks, da die Tagelöhne der Arbeiter unglaublich niedrig waren. Die »Bauleitung reagierte mit Entlassungen«, heißt es auf einer Tafel. Dahinter ist ein Kälteraum mit gekonnt gefertigten Eisskulpturen, darunter Charlie Chaplin, ein Adler und ein Fußball (es ist gerade Fußballweltmeisterschaft). Nach den Eisskulpturen kommt ein Bollywood-Restaurant, wo an einem Buffet indische Gerichte ebenso wie Spaghetti Bolognese zu haben sind. Auf einem Schild im Self-Service-Restaurant steht »NO PICNICS«. Indes fordert uns unser »Reisepass« auf: »Bergluft macht hungrig und durstig. Stärken Sie sich in unserem Restaurant.«

Wir müssen ziemlich lange für die Rückfahrt anstehen – dann fahren wir abwärts wie mit einer sehr langsamen Achterbahn. Der Schaffner kontrolliert alle Tickets und gibt jedem Fahrgast eine Lindt-Schokolade.

An der Station Kleine Scheidegg steigen wir wieder aus, und Kasia und ich begeben uns auf den Wanderweg zurück nach Wengen und kommen dabei an Kühen mit läutenden Glocken vorbei. Wir drehen uns um und sehen die Sternwarte oben auf der Jungfrau. Die Wolken haben sich vollkommen verzogen. Der Ausblick vom »*Top of Europe*« muss jetzt einmalig sein.

Eine halbe Stunde später und wir hätten die Alpen von da oben in ihrer ganzen Schönheit gesehen.

Schade ... aber es war eine interessante Fahrt.

BIBLIOGRAPHIE

Andrić, Ivo: *Die Brücke über die Drina*, übersetzt von Ernst E. Jonas, überarbeitet von Katharina Wolf-Grießbacher, München 2013

Bradley, Simon: *The Railways: Nations, Network and People*, Profile Books 2015

Christie, Agatha: *Mord im Orient-Express*, neu übersetzt von Otto Bayer, Bern/München/Wien 2001

Christie, Agatha: *Der blaue Express*, übersetzt von Gisbert Haefs, Frankfurt am Main 2004

Dunton-Downer, Leslie/Riding, Alan: *Essential Shakespeare Handbook*, Dorling Kindersley 2014

Engel, Mathew: Croatia: the fragile heart of the Balkans, in: *The New Statesman* 2018, Zitat von Hrvoje Andrić, S. 207

Fleming, Ian: *Liebesgrüße aus Moskau*, übersetzt von Anika Klüver und Stephanie Pannen, Cross Cult 2013

Gardner, Nicky/Kries, Susanne: *Europe by Rail: The Definite Guide*, Hidden Europe Publications 2017

Green, Graham: *Orient-Express*, neu übersetzt von Gerhard Beckmann, Darmstadt/Wien 1990

Le Carré, John: *Das Vermächtnis der Spione*, übersetzt von Peter Torberg, Ullstein 2017

Levi, Primo: *Ist das ein Mensch*, übersetzt von Heinz Riedt, München 1992

Masters, Tom u. a.: *Eastern Europe,* Lonely Planet 2005

Morris, Jan: *Venice*, Faber & Faber 1993

O'Brien, Sean/Paterson, Don (Hrsg.): *Train Songs: Poetry of the Railway*, Faber & Faber 2013

Orwell, George: *Decline of the English Murder and Other Essays,* Penguin 1965

Parks, Tim: *Italien in vollen Zügen*, übersetzt von Ulrike Becker, München 2014

Rodenbach, Georges: *Das tote Brügge*, übersetzt von Dirk Hemjeoltmanns, Leipzig, Reclam 2011

Salter, Mark/Bousfield, Jonathan: *The Rough Guide to Poland*, Rough Guide 2002

Shakespeare, William: *Romeo und Julia*, übersetzt von August Wilhelm Schlegel, Leipzig, Reclam 2002

Theroux, Paul: *Basar auf Schienen: eine Reise um die Welt*, übersetzt von Werner Peterich, Berlin, Die Andere Bibliothek 2015

Theroux, Paul: *To the Ends of the Earth: The Selected Travels of Paul Theroux,* Ballantine Books 1991

White, Ethel Lina: *Eine Dame verschwindet*, übersetzt von Beate Kuckertz, Heyne 1989

Wolmar, Christian: *Blood, Iron & Gold: How the Railways Transformed the World*, Atlantic Books 2009

Woodcock, Chris (Hrsg.): *European Rain Timetable April 2018,* European Rain Timetable 2018